数字资源检索与利用

（文科类）

尤建忠 编著

浙江工商大学出版社
ZHEJIANG GONGSHANG UNIVERSITY PRESS

图书在版编目（CIP）数据

数字资源检索与利用：文科类 / 尤建忠编著．—
杭州：浙江工商大学出版社，2013.12（2019.12 重印）
ISBN 978-7-5178-0017-0

Ⅰ．①数…　Ⅱ．①尤…　Ⅲ．①计算机应用－情报检索－高等学校－教材　Ⅳ．①G252.7

中国版本图书馆 CIP 数据核字（2013）第 235090 号

数字资源检索与利用（文科类）
尤建忠 编著

责任编辑　张婷婷　王黎明
责任校对　何小玲
封面设计　王妤驰
责任印制　包建辉
出版发行　浙江工商大学出版社
（杭州市教工路 198 号　邮政编码 310012）
（E-mail：zjgsupress@163.com）
（网址：http://www.zjgsupress.com）
电话：0571-88904980，88831860（传真）
排　　版　杭州朝曦图文设计有限公司
印　　刷　虎彩印艺股份有限公司
开　　本　787mm×1092mm　1/16
印　　张　12.5
字　　数　287 千
版 印 次　2013 年 12 月第 1 版　2019 年 12 月第 2 次印刷
书　　号　ISBN 978-7-5178-0017-0
定　　价　29.00 元

浙江工商大学出版社营销部邮购电话　0571-88804228

前　言

进入 21 世纪，随着互联网的普及和计算机技术的发展，特别是智能手机和平板电脑这些手持移动设备进入平常百姓家后，人类社会的信息化进程大大加快。生活信息，科研信息，娱乐信息，就业信息，商业信息……人们获取的各种信息不再是以传统的纸质媒介为主，而是更多地依赖一种全新的资源——数字信息资源。数字信息资源传播快，易于获取，海量，不受时空限制，多媒体已经改变了我们的工作、学习和生活。

数字资源的大量涌现，也给高校信息检索相关课程的教学带来了新的挑战。一方面，高校数字资源的使用越来越普及，但高校信息检索相关课程的教学作用却在不断弱化。原因在于数字资源检索大多容易入门，即使不具备专业检索能力，也能获得一些有用的信息。因此，大多数专业并不会单独开设课程，仅仅在相关课程需要时，顺便简单介绍。另一方面，数字资源日新月异，信息检索教学的各种资源变化很大，有的被全新的资源替代，有的已经更新换代。多方面因素，导致数字资源的教学内容适用周期越来越短。最后，信息资源的整合趋向专业化，全学科的信息检索教学内容已经无法满足各个专业的特定需要。特别是在信息检索课程和教材内容偏重理工农医的情况下，文科类专业的信息检索教学也越来越少了。

有鉴于此，本书编著者在多年文科类数字信息资源检索教学工作的基础上，结合本科生科研指导工作和毕业生论文指导工作，从实际教学的需要出发，编写了适用于文科类的数字资源检索与利用教材。

全书共 14 章，分为三个部分：第一部分（第 1 章至第 3 章）主要介绍信息检索的相关理论和数字资源的基本知识，内容有信息、文献、文献检索、数字资源，以及高校对数字资源的利用。第二部分（第 4 章至第 11 章）主要介绍数字资源检索实践的三大块内容：第一块为期刊数据库的检索实践，主要介绍维普资讯、中国知网、万方数据、人大书报资料和多个外文期刊数据库的检索，并附有详细的使用体会；第二块为国内数字图书馆的检索实践，主要介绍读秀学术搜索、超星数字图书馆、书生之家数字图书馆、apabi 数字资源平台和金图外文图书的搜索技术，并提供了各家数字图书馆的使用体会；第三块是网络资源的搜索实践，主要介绍两大互联网搜索引擎——百度和谷歌的搜索技巧和经验。第三部分（第 12 章至第 14 章）主要介绍数字资源综合利用方面的相关问题，包括数字资源实际应用领域，科研课题的数字资源检索策略，数字资源的应用实例，数字资源应用中的学术规范，论文抄袭，以及本科毕业论文的一些情况。最后，为方便本科生规范毕业论文写作，本教材附录专门收录了参考文献著录格式。

全书内容以实际操作为主，在各个数字资源介绍中，侧重检索的实用技术。作为教材的编写特色，书中内容一方面以学生在工作、学习和生活中经常会遇到的真实检索课题为例来说明各种数字资源的使用技巧；另一方面又收集了网上许多实用并具有检索技巧的检索应用实例，给出了具体检索的思路，以加深学生对检索技术的理解和体会。当然，本教材最大的实用性体现在针对本科生毕业论文设立了单独的章节，提出了很多可操作的方法。本来，信息检索对本科生来说，最大的应用就是撰写毕业论文，所以教材安排了本科生毕业论文开题、论文抄袭检测和本科生论文格式等内容。

数字资源选择上，一是要考虑文科类适用，理工农医特色的一概不选；二是力求介绍了就要会用，而且要用得上，不求纯粹为提高资源品种数而泛泛介绍。内容安排上，尽量考虑到在 30 个学时内能讲授完。

本教材在编写过程中，获得了浙江工商大学人文与传播学院领导、同事、学生及许多同行的支持。特别是浙江工商大学出版社的领导和责任编辑的长期鼓励和催稿，无疑是本书得以完成的最强动力。在此，一并表示深深的感谢。

此外，编著者在本书的编写过程中，参阅了许多现有教材、论文和网页，使用了很多数据库的使用帮助及一些相关课件的技术，并引用了部分论点。限于篇幅，本书未一一列出相关出处。借此机会，向所有相关文献的作者致以诚挚的感谢。

限于编著者的学识水平，加之编写时间仓促，书中难免有疏漏和不足之处，敬请学界同行、师生和读者批评指正。

尤建忠

2013 年 7 月于杭州

目　录

第 1 章

绪 论

本章知识要点

1. 检索课的学习重要性；
2. 检索课的学习内容；
3. 检索课的学习方法。

检索，对于不太熟悉的人来说，总是那么高深，甚至让人品出一些古董味。检索总是和文献相关，说起检索，大家总会联想到文摘、索引等。其实不然，如果我们换种通俗的说法，比如“搜索”，又会让人感觉非常普通，人人在用。检索，只是从许许多多文献资料、网络信息等信息集合中，查找到自己需要的信息或资料。那为什么不可以直接叫搜索呢？这正是汉字博大精深的体现：搜索的对象是人和物，检索的对象是信息。

在我们的工作、学习和生活中，有许多关于检索的事例，我们不妨来说说。

我们经常在报纸或网络上看到某国间谍从美国偷盗核弹技术或是偷盗潜艇技术的新闻。这一点，我们可以在百度上搜索“间谍 核弹技术”或“间谍 潜艇技术”，就能获得证实。新闻报道的事件，看点无非在美人计，或是像007系列电影中的主角詹姆斯•邦德。互联网时代之前，要获取技术，不深入虎穴，真的十分困难。

可我们又总看到这样的新闻，美国大学生通过查阅图书馆的资料设计出体积更小、威力更大的原子弹。这是不是假新闻，我们不知道，因为真相只有一个，不是你我能知道的。但我们可以在百度上搜索“大学生 图书馆 原子弹”，然后就知道确实有那么一回事。原来，早在20世纪70年代，就有人这么设计原子弹了。而且，设计者不仅仅有物理专业本科生，还有经济系学生。

传说美国在实施“阿波罗登月计划”中，对阿波罗飞船的燃料箱进行压力实验时，发现甲醇会引起钛应力腐蚀，为此拨款数百万美元来研究解决这一问题。事后查明，早在10多年前，就有人研究出来了，方法非常简单，只需在甲醇中加入2%的水即可，检索这篇文献的时间是10多分钟。

也许核弹技术、潜艇技术和飞船过于军事化，是国家大事，和我们普通民众关系不大。那我们再来看看普通百姓的小事。

小王的儿子读小学三年级。有一天儿子放学回来，告诉小王，他们学校组织学生参加全市小学生科学小论文竞赛，所以儿子一回家就在书房寻找有关科技书。只是，小王自己平时喜欢武侠小说，给儿子买的则是儿童图书，书柜里很少有科技书。因此小王非常忧愁，儿子这科学小论文如何做？

小刘经济专业本科毕业，是亲戚中文化程度最高的，亲戚家有什么取名的事都要找他，小至新生儿报户口时取名，大至开店、办公司取名，而且大多时候要求和某家某人姓名相关，甚至有字数限制。当然最难的是，上初中的女儿在学校经常有标语、口号、墙报主题词等策划任务，自然这些都少不了他的创意。

普通民众的事自然没有国家大事重要，但遇上了也真的烦心。东家大叔勤恳工作几十年，最近单位通知他，组织准备吸收其入党。如何写入党申请书，一下难倒了从来不玩文字的他。西家孩子半夜闹牙痛，一家大小不安宁，去医院吧，那个时间点没有公交，走走有十几里路，只好厚着脸皮到处打电话问人有什么办法应急止痛，自然免不了半夜打扰他人休息。

这样的例子，不胜枚举。

只是到了信息时代，我们看着数字电视，上着宽带网，用着4G手机，不去搜集军事情报，我们就不能搜索一些家用信息吗？说不定，我们为了养家糊口，还要去搜集各种就业或创业的信息。

信息到处都是，信息就是有用的东西。我们需要信息检索，因为我们不能错失有用的东西，这里面多的是知识。信息时代之前，信息载体阻碍了传播。现在是数字时代，信息传播畅通无阻，让人取之不尽。

第一节 为什么要学习检索课程

信息检索是我国高等教育中明确规定的专业学习内容，许多专业的培养要求中都有类似“掌握文献检索、资料查询的基本方法”的内容。这么看来，大学生基本都要学习信息检索课程，其实不然。

在现实中，我们常遇到有人问，为什么要学检索课，以后又不搞研究。这个问题好难回答，一定要让人说出学习检索课程的种种好处，而且是非学不可的，确实不容易。

我们暂且把这些不想学检索课程，又说不搞科研的人，分为有信息检索需求的人和“无信息检索需求”的人。之所以要给无信息检索需求打引号，是因为我们觉得任何人都是有信息检索需求的，只是有些人自己没有意识到。

有信息检索需求的人，大多会些简单的检索技能，但没有系统学习过检索，因此检索效果并不令人满意。《荀子·劝学》有云：“假舆马者，非利足也，而致千里；假舟楫者，非能水也，而绝江河。君子生非异也，善假于物也。”荀子两千年前就借助多个事例，告诉我们要充分利用事物才能及我们前所不能及。现在，我们正处于竞争激烈的时代，谁掌握更多的信息，谁就握有更多的先机。而信息检索技术就是一件寻找各种信息的利器，熟练掌握这一技术，就能让人找到更多有用的信息。我们不能因为信息不足，而输在起跑线上。所以，我们没有理由不学习检索课程。

也有人说，我就喜欢看看书，书里知识多，够我用了，我不需要检索。只是我们经常会说一句“书到用时方恨少”。我们总会有这样的感受，虽然生活在信息的海洋中，但又极度缺乏信息，不管是就业信息，还是考试信息，或者是投资信息，就像一些人说的，我们是被信息“饿死”了。我们不能守着身边仅有的一些有限的书本知识，而忽视周边满海洋的知识，还在说我之所以事情做不好，是因为我知识不够。英国文豪、辞典编撰家塞缪尔·约翰逊说过，知识有两类，一类是我们自己知道的，另一类是我们知道在什么地方可以找到的。我们很想说，信息检索可以满足一个人的任何求知需求！

当然，通过这么几句话要说服不想学习检索的人，是绝对不现实的。尽管检索课程课时不多，能学习到的知识也有限，但就是这些有限的知识能改变你的信息获取技能和信息应用能力。非常现实的，仅此而已，没有企求改变人的一生。

对于那些自认为“无信息检索需求”的人，我们一定要说服他们非常困难。要从信息的重要性讲起，再讲人的工作、学习和生活离不开检索，即便如此，很多情况下大家还是觉得非常虚无，甚至得到的回答是“没感觉”“不觉得”。我们不如提些问题吧，间接说明人都是有检索需求的，而不是来求证检索对我们是非常重要的！

你有没有遇到过要选择毕业论文指导老师了，可你还不知道系里的老师各自的研究方向是什么的状况？

你有没有在参加某项专业比赛前，觉得课上老师教的知识少，不够用，需要更多的专业知识？

你有没有被要求制作 PPT 在课上演讲，可你又觉得网上找不到相关专业资料？

你有没有在大冬天下雪的日子，要去离宿舍较远的校区图书馆借几本书，老师布置的读后感要交了，可你不知道那个校区图书馆有没有这几本书，去了会不会空手而回？

你有没有想要“刷”四级或六级英语成绩，你需要历年考试真题，特别是免费的资料？

你有没有在找工作的时候，需要各种“面经”？

你有没有同时获得好几个岗位，然后你拿不定主意，不知道几家单位中哪家更有前途？

你有没有遇到过电脑浏览器工作不正常，你又因为电脑中有私人资料不愿意上电脑维修店，想自己解决？

你有没有遇到过你的数码产品工作不正常，你花了很多时间都没有搞定，你担心死了？

你有没有要和几个好友出国自由游，想了解那些国家的签证、交通、住宿、饮食和购物等旅游相关问题？

你有没有最近身体不舒服，嫌去医院各种抽血检查麻烦，或者想这病是不是自己休息休息会好的，因此需要自己了解一些信息？

你有没有遇到生活上一些问题不能解决，想咨询一些信息？

我们之所以先学业，后生活，一个接一个提问，就是想着一定要让大家感觉到人都是有信息检索需求的！

对的，这里的问题都可以使用检索课程教的知识去解决。当然不是检索课程的内容能直接解决这些问题，而是课程教授的知识能让你搜索到相关问题的解决思路，而且学习课程后你会意识到，学到的知识能解决的问题远远不止这些。

至于想要从事科研工作的人，当然更要学好信息检索课程，要精通检索技术。牛顿曾说过一句话："如果我看得比别人更远些，那是因为我站在巨人的肩膀上。"这句话出自牛顿回虎克的一封信，原意与现在的理解已经大相径庭，但大家还是用来说明科学家的发明创造，都是建立在前人发明创造的基础上的。所以，如果不想走弯路，也不想低层次重复科研，我们就要站在巨人的肩膀上。这就需要我们去研读前人的文献，消化他们的成果，在他们的研究基础上进行创新。显然，这离不开信息检索。因此，我们可以说从事科研工作的人，没有理由不学好信息检索课程，因为信息检索课程既教检索的技术，让我们获得最多有用的信息，又教我们如何应用检索获得文献知识，使我们用得更安全、更规范。

第二节 本课程能学习到什么

本教材是为文科专业的"数字资源检索与利用"课程编写的。不同于理工农医类的检索课，文科类的检索课程以中文信息，也就是中文文献和资料为主。

之所以要专为文科类学生单独开"数字资源检索与利用"课程，全因为理工农医类的检索课，绝大比例的授课内容是和外文文献有关的，而这些外文文献对文科生来说用处不大。事实上，理工农医专业也不需要学习全部的外文文献数据库检索，往往需要的是某几个特定专业数据库。

"数字资源检索与利用"课程，主要分为理论、实践和应用三大块：其一，是信息检索和数字资源基础知识，分别介绍信息、文献、信息检索、数字资源等相关内容，偏理论；其二，是数字资源检索实践，分别介绍各类数字资源数据库（它们是维普资讯、中国知网、万方数据、人大书报资料全文数据库、外文期刊数据库、读秀学术搜索、超星数字图书馆、apabi 电子图书、金图外文图书），以及网上资源检索（百度、谷歌），偏实践；其三，是检索信息应用，介绍各种具体的信息检索应用，以及防抄袭技术，当然，还有毕业论文写作的知识，这些内容都是偏应用的。

显然，我们的课程既能学习到信息检索相关理论知识，又能学习到各种数字资源的检索实践技能，更能学习到应用这些数字资源的检索理论知识与实践技能的方法。这样，在以后面对实际信息检索课题时，我们方能得心应手。

当然，通俗点说，就是我们既能学到许多与检索相关的学术名词，又能玩熟各种中文文献数据库，以及少量外文文献数据库，还有各种搜索引擎。更重要的是，以后遇到各种事，我们都明白如何应用检索技术，找到自己最需要的信息，从而"笑傲江湖"。

第三节 如何学好检索课程

"数字资源检索与利用"既有理论内容，又有实践内容，更有应用内容，这就需要在不同学习时段使用不同的学习方法。

检索基础知识理论学习阶段，需要及时理解授课内容，掌握各个知识点。这些知识点绝对不是孤立存在的，也不是为了考试专门设置的。理论总是指导实践的，又总是从实践中来的。所以，掌握了这些理论知识，才能在实践中做得更好。

数字资源实践阶段，要充分利用好学校资源系统。有条件的学校，课程的实践部分可以改到软硬件条件较好的实验室进行，师生间互动，教学效果更好。没有条件的学校，老师多在课上操作示范，学生课后多练习。因为，数字资源检索的实践经验全靠不断练习才能获得。英语中有句“Practice Makes Perfect”，也就是“熟能生巧”的意思，非常应景。事实是，虽然上过课也做过相关练习，到了进行毕业设计时，还是有人忘记如何通过检索获取相关文献。所以，“学而时习之”是最重要的。

最后的检索应用学习阶段，就是要培养有应用目的性的检索意识。此时，应该经常想想，所学的数字资源检索可以用在哪些地方，比如我们的工作、学习和生活上。要带着实际问题去检索，在解决实际问题中提高检索技能。这一阶段学习的检索应用知识，既有如何在实际检索课题中正确使用检索技术，又有如何撰写毕业论文，更有如何合法使用文献内容，如何检测论文复制比例，甚至如何降低复制比例等。

检索课程一般都会有学以致用的实践大作业，比如撰写文献综述，这是最好的练习机会。实践大作业，一可练习检索技术，二可学习文献综述的写作技巧。检索课程教学，要重视这一实践大作业。

总之，检索课程是理论、实践和应用三者结合的课程，这就需要课程的学习做到理论为实践、实践为应用、应用促理论。这样，本课程的学习才会有较大的收获。

思考题

1. 请你谈谈学习检索课的必要性。
2. 你有哪些检索需求？
3. 你期望通过检索课程学到什么？
4. 你打算如何学习检索课程？

第2章

信息检索概述

本章知识要点

1. 信息的定义，信息的特点；
2. 文献的定义，文献的三要素，文献的分类，文献的特点，文献载体演变的两大主线；
3. 信息检索两种工作，广义(狭义)信息检索，信息检索的分类，信息检索的目标，信息检索的方法，计算机检索服务方式；
4. 信息检索原理，检索提问标志，文献特征标志，信息检索语言；
5. 检索工具，检索工具的特点，检索工具的分类，计算机检索系统；
6. 检索途径，检索程序。

信息检索不是数字时代特有的，是有了文献就随之出现的。历史越久远，文献越多，信息越难寻找，信息搜索的需求就越大。因此，信息检索说起来也是年代久远的事。

普遍认为，信息检索起源于图书馆的参考咨询和文摘索引工作，这一方面说明人们需要从图书馆获得一些参考咨询，也就是人们对文献有信息检索需求；另一方面，也说明文摘和索引是信息检索的主要便利工具。

文摘虽说起源于公元前36世纪的苏美尔文化时期，但真正商业化的文摘是出现在铅字印刷兴起后，特别是19世纪末至20世纪初。那时，各国在编辑出版文摘杂志的基础上，又大步向专业化发展。1830年德国创刊的《药学总览》（后改名为《化学总览》）是世界上第一本科技文摘杂志。1907年美国创刊的《化学文摘》（*Chemical Abstracts*，简称CA）是世界最大的化学文摘库，一直为全世界相关专业人员所喜爱。1927年，美国创刊了《心理学文摘》，这是世界上最早的社会科学专业文摘。据统计，目前世界上文摘刊物已有3500种以上。

索引在中国古代就有记载，古书中又称通检、备检、韵编、串珠等，它是在字书、韵书、类书、书目等基础上发展起来的。随着文摘的大量涌现，索引也获得了极大的发展。一些重要的或著名的文摘工具，都提供了相应的索引工具。也有一些单纯的索引工具，如1848年美国普尔编制和出版的《普尔期刊文献索引》，1851年创刊的美国《纽约时报索引》。

显然文摘和索引，是信息检索工作得以展开的有力工具，也是我们从事信息检索的出发点，但绝对不是信息检索的所有。事实上，信息和文献本身，到了21世纪这一信息时代已经有了新的内容。

本章从信息检索的需要出发，简单介绍信息、文献、信息检索、信息检索原理等与检索相关的一些知识，为进一步学习数字资源的检索和利用打下理论基础。

第一节 信　息

随着社会的进化，信息已经成为人类社会不可或缺的三大基本要素（物质、能量、信息）之一。“信息”是我国现代语言中使用的一个高频词，英文中是“information”，日文中为“情報”，我国台湾称之为“资讯”。

“信息”一词有着悠久的历史，早在两千多年前的西汉，即有“信”字出现。那时，“信”常可作消息来理解。后来，“信息”一词也出现在文学作品中。南唐李中的《暮春怀故人》诗云：“梦断美人沉信息，目穿长路倚楼台。”南宋陈亮的《梅花》诗云：“欲传春信息，不怕雪埋藏。”这里，信息意为音讯和消息。

现代意义上的信息，早就突破了音讯和消息的范畴，是指通过各种手段传递的一切符号。在科学术语上，信息是指事物发出的消息、指令、数据、符号等所包含的内容。

信息是物质的一种属性，信息普遍存在于自然界、人类社会和人们的思维之中。它反映着物质本身及其相互作用、相互依存和相互联系过程中表现出来的特征和状态。不同的物质具有不同的存在方式和运动规律，构成了各种不同物质的不同特征，表达各自不同的信息。因此，信息可以分为自然信息、生命信息、社会信息等。人通过获得、识别自然界和社会的不同信息来区别不同事物，得以认识和改造世界。

信息无处不在，无时不有，无人不用。人们看到柳树发芽，就知道春天来了；看到天上乌云密布，就知道要下雨了。这些是自然世界发出的信息。电视新闻、图书报刊、网站网页，这是社会带给我们的信息。上课铃响，手机叫醒，这是个人生活中的信息。

我们每时每刻都与信息有联系，生活中充满了信息。听课、刷微博、看视频、浏览网页、听广播，这是在接收信息；点头、摆手、跺脚、发状态、发短信、QQ 上发布说说、点蜡烛图案等，这是在发出或传递信息。

一、信息的定义

作为日常用语，信息经常是指“音讯、消息”的意思。在学术界，许多学者对信息先后下了各种定义。

信息作为一个科学术语被提出和使用，可追溯到 1928 年哈特莱在《信息传输》一文中的描述。他认为，信息是指有新内容、新知识的消息。

1948 年，信息论奠基人香农在《通信的数学理论》一文中，给出了信息的数学定义。他认为，信息是用来消除随机不确定性的东西。

同年，控制论创始人维纳在其专著《控制论——动物和机器中的通信和控制问题》中认为，信息是人们在适应外部世界、控制外部世界的过程中，同外部世界交换内容的名称。

1975 年，意大利学者朗高在《信息论：新的趋势与未决问题》一书中指出，信息是反映事物构成、关系和差别的东西，它包含在事物的差异之中，而不在事物的本身。

1988 年，我国信息学专家钟义信在《信息科学原理》一书中指出，信息是事物的运动状态及其状态变化的方式。

那么，信息究竟应该如何定义呢？2012 年第 6 版《现代汉语词典》给出两种释义：

其一，音信，消息；其二，信息论中指用符号传送的报道，报道的内容是接收符号者预先不知道的。

GB 4894-85《情报与文献工作词汇基本术语》是这样定义信息的：

物质存在的一种方式、形态或运动状态，也是事物的一种普遍属性，一般指数据、消息中所包含的意义，可以使消息中所描述事件的不定性减少。

2009 年，原国家标准做了更新，并改名为 GB/T 4894-2009《信息与文献 术语》。其对信息的定义，可以理解为两种：

定义一：被交流的知识。

定义二：在通讯过程中为了增加知识用以代表定义一中的“信息”的一般消息。

显然，该定义给出了信息的具体内容，这就是知识和消息。当然知识和消息的定义又是十分宽泛的，内容极其丰富。

二、信息的分类

根据不同的分法，信息有多种分类。这里，我们给出常见的分类：

——按性质分，信息可分为语法信息、语义信息和语用信息。

——按主客观分，信息可分为客观信息和主观信息。

——按效用分，信息可分为有用信息、无用信息和干扰信息。

——按应用部门分，信息可分为工业信息、农业信息、军事信息、政治信息、科技信息、文化信息、经济信息、市场信息和管理信息等。

——按内容分，信息可分为消息、资料和知识。

——按价值分，信息可分为有用信息、无害信息和有害信息。

——按时间分，信息可分为历史信息、现时信息和预测信息。

——按载体分，信息可分为文字信息、声像信息和实物信息。

三、信息的基本特点

对于信息的特点，学者研究结果众多且呈开放性，而且将随社会的进步和科学技术的发展，越来越多地被人们发现。但就目前的研究和讨论，信息基本有以下特点：

（一）信息的客观性

地震，海啸，花草树木的发芽、生长和枯萎，广播电视、网络新闻等发出的信息，不管你知道不知道，感知不感知，它们都是客观存在的。只要有物质存在，就有信息的存在。因此，信息是客观存在的，不以人们的意志为转移。

（二）信息的时效性

信息是具有较强时效性的。客观事物总是不断地变化，因而信息也会发展变化。如果信息不能适时地反映事物存在的方式和运动状态，那么，这一信息就会失去其效用。

所以说，老皇历，看不得。我们常说天气预报时效性很强，所谓风云莫测，变幻无常，昨日的天气预报，对于现今没有任何价值，有点时过境迁的味道。

（三）信息的共享性

同一内容的信息可以在同一时间或不同时间里被多个信息用户使用。一条信息被用户吸收和利用并不影响信息的本身和被其他用户的反复使用，各用户分享的份额也不会因为分享的人的多少而受影响。正如萧伯纳所举的“苹果与思想”的例子，苹果交换以后双方仍然各自仅有一个苹果，但思想交换以后双方都有了两种思想。

（四）信息的传递性

信息的传递性是指任何信息只有从信息源出发，经过信息载体传递才能被受众接受并进行处理和运用。也就是说，信息可以在时间上或空间上从一点移动到另一点，可以通过语言、动作、文字、通信、电子计算机等各种渠道和媒介传播。宋陶穀《清异录·丧葬·义疾》云：“一传十，十传百，展转无穷。”原指疾病传染，现形容消息传播极快。

现实中，通过书籍、报刊、广播、电视和网络等媒体，我们可以了解他人的思想与经验，可以了解发生在世界各地的许多事情。比如我们只需坐在家里，通过电视或网络就可观看全球各地进行的各种比赛实况。

（五）信息的价值相对性

信息的价值取决于信息接收者的信息需求，以及对信息的理解、认识和应用能力。同一信息被不同的受众对象接收，会有不同的解读，从而产生不同的价值。信息，因时因人而异。所谓“一千个读者，就有一千个哈姆雷特”，就是说，不同的读者会对哈姆雷特产生不同的理解或看法。

（六）信息的真伪性

信息接收者接收的信息不乏伪信息，这一方面可能是因为信息源传递的信息有假，另一方面是信息传播过程中出现错漏，后续传播又以讹传讹。

古代军事谋略中的“空城计”“明修栈道，暗度陈仓”“兵不厌诈”“行军灶递减”都是以传递虚假信息取胜。而生活中，不乏通过手机短信传递假信息来设置骗局的例子。

（七）信息的可处理性

信息的可处理性体现在信息接收者可对原信息进行各种加工和处理，比如分析、综合、提炼，从而获得不同价值的信息。不同的受众，对信息的价值需求和价值期望是不同的，因此其对信息的处理方式也不尽相同，最后获得的信息价值也有所不同。

现实中，股市的传言经过不同股评人的分析处理，往往有不同的解读。一天的股票行情，不同的股票专业人士有不同的投资观点。

（八）信息的依附性

信息的表示、传播、存储必须依附于某种载体，载体就是承载信息的事物。语言、文字、声音、图像，以及纸张、胶片、磁带、磁盘、光盘等，甚至人的大脑，都是信息的载体。

烽火告急，是指古代边防守卫人员通过烽火向朝廷传递敌人入侵的消息。“红灯停，绿灯行”，通过交通灯，交通管理系统向司机传递了交通的规则。

除上述信息特点外，有的学者认为，信息还有可量度、可识别、可转换、可存储、可再生、可压缩、可利用等特点，这些都带有学科研究的特征。

第二节 文　献

“文献”一词最早见于《论语·八佾》：“子曰：‘夏礼，吾能言之，杞不足征也；殷礼，吾能言之，宋不足征也。文献不足故也。足，则吾能征之矣。’”南宋朱熹《四书章句集注》认为“文，典籍也；献，贤也”。这里的文指典籍文章，献指古代先贤的见闻、言论，以及他们所熟悉的各种礼仪和自己的经历。

宋代马端临则认为，“文”是经、史历代会要及百家传记之书，“献”是臣僚之奏疏、诸儒之评论、名流之燕谈、稗官之记录。简单地说，文献中的文指“叙事之文”，献指“记事之言”。另外，古代关于文献的认识，只限于一般的文字记载。不能表达为文字记载的东西，则不能称之为文献。

今天，我们所说的文献，主要指有历史意义的比较重要的书面材料。进入数字时代，广义的文献定义就变成了记录知识的一切载体。

依据国际上的相关定义，文献是一切情报的载体。

一、文献的定义

（一）文献的定义

2012年第6版《现代汉语词典》给出文献的释义：

文献，是有历史价值或参考价值的图书资料。

GB 4894-85《情报与文献工作词汇基本术语》（已作废）是这样定义文献的：

文献，是记录知识的一切载体。

GB/T 4894-2009《信息与文献 术语》是这样定义文献的：

文献，是在文献工作过程中作为一个单位处理的记录信息或实物对象。

文献是用文字、图形、符号、声频、视频等技术手段记录人类知识的一种载体，或理解为固化在一定物质载体上的知识。文献，也可以理解为古今一切社会史料的总称，通常理解为图书、期刊等各种出版物的总和。文献是记录、积累、传播和继承知识的最有效手段，是人类社会活动中获取情报的最基本、最主要的来源，也是交流传播情报的最基本手段。正因为如此，人们把文献称为情报工作的物质基础。

（二）文献的三要素

文献是记录知识的一切载体，由此，我们知道构成文献的三大要素是知识、载体和记录。

知识是文献的实质内容，是文献的灵魂所在；载体是文献的外在形式，是可提供记录知识或信息的物质材料；记录就是将知识和载体联系起来的手段，即用文字、图形、代码、符号、声频、视频等方式和技术手段把知识或信息记录在一定物质载体上。

普遍认为，文献的知识性、记录性和物质性是文献的三个基本属性，也是我们用来认定信息是否为文献的三个要素。

二、文献的分类

文献的种类众多，不同的分类方法会有不同的分类结果。在此，我们按不同的分类分别进行介绍。

（一）按文献载体的形式划分

刻写型：主要指我国古代非印刷型文献和当前没有复印的手写文稿，如日记、书信、笔记、会议记录等。有的教材将此类文献归并到印刷型文献。

印刷型：是指以纸张为存贮介质，以印刷（包括铅印、油印、胶印、木版印刷）为记录手段的文献形式，如图书、期刊和报纸等。这是一种最为常见的文献类型。

视听型：视听型文献也称为声像型文献。它是以磁性材料或者感光材料为存贮载体，借助特定的机械设备直接记录声音信息和图像信息所形成的文献，如幻灯片、录像带、唱片等。使用时，需要借助一定的设备。

缩微型：是指以感光材料为载体（银盐片、重氮片、微泡片），以缩微照相技术为记录手段而产生的一种文献形式，如缩微胶卷和胶片等。对这类载体文献的查阅，需要借助专门的仪器设备。

机读型：是通过一定的技术将文字、图像及声音等转换成二进制数字代码，记录在磁性介质或光记录介质载体（主要有磁带、软盘、硬盘、光盘等）上，采用计算机进行阅读、浏览的文献载体。

（二）按文献出版的形式划分

文献出版的形式，也就是文献信息的具体表现形式，大致有：

图书：图书又称为书籍，是有完整定型的装帧形式的出版物。公开出版发行的图书，一般都标注有国际标准书号（ISBN）。从时间上讲，由于图书的编写时间、出版周期较长，因此所反映的文献信息的新颖性较差，但对于要获取某一专题较全面、系统的认识，参阅图书是行之有效的方法。

期刊：期刊是指采用同一名称，定期或不定期出版的汇集多个著者论文的连续出版物。与图书相比，它具有出版周期短、报道速度快、内容新颖、学科广、种类多等特点，是人们进行科学研究、交流学术思想经常利用的文献信息资源。所以，期刊论文是科研人员的主要信息来源。

报纸：报纸是指每期版式相同的一种定期出版物。它的出版周期更短，信息传递更及时。因此，各学科的最新情报信息常常在报纸上先发表。

会议论文：会议论文是指在各种会议上宣读的论文或者书面发言，经过整理后，再编辑出版的文献。一般来说，会议文献具有内容丰富、新颖，信息数量大、专业性强，学术水平高，富有一定创造性等特点。

学位论文：学位论文分学士论文、硕士论文和博士论文，是本科生、研究生为取得学位资格而撰写的学术性较强的研究论文，其理论性、系统性较强，内容专一，阐述详细，具有一定的独创性。学位论文的识别标志，是在学位论文上注明了授予的学位名称、授予单位名称、授予学位的地点和授予学位的时间。学位论文一般是在本单位内收藏、流通，很少公开出版发行。

研究报告：研究报告，也叫科技报告，是描述一项研究进展或成果，或一项技术研制试验和评价结果的一种文体。它所反映的科研成果和技术革新成果比期刊论文快，其内容专深具体、完整可靠，有失败和成功两方面的记录。由于其内容具有一定的保密性和专门性，一般采用出版单行本的办法，在一定的范围内流通。

专利文献：专利文献主要指发明人或者专利权人向专利局提供申请保护某项发明时所呈交的一份详细的技术说明书，经专利局审查，然后公开出版或授权后所形成的文献。专利文献是其他人学习和引进相关先进技术，解决某个技术难题时经常参考和借鉴的文献信息。

政府出版物：政府出版物是指各国政府所属各部门出版的文件。借助于政府出版物，可以了解某一个国家的科技政策、经济政策等。

标准文献：标准文献是由国家有关部门颁发的对工农业技术产品，工程建设的质量、规格及其检验方法所做的各种技术规定的文件，是从事经济建设和科学研究的共同技术依据。标准文献具有计划性、协调性、法律约束性等特点，可以促使产品规格化、产品系列化和产品质量标准化。

产品样本：产品样本也叫产品资料、产品说明书，是对定型产品的性能、构造、原理、用途、操作规程、产品规格等所做的具体说明。产品样本图文并茂，形象直观，出版发行迅速，更新速度快，多数为免费赠送，其使用寿命随着产品的不断更新和周期的缩短而终结。

技术档案：技术档案是生产和科学研究部门在某种科研生产活动中形成的具体工程对象的文件、设计图纸、照片、图表、原始记录的原件及复制件等。技术档案内容准确、真实、可靠，不仅能反映生产和科技活动的最后结果，同时还能反映生产和科技活动的全过程。

网络文本：指那些来自于互联网的，不属于上述任何一类型文献（即非为上述各类文本的数字化形态），但又具有它们的一些相应作用的网上文献。

（三）按照文献的级次划分

零次文献：零次文献又叫灰色文献，是指未以公开形式进入社会流通使用的实验记录、会议记录、内部档案、论文草稿、设计草稿等。该类文献具有信息内容新颖、不公开交流、难以获得、不成熟、不定型的特点。

一次文献：一次文献又叫原始文献，是指作者在科研和实践中根据科研成果、发明创造撰写的文献，如图书、论文、报告等。一次文献是文献的主体，是最基本的信息源。

二次文献：二次文献是指对一次文献信息进行加工、提炼、浓缩而形成的工具性文献。它主要包括各种书目、题录和文摘（数据库）。二次文献是人们对一次文献进行有效的管理、控制和利用的工具，它提供了一次文献的概略及线索。

三次文献：三次文献是指根据特定的要求对一次文献和二次文献的内容进行综合分析、系统整理、高度浓缩后形成的文献，如各种词典、百科全书、年鉴、指南数据库等。三次文献提供各种事实与数据。

需要说明的是，从零次文献、一次文献、二次文献到三次文献，它是一个由分散到集中，由无序到有序，对知识信息进行不同层次加工的过程。零次文献和一次文献是最基本的信息源，是文献信息检索和利用的主要对象；二次文献是一次文献的集中提炼和有序化，它是文献信息检索的工具；三次文献是把分散的零次文献、一次文献、二次文献，按照专题或者知识的门类进行综合分析加工而成的成果，是高度浓缩的文献信息，它既是文献信息检索和利用的对象，又是检索文献信息的工具。

三、文献的特点

有关文献的特点论述较多，综合起来，大概有以下几方面：

（一）文献数量大，增长速度快

随着科学技术和社会生活的飞速发展，人类知识总量在迅速增加。作为存贮、传播知识的载体，随着知识量的增加，文献的数量也在激增，而且增长速度很快。

特别是进入数字出版后，文献的增长速度更是惊人。学科文献的翻番年数越来越短，这在新兴学科方面表现得尤为明显。

（二）文献分布集中又分散

随着现代科学技术的日益综合与细化，各学科之间的严格界限日趋淡化，学科之间的相互联系、交叉渗透逐渐增强。这使文献的分布呈现出集中又分散的现象，即某一专业的大部分文章发表在少量的专业性期刊中，而另外一部分文章则刊载在大量的相关专业，甚至不相关专业的杂志中。具体来说，数学的专业文献大多集中在为数不多的数学类专业期刊，但少量分布在众多的综合类刊物中，如高等院校的学报就是一批综合性的学术期刊。

文献的这种分布现象是普遍存在的，它提示人们在收集文献信息时，应首先选择本专业的核心期刊。

（三）文献时效性增强

随着科学技术的发展，新知识、新理论、新技术、新产品层出不穷，加速了知识的新陈代谢，随之造成了文献的新陈代谢，使文献老化加速。国外有人统计各类文献的平均寿命为：图书 10 ～ 20 年，科技报告 10 年，学位论文 5 ～ 7 年，期刊 3 ～ 5 年，标准文献 5 年，产品样本 3 ～ 5 年。当然，这是约数。实际情况是，有些新兴学科的文献没有几年就老化了，比如有关云技术的研究。

（四）文献内容交叉重复

文献内容交叉重复，表现在几个方面：其一，同一内容的文献以不同文字发表；其二，同一内容的文献以不同形式出版，如既出版印刷型的，又有缩微版、电子版等；其三，在激烈的商业竞争中许多畅销书内容雷同，选题重复。

（五）文献载体及语种增多

随着声、光、电、磁等技术和新材料的广泛应用，新型文献载体不断涌现。传统的纸张型文献已失去了一统天下的局面，多种载体的文献相互依存、相互补充、共同发展已成为趋势。新型的非纸张型文献，如缩微型、机读型、视听型等，或增大了信息存贮密度，延长了保存时间，或加快了信息传递与检索速度，实现了资源共享。

另外，世界各国文献均呈现量增趋势，导致文献所用语种也增多。

（六）文献信息污染严重

不管是印刷版的，还是数字版的，文献中经常有陈旧的、错误的，甚至有害的信息。根据有关的统计报告，在全球信息系统中，文献中信息垃圾（包括冗余信息、盗版信息、虚假信息、过时老化信息、污秽信息等）所占的比例不少于 50%，个别学科领域甚至高达 80%。无疑，这些信息垃圾严重污染了互联网中的信息源和信息环境，干扰了对有效信息的开发和利用。

冗余信息：即多余的、重复的、无价值的信息，包括期刊、书籍、因特网都有一些内容空洞、言之无物的东西。有的是拼凑之作，有的是多次重复发布，成为人们信息处理的负担。

盗版信息：指在未经版权所有人同意或授权的情况下，对其拥有著作权的作品、出版物等进行复制所形成的信息。

虚假信息：传播者有意识传递的虚假错误信息，用来误导、诱骗他人。

过时老化信息：即失去时效、老化无用的信息。

污秽信息：主要指带有淫秽、迷信等内容的信息，还有无从证实的传闻、流言、诽谤等恶意传递的信息。

四、文献载体的演变

随着科技的发展和社会的进步，承载知识、记录文明的文献载体在不断演变，经历了从简单到复杂、从无纸到有纸、从低级到高级的变化过程。这一演变进程，体现着不同历史时期生产力的发展水平和科学技术的进步程度。

仔细研究会发现，文献载体的演变始终突出了文献载体的适应性要求和文献载体材质的“新陈代谢”两大主线。

（一）文献载体的适应性要求

与其他信息载体不同的是，文献载体必须适应于文献符号和相应的记录方式，同时又要有利于传播、整理和长期的保存。不符合前一要求，就不能成为文献；不符合后一要求，文献就不能随时代的发展而发挥出其应有作用，就会被淘汰，泥版书的命运就是如此。

（二）文献载体材质的“新陈代谢”

从非人工材质的泥版、岩石、石板、兽骨、木板、竹片、兽皮、树叶、桦树皮等到各种人工材质，如无机材质（陶、砖瓦、瓷、玻璃等）、金属材质（青铜、铁、铝、金银等）、高分子材质（帛、纸、胶片、醋酸纤维等）、复合材质（磁带、光盘等），无不体现了社会进步和科技发展背景下文献载体材质的“新陈代谢”。

就拿近几十年的载体材质演变情况来看，随着文献量的急剧增加，纸质文献存放空间变得极度紧张，于是其他介质的文献应运而生，这些文献主要包括缩微文献、音像文献、磁盘文献、光盘文献。这些载体的出现，大体反映了当时人们为解决文献各种“不适应性”所做的努力。

不管文献载体怎么演变，现今的文献仍以纸质为主。纸质的期刊、图书、报告、会议录、政府文献、学位论文、标准、产品样本、专利、档案，构成了目前印刷型文献的主体和精华。但我们相信，已经占据文献总量相当比例的数字文献，在不久的将来肯定会超过纸质文献，成为文献的主流，这是符合事物客观发展规律的。

第三节 信息检索基本概念

图书馆里的文献信息就如同一个信息海洋，要正确利用这一宝贵资源，就必须进行有效的文献检索，才能获得自己需要的文献信息。普遍认为，信息检索是获取知识的捷径，信息检索是科学研究的向导，信息检索是终身教育的基础。

传统的检索是通过一定的纸质检索工具，有目的地检索符合需要的特定文献。现在进入数字时代，我们不仅能通过计算机系统检索需要的纸质文献，也可以检索其他各种文献，甚至是非文献信息。

一、信息检索的定义

简单地说，信息检索就是从存储信息中获得特定信息的过程。要详细了解信息检索，就必须先了解信息检索的两种工作，然后我们才能理解广义信息检索和狭义信息检索。

（一）信息检索的两种工作

信息存储工作：这一工作包括文献收集、信息加工整理，最后形成有序的、具有存储标志的文献信息检索工具或文献信息数据库等。显然，这一工作是信息检索的基础，如果没有做好这一工作，信息检索就无从做起。

信息检索工作：这一工作包括用户提出课题检索要求，通过分析形成检索标志，然后到文献信息检索工具或文献信息数据库中进行检索标志与存储标志的匹配，凡是匹配成功的，相应信息即为中选的检索结果。

（二）广义信息检索和狭义信息检索

广义信息检索（Information Retrieval），就是指将信息按照一定的方式组织和存储起来，并根据用户的需要找出相关信息的过程和技术。所以广义的信息检索又称为“信息存储与检索”，它包含了信息检索的两种工作。

狭义信息检索（Information Searching），就是从信息集合中找出满足用户需求的信息的过程，相当于我们平常所说的信息查询。显然，狭义信息检索仅仅是信息检索两种工作的后一种。

二、信息检索的目标

信息检索的目标是什么？我们是因为要解决某一具体问题，才有了检索需求，才进行检索的。我们的检索是有预期目标的。那个目标，就是要准确、及时、全面地获取所需信息。

通俗地说，我们的检索，除了在时间上要求快外，还要求检索结果能准确地匹配上我们的检索需求，这种匹配的准确程度在于，我们不需要的信息一个也不要，我们需要的信息一个也不能少。

所以，信息检索不是越多越好。我们的理想结果如果是 30 篇文献，实际检索的结果有 1000 篇，就不是准确地获取所需信息，要知道剔除多出来的信息也是非常费时的。信息检索也不是够了就好，我们的理想结果如果同样是 30 篇文献，实际检索的结果只有 29 篇，就不是全面地获取所需信息。很有可能，没有检索出来的那篇文献是最重要的。

三、信息检索的分类

针对不同的检索目的，目前有多种信息检索。这些信息检索根据不同的分法，大致有以下几种：

（一）从信息检索对象的角度出发分类

按此分类方法，可以把信息检索分为两类：文献检索和数据检索。也有人从数据检索里面单独分出一类，即事实检索。

文献检索：文献检索是指以文献为检索对象，检索与用户信息需求相关的文献的检索过程，其检索对象是包含特定信息的各类文献。例如，查找有关“股票投资”的文献，查找有关“城市流浪儿”的文献，等等。

数据检索：数据检索是指以数据作为检索对象，查找用户所需要的数值型信息，其检索对象包括各种调查数据、统计数据、特性数据等。例如，查找某一企业的年销售额、某一国家的人口数量、某一物质的密度等。

事实检索：事实检索是指以事实作为检索对象，查找用户所需要的描述型事实，其检索对象包括机构、企业、人物或其他事物的基本情况。例如，查找某一企业的地址、法人、经营范围，查找某人的生平，查找某一事件的背景资料，等等。

（二）从信息检索手段的角度出发分类

按此分类方法，可以把信息检索分为两类：手工检索和计算机辅助检索。

手工检索：手工检索是指以手工操作的方式，利用检索工具书进行的检索。手工检索是信息检索的传统方式，经历了一个多世纪的发展过程。其优点是便于控制检索的准确性；其缺点是检索速度慢，检索工作量较大。

计算机辅助检索：又称机械检索。计算机辅助检索是指在检索过程中通过计算机，利用信息检索系统进行检索的检索方式。计算机检索包括光盘数据库检索、网络数据库检索和互联网信息检索。计算机的诞生，以其强大的存储能力、快速的运算能力，很快成为信息存储与检索的主要工具。其优点是检索速度快，检索全面性较好；其缺点是需要借助相应的设备进行检索。

（三）从信息类型的角度出发分类

按此分类方法，可以把信息检索分为两类：文本信息检索和多媒体信息检索。

文本信息检索：是针对文本的信息检索技术，指从大量文本信息集合中识别和获取所需要的文本信息。

多媒体信息检索：是根据用户要求，对图形、图像、文本、声音、动画等多媒体信息进行检索，得到用户所需的信息。多媒体信息检索，实质上是在计算机上输入检索策略，与系统中存储的多媒体信息内容、特征标志等进行类比、匹配的过程。

（四）从检索途径的角度出发分类

按此分类方法，可以把信息检索分为两类：直接检索和间接检索。

直接检索：直接检索就是从浏览、阅读文献（一次文献和三次文献）中获取所需要的情报信息的过程，它是研究者习惯使用的方法。

间接检索：间接检索就是以检索工具（主要是二次文献）为导向，进而查找原始文献以获得所需信息的过程。

四、信息检索的方法

信息检索的方法，主要有顺查法、倒查法、抽查法、追溯法和综合法。其中，顺查法、倒查法、抽查法是直接法，又叫工具法、常用法，是利用检索工具查找所需文献的方法。

（一）顺查法

顺查法，是以课题研究的起始年代为起点，由远及近，利用检索工具逐年进行查找，一直查到近期为止。例如，查检“浙江电视文化发展史”资料，首先要弄清起始时间，即“电视文化”产生的时间是哪一年。然后，从这一年开始查起，每年建立一个单独的检索箱或文件夹，一直查到当前“电视文化”方面的相关文献为止。

显然，这种方法的查全率与查准率都比较高，但是费时费力，劳动量大，一般用于大型课题的查检。

（二）倒查法

倒查法，就是由近及远，逆着时间的顺序，利用检索工具进行文献信息检索的方法。其重点放在近期文献上，只需查到基本满意即可。

这种检索方法，可以最快地获取新资料，又可以反映最新的水平和动向，比较省力，一般在查找新课题或有新内容的老课题时可以用这个方法。特点是节约时间，但是漏检率高。比如检索“平板电脑”的数字出版方面的文献，平板电脑出现没有几年，开始几年的文章学术水平少有深度，文献以最新发表的价值较高，所以适合倒查法。

（三）抽查法

这是抓住学科发展的兴旺时期进行查找文献的一种方法。兴旺时期，文献数量远远多于其他时期，而且新的观点、新的理论也会在这个时期产生。

这种方法，检索时间较少，获得文献较多，检索效率高。但是，必须建立在熟悉学科发展特点的基础上，也就是说，只有对该学科或课题的发展熟悉的情况下才适合使用。比如，SARS，又名传染性非典型肺炎（简称“非典”），主要流行于 2002 年 11 月至 2003 年 8 月，早于这一时期和晚于这一时期，要么没有文献，要么文献很少，因此可以采用抽查法，集中检索这一时期的相关文献（要注意文献的滞后性）。

（四）追溯法

追溯法是利用文献后面所附的参考文献作为检索线索，由近及远，逐一追踪的查找方法。比如，我们手头有 5 篇文献，假如每篇文献后面各有 4 篇参考文献，那么我们就有新的 20 篇文献的线索。找到这 20 篇文献，然后再通过文章后的参考文献，我们就能获得更多文献。

这种方法，不需要利用检索工具，查找方法简单，但是效率不高，漏检率高。

（五）综合法

综合法就是将上面某两种检索方法结合起来交替使用的方法。这样，检索效果比两种方法单独使用要好，是一种“立体型”的检索法。比如，我们通过结合顺查法和追溯法，来检索“浙江经济发展七十年”的相关文献。

五、计算机信息检索的服务方式

计算机信息检索按其服务功能，可分为定题服务、回溯检索服务、联机订购服务和随机问答服务四种方式。

（一）定题服务

定题服务（Selective Dissemination of Information，简称 SDI），是根据用户的需求，事先将确定好的检索策略保存在检索系统之中，检索系统以后定期主动地将最新的文摘数据检索出，并提供给用户。

例如，国外研究超导的某教授，由于事务多，不可能经常去检索文献，而且一般文献太分散，所在大学没有相关的全文数据库，因此只好委托相关公司进行定题检索。相关公司会按期通过邮件把检索结果传送给教授，进行文献选择。然后，该公司将教授选中的文献全文下载，再寄送给该教授。

（二）回溯检索服务

回溯检索服务 (Retrospective Searching)，是指追溯查找过去的资料，可以搜索几年前至几十年前的文献，适合于申请专利时的新颖性检索、从事科研课题查新及编写教材时的检索。

提供回溯情报检索服务，首先要求处理并存储大量有用的情报，建立一定规模的数据库；其次，要求系统具备大容量的磁盘空间和通讯设备。在中国，只有少数文献数据库提供 10 ～ 20 年的回溯情报检索。

（三）联机订购服务

联机订购服务 (On-Line Ordering)，就是通过一些著名的检索系统联机检索到二次文献，即索引题录和文摘等。如需一次文献，可以通过终端机订购原始文献的复印件或原文。

使用联机订购服务，主要是由于自己所在的单位没有特定的文献数据库，无法获取相关文献信息，更不要说获取相关文献。国际上，DIALOG 系统是一个不错的选择。该系统为世界上最大的国际联机情报检索系统，覆盖各行业的 900 多个数据库，信息总量约 15TB，约有 14 亿条记录。在 DIALOG 系统资源中，各种类型的商业性数据库就有 400 多个，存储的文献型和非文献型记录，目前约占世界各检索系统数据库文献总量的一半。

（四）随机问答服务

随机问答服务，就是由用户直接利用终端进行检索，机检系统即时提供所需文献，一般由数值型数据库、事实型数据库提供各种科学数据和事实数据。简单地说，就是你随便键入一些词，系统就会立即提供相关检索结果。

像国内著名的维普、万方和中国知网等全文数据库，还有百度和谷歌这类网络搜索引擎，都是采用随机问答服务方式的，只是我们在日常使用中，仅仅注意其检索结果而没有太多关注其服务方式罢了。

第四节 检索原理和检索语言

明确了信息检索的概念，以及各种检索方法，我们再来介绍信息检索原理和信息检索语言。

一、信息检索原理

信息检索原理的核心，是用户信息的需求与文献信息集合的比较和选择，是两者匹配的过程，而完成这一比较和选择，也就是参与匹配过程的是一些特定的信息标志。

因此，所谓信息检索原理，简单地讲，就是通过用户给出的检索提问标志与存储在检索工具中的文献特征标志进行比较或匹配，然后提取两者相符合的文献信息。

（一）检索提问标志

检索提问标志是检索者根据检索课题的需求，按照主题概念分析而提炼出来的提问标志。检索提问标志也是我们在检索过程中，为了获取满意的检索结果而设计的关键提问词，其设计的好坏直接影响检索效果。

（二）文献特征标志

文献特征标志是用于表示文献各种特征的带有记号性的信息。文献特征标志可分为文献内容特征的信息标志（如分类号、检索词、代码等）和文献外表特征的信息标志（如题名、著者、文献类型、文种、发表时间等）。

二、信息检索语言

从信息检索原理可以看出，要提高检索效率，选择正确的检索提问标志和文献特征标志是至关重要的。这就离不开规范的信息检索语言。

信息检索语言是应文献信息的加工、存储和检索的共同需要而编制的专门语言，是表达一系列概括文献信息内容和检索课题内容的概念及其相互关系的一种概念标识系统。简言之，检索语言是用来描述信息源特征和进行检索的人工语言，可分为规范化语言和非规范化语言（自然语言）两类。

要提高检索效率，必须选用规范化检索语言，而且要把它落实到文献信息的加工、存储和检索三个环节。

试想，我们要检索有关“土豆”的文献，如果作者撰写时用的全是“土豆”，而其规范的学名是“马铃薯”，那么要提高检索效率，必须在编辑出版时统一将“土豆”改成“马铃薯”，信息存储时用“马铃薯”，然后检索时也用“马铃薯”，我们才能检索到相关的文章。反之，文献信息的加工、存储和检索三个环节，只要有一个环节没有规范好，使用了不同的名词，检索的结果就不会令人满意。

第五节 检索工具和检索系统

文献检索，离不开检索工具。本节，我们介绍文献检索工具和计算机检索系统。

一、文献检索工具

（一）检索工具的定义

检索工具指用以存储、查找和报道文献线索的工具，它是附有检索标志的某一范围文献条目的集合。检索工具是二次文献，是目录、索引、指南等的统称。

（二）检索工具的特点

检索工具具有四大特点：其一，有明确的收录范围；其二，每条文献包含多个必需的可供检索用的文献特征标志；其三，全部条目编排既科学又有规则；其四，提供多种索引检索途径。

（三）检索工具的类型

检索工具有许多种类，分类方法有多种。按照著录格式划分，检索工具有四种：

目录型检索工具：指报道具体出版业相关单位或收藏单位文献外部特征的工具，如国家书目、联合书目、馆藏目录、出版社书目、书店书目等。

题录型检索工具：指将文献的篇目按文献外部特征（题名、著者、出处等）编排而成的，供人们查找篇目出处的工具，如《国外科技资料目录》《中文科技资料目录》《美国医学索引》《化学题录》。

文摘型检索工具：指将大量分散的文献，选择重要的部分，以简练形式做成摘要，并按一定的方法组织排列起来的检索工具，如《中国社会科学文摘》《电子科技文摘》《工程索引》《科学文摘》《美国化学文献》《美国生物学文摘》等。

索引型检索工具：指把特定范围内的某些重要文献中的有关款目或知识单元，如书名、刊名、人名、地名、词语等，按一定的方法编排，并指明出处，为用户提供文献线索的一种检索工具，通常有分类索引、主题索引、关键词索引、著者索引等。著名的索引型检索工具有美国的《科学引文索引》、中国的《全国报刊索引》等。

也有其他不同的检索工具划分，如：

按照信息加工的手段或设备划分，可分为手工检索工具、机械检索工具、计算机检索工具等。

按照信息载体形态划分，可分为书本式检索工具（包括期刊式、单卷式和附录式）、卡片式检索工具、缩微式检索工具、磁性材料式检索工具等。

按收录范围划分，可分为综合性检索工具、专科性检索工具、专题性检索工具、全面性检索工具、单一性检索工具等。

按时间范围划分，可分为预告性检索工具、现期通报性检索工具、回溯性检索工具等。

二、计算机检索系统

计算机检索系统，简称机检系统，是指用计算机和数据库存储、检索文献信息资料的系统。目前常用的计算机检索系统，大致有：

电子图书检索系统：提供电子图书检索与利用的数据库，如 apabi 数字资源平台和超星数字图书馆等。

期刊检索系统：提供电子期刊检索与利用的数据库，如维普资讯、中国知网和万方数据，以及 Elsevier ScienceDirect 和 SpringerLink 等。

学位论文检索系统：提供电子化研究生学位论文检索与利用的数据库，如中国知网和万方数据等。

专利文献检索系统：提供电子化专利文献信息检索与利用的数据库，如中国专利检索系统、美国专利检索系统、日本专利检索系统、欧洲专利检索系统等。

会议论文检索系统：提供电子化学术会议论文检索与利用的数据库，如中国知网、万方数据和 ISTP 科技会议录索引等。

标准资料检索系统：提供电子化标准文献信息检索与利用的数据库，如中国标准数据库和其他国家标准数据库。

产品资料检索系统：提供电子化产品资料及信息检索与利用的数据库，如民用航空产品资料数据库、化工产品数据库等。

档案资料检索系统：专门提供电子化各种档案资料及信息检索与利用的数据库，如民国时期档案目录数据库、中华人民共和国时期档案目录数据库等。

政府出版物检索系统：提供电子化政府出版物信息检索与利用的数据库，如美国政府出版物数据库。

书目数据库：提供相关组织各种特征文献资源收藏数量、收藏地点及流通状态等的数据库，如各高校图书馆书目数据库。

文摘数据库：指提供电子化文献文摘信息检索与利用的数据库，如中国专利文摘数据库、国外石油文献数据库等。

全文数据库：指提供电子化文献全文信息检索与利用的数据库，如维普资讯、中国知网和万方数据等。

引文数据库：指提供电子化文献引文信息检索与利用的数据库，如中国科学引文数据库、中国人文社会科学引文数据库、维普资讯、中国知网和万方数据等。

混合数据库：指数据库中同时包含了多种文献类型（图书、专利、期刊、学位论文等）的信息，其中部分以文摘数据库出现，部分却属于全文数据库，甚至部分是引文数据库形式的检索系统，如中国知网、万方数据、读秀学术搜索等。

第六节 检索途径和检索程序

一、检索途径

检索工具有多种索引，可以提供多种检索途径。一般来讲，检索途径可以分为以下四种：分类途径、主题途径、著者途径和其他途径。

（一）分类途径

分类途径是指按照文献资料所属学科（专业）类别进行检索的途径，它所依据的是检索工具中的分类索引。

分类途径检索文献关键在于正确理解检索工具的分类表，将待查项目划分到相应的类目中去。一些检索工具如《中文科技资料目录》是按分类编排的，可以按照分类进行查找。数字资源中的全文数据库，也提供分类检索途径。

（二）主题途径

主题途径是指通过文献资料的内容主题进行检索的途径，它依据的是各种主题索引或关键词索引，检索者只要根据项目确定检索词（主题词或关键词），便可以实施检索。

主题途径检索文献关键在于分析项目、提炼主题概念，运用词语来表达主题概念。主题途径是主要的检索途径。

（三）著者途径

著者途径是指根据已知文献著者来查找文献的途径，它依据的是著者索引，包括个人著者索引和机关团体索引。

（四）其他途径

其他途径包括利用检索工具的各种专用索引来检索的途径。专用索引的种类很多，常见的有号码索引（如专利号、入藏号、报告号等），专用符号代码索引（如元素符号、分子式、结构式等），专用名词术语索引（如地名、机构名、商品名、生物属名等）。

二、文献检索程序

文献检索工作是一项实践性和经验性很强的工作，对于不同的项目，可以采取不同的检索方法和程序。一般而言，检索程序与检索具体要求相关，大致可分以下几个步骤：

（一）分析待查项目

这一步，就是分析待查项目的内容实质、所涉及的学科范围及其相互关系，明确要查证的文献内容、性质等。

（二）明确主题概念

在分析的基础上，根据要查证的要点抽提出主题概念，明确哪些是主要概念，哪些是次要概念，并初步定出逻辑组配。

（三）选择检索工具

选择恰当的检索工具，是成功实施检索的关键。

选择检索工具一定要根据待查项目的内容、性质来确定，选择的检索工具要注意其所报道的学科专业范围、所包括的语种及其所收录的文献类型等。在选择中，要以专业性检索工具为主，再通过综合型检索工具相配合。为了避免检索工具在编辑出版过程中的滞后性，还应该在必要时补充查找若干主要相关期刊的现刊，以防止漏检。

当然，选择自己现有的检索工具是最现实的。如果自己现有的检索工具检索效果不理想，可以考虑改用其他的检索工具。

（四）确定检索途径

一般的检索工具都根据文献的内容特征和外部特征提供多种检索途径，除主要利用主题途径外，还应充分利用分类途径、著者途径等多方位进行补充检索，以避免单一途径不足所造成的漏检。

（五）确定检索标志

检索标志要根据检索工具确定，即使是同一主题也要多选择几种检索标志，包括选用规范检索语言的检索标志和非规范检索语言的检索标志，甚至要考虑同义词方案。确定各个检索标志后，要明确检索标志之间的逻辑关系和查找步骤，这样就可以开始检索工作了。

（六）查找文献线索

应用检索工具实施检索后，获得的检索结果即为文献线索。获得的文献线索，要进行整理，分析其相关程度。要对检索结果进行评价，适时做好检索策略调整，这样才能获得较满意的检索结果。

（七）索取原文

根据需要，可利用检索获得的文献线索中提供的文献出处，直接从一次文献中索取原文，或者从全文数据库中下载所需要的原文。

思考题

1. 什么是信息？信息的特点有哪些？
2. 什么是文献？什么是文献的三要素？
3. 文献是怎么分类的？
4. 什么是零次文献、一次文献、二次文献和三次文献？
5. 文献有哪些特点？
6. 文献载体的适应性要求是什么？
7. 文献信息的具体表现形式有哪几种？
8. 什么是广义的信息检索？什么是狭义的信息检索？两者有什么区别？
9. 信息检索的目标是什么？
10. 信息检索是如何分类的？
11. 信息检索有哪几种方法？
12. 计算机检索有哪几种服务方式？
13. 什么是信息检索原理？
14. 什么是检索语言？应该如何使用规范检索语言？
15. 什么是检索工具？按著录格式划分有哪几种？
16. 常见的计算机检索系统有哪些？
17. 检索途径有哪几种？
18. 简述文献的检索程序。

第3章

数字资源

本章知识要点

1. 数字资源的定义，数字资源的特点，数字资源的分类；
2. 高校数字资源的组成，高校数字资源的访问，高校数字资源的使用规定。

数字资源起源于1961年美国化学文摘社发行的《化学题录》机读磁带，经过50多年的发展，数字信息资源从早期的书目信息，到后来的全文本信息，到今天的多媒体信息，从早期的电子型文献到今天的网络文献，到数据库，已成为现代信息世界中重要的资源。

本章，将介绍数字资源的一些基本概念（定义、特点和类型），以及高校数字资源的利用（组成、访问和使用规定）。

第一节 数字资源的基本概念

数字资源是相对于传统的印刷型和非印刷型文献而言的，是随着计算机技术的发展，以及数字技术的应用被不断普及而出现的。数字资源也是文献信息的表现形式之一，是将计算机技术、通信技术及多媒体技术相互融合而形成的以数字形式发布、存取、利用的信息资源总和。

一、数字资源的定义

我们所说的数字资源，全名为数字信息资源，英语叫 Digital Information Resourses,也有人把数字资源称为电子资源（Electronic Information Resourses）。

数字资源是在计算机技术、通信技术和高密度存储技术迅速发展并在各个领域得到广泛应用的环境下产生的一种信息资源形式。数字资源是指经过数字化处理的，可通过计算机系统或通信网络等识别、传递、浏览的信息资源。

数字资源的本质，一是内容数字化，即以数字代码形式存储在磁带、磁盘、光盘等介质上；二是通过计算机或网络传播。

早期的数字资源，主要见于计算机单机上，用磁带或光盘传播。随着存储介质和存储技术的突破，特别是网络技术的发展，网络信息资源成了目前数字资源的主流。

二、数字资源的特点

相对传统的信息资源而言，数字资源的特点非常多，主要有：

（一）高密度存储

数字资源是存储在磁带、磁盘、光盘等介质上的信息资源，随着介质制造技术的突破，介质所存储的信息密度越来越高，而介质所占的体积却越来越小。现在的介质存储密度，不是纸张印刷文字替代竹简刻写文字那样可比的，后者节省的体积是固定而有限的。数字资源所用的介质存储的图文信息替代纸张所节省的体积，不是固定的，是逐年改变而且几近无限的。

不难想象，现在我们所用的 U 盘，在不久的将来就能装载全球所有已出版书报刊的内容，甚至全球所有已播放的电视和电影等。

（二）多媒体

数字资源的内容表现形式丰富，可以是文字、图表等静态信息，也可以是集图、文、声、像于一体的动态多媒体信息，且各种类型的数据又可借助计算机实现任意的组合编辑。这与传统的文献（包括印刷型和非印刷型）是大不相同的。

内容表现形式的丰富，必然会提高内容的传播效果。

（三）高度共享

数字资源的数据结构具有通用性、开放性和标准化的特点，在网络环境下，数据可以被多人访问，是一种共享性的信息资源，易于数字资源的传播和利用。相对来说，传统的资源传播受限，共享没有数字资源方便。

（四）高速传输

数字资源具有传输实时性，其在网络的流动非常迅速。任何数字信息源，只要上传到网上，就能够在非常短的时间内传递到世界的每一个角落。

比如，任何突发事件，我们都可以通过微博或其他平台，第一时间获取相关信息。

（五）海量

数字资源的信息众多，只能用海量来形容，这一方面是信息的提供者众多，另一方面是信息种类众多，无所不包。究其原因，主要是网络开放，信息传播也开放，而且存储无限制。

数字资源所提供的信息，已经不是传统信息所能抗衡的。传统印刷型文献，比如百科全书，其所承载的信息，受词条总数的限制，有些内容只能割舍。而且词条与词条间，信息都要统一考虑，难免某些你想要的信息会非常简短。数字资源的词条和内容都是开放性的，没有限制，结果网上的百科彻底打败了传统的印刷型百科。

（六）不受时空限制

数字资源不受时间、空间限制，可以实现跨时空、跨地域的传播。任何时候，任何地点，只要有计算机，能上网，就可以获取。当然，数字资源分免费的和有偿的，有的还是会员制的，有偿的资源需要经济能力，会员制的资源需要资格。

相对来说，传统的印刷型和非印刷型资源，都受收藏地点和收藏场馆开放时间的限制。

（七）高速处理

数字信息资源以现代信息技术为记录手段，以机读数据的形式存在，可在计算机内高速处理，从而提高资源的利用率。

传统的印刷型和非印刷型信息，只能通过人脑进行信息处理。我们要检索某一特定的内容，必须通过手工检索，并进行人脑的判断，也就是检索标志和文献特征标志的匹配。而数字资源，可以使用计算机系统进行高速处理和分析。

三、数字资源的类型

数字资源形式多样，根据不同的划分，大致有：

——按数据的组织形式分，有数据库、电子期刊、电子图书、网页、多媒体资料等类型；

——按存储介质分，有磁介质和光介质两种类型；

——按数据传播的范围分，有单机、局域网和广域网等方式；

——按生产途径和发布范围分，有商用资源、网络公开学术资源、特色资源和其他资源等。

下面我们按数据的组织形式划分，来介绍主要的数字资源类型。

（一）参考数据库

参考数据库，主要是针对印刷型出版物开发的，指为用户提供信息线索的数据库，有时又称为二次文献数据库。它可以指引用户获取原始信息。参考数据库包括目录数据库、指南数据库、文摘数据库和索引数据库。

目录数据库：以完整的出版单元（如一种图书、一种期刊）为单位，按照一定编排次序对文献信息进行描述和报道。其每条记录的字段主要有文献题名、责任者、出版事项、分类号、主题词等。

指南数据库：指对有关机构、人物等相关信息做简要描述的系统，包括各种机构名录数据库、人物传记数据库、产品信息数据库、软件数据库、研究开发项目数据库、基金数据库等。

文摘数据库：以单篇文献为单位，著录一次文献的题名、作者、来源，有些还著录文献的内容摘要。

索引数据库：将文献中具有检索意义的事项（可以是人名、地名、词语、概念或其他事项）按照一定方式有序编排起来，以供检索的数据库。

（二）源数据库

源数据库，指能直接提供原始资料或具体数据的数据库。源数据库包括数值数据库、文本-数值数据库、全文数据库、术语数据库、图像数据库和音频数据库等。

数值数据库：收录人们从文献资料中分析提取出来的，或是从实验、观测，或是通过统计获得的一些数值数据，如各种物理常数、物质分子量、元件参量、市场行情调查数据、股票证券交易数据、有关部门的统计数据等。

文本-数值数据库：以文本和数据资料为收录对象的数据库。

全文数据库：收录有原始文献全文的数据库，包括电子图书、电子期刊、电子报纸和电子特种文献（特种文献是指出版发行和获取途径都比较特殊的科技文献，一般包括会议文献、科技报告、专利文献、学位论文、标准文献、科技档案、政府出版物七大类）。

术语数据库：也称术语库，指按一种次序编排的术语资料集合，其每条术语记录术语有关的资料（如术语的定义、对应语种的术语、注释、相关术语、广义术语、狭义术语、反义术语、术语的语境、术语出处和输入日期等）。

图像数据库：以图像资料为记录对象的数据库。

音频数据库：以音频资料为记录对象的数据库。

（三）多媒体资源

多媒体资源可以理解为网络及其他传媒资源，包括图片、文字、声音、视频、动画，还有衍生的一些表现方式，比如课件、交互媒体、游戏、网页等。

严格地讲，多媒体资源如果是通过某个系统加以组织、存储和管理，且有多个数据的，都可以归入源数据库。我们说，一个网页（内容可以是图书、报纸、期刊、新闻、音乐、视频等）是多媒体资源，但多个网页能通过所在的网站检索处理，那么这个网站就是个数据库。

只是前面所说的源数据库，在很多场合，专指商业整合后的数据库。

（四）其他数字资源

其他数字资源是指前面几类数字资源不能包括的数字资源，如软件资源、网站导航，甚至是搜索引擎。显然，这类资源是开放性的，会不断增加的。

需要说明的是，数字资源繁多，要科学地分类是非常困难的。比如，源数据库中的数值数据库、文本-数值数据库、术语数据库、图像数据库和音频数据库，以及参考数据库中的指南数据库，有人就合称其为事实数据库。

至于这个分类的某些种类，是否应该划到另一个大类，争议也是较多的，但这并不影响我们对数字资源的检索和利用。

第二节 高校数字资源的利用

高校图书馆为了满足学校师生因教学和科研所产生的对国内外数字资源的各种需求，大量引进了各种数字资源。事实上，高校数字资源已经是我国数字资源利用最为普及的一个领域。据统计，全国已有90%以上高校建有校园网络，这为高校数字资源的建设创造了良好的条件。

一、高校数字资源的组成

高校数字资源的建设主要是指数据库建设。一方面，数据库建设在信息资源建设中起着举足轻重的作用，数据库建设的水平是衡量信息资源建设水平的重要标志；另一方面，馆藏文献资源的数字化建设，或是数字信息资源的购买、数字信息资源镜像的设立，它们的最终表现形式仍然是数据库。

通常，高校图书馆的数字资源（数据库）包括四个方面的内容：馆藏书目数据库、联合书目数据库、特色文献数据库、数据库产品。

（一）馆藏书目数据库

馆藏书目数据库是开发信息资源的基础数据库，是图书馆全面实现网络化、自动化的基础。其作用是对馆藏传统文献（主要是纸质图书和纸质期刊）进行揭示，便于用户检索和利用图书馆的信息资源。

下面是清华大学图书馆的馆藏书目数据库检索界面：

高校馆藏书目数据库，一般可以通过所在大学的图书馆网站找到，但也有些大学图书馆不对外开放。向公众开放的大学图书馆的网站，大多数可以采用以下网址形式进入（少数除外）：

lib. 大学名称缩写 .edu.cn

比如，清华大学的大学名称缩写是 THU，北京大学的大学名称缩写是 PKU，浙江大学的大学名称缩写是 ZJU，南京大学的大学名称缩写是 NJU，武汉大学的大学名称缩写是 WHU，浙江工商大学的大学名称缩写是 ZJGSU。

通过馆藏书目数据库，我们可以检索相关图书，并获得该书的馆藏地点（哪个分馆）、索书号和馆藏状态（馆内借阅、外借、在架上）等信息。显然，这一数据库给我们带来许多便利。我们足不出户，就可了解图书借阅相关信息。

高校馆藏书目数据库的资料，主要来源于各馆的回溯书目数据和添加的新数据。目前，我国书目数据库建库主要有三种模式：其一，自建数据库；其二，购买标准书目数据库套录（简称套录）；其三，套录与自建相结合。

（二）联合书目数据库

联合书目数据库通常是一个地区或者一个国家的图书馆等信息机构在馆藏书目数据库的基础上，通过联机编目建立的反映文献资源收藏信息的书目数据库。联合书目数据库有利于地区间的协作采购和文献资源保障体系的建立，是实现馆际互借、资源共享的前提条件。我国可检索的全国性联合书目数据库，是由中国高等教育文献保障系统（China Academic Library & Information System，简称 CALIS）建设的，下面是其检索界面：

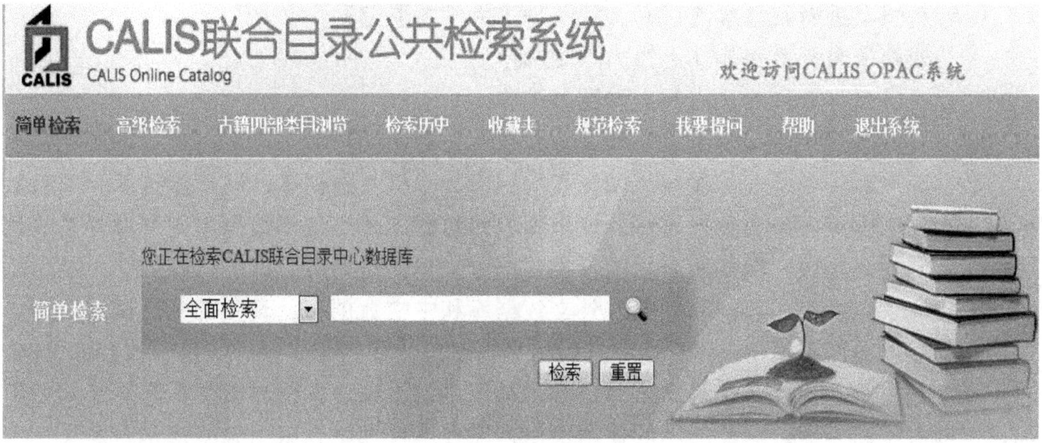

通过该检索界面，可以检索到各种文献的馆藏分布，以便进行馆际互借。

（三）特色文献数据库

特色文献数据库是指依托馆藏文献信息资源，针对用户的信息需求，对某一学科或某一专题有利用价值的信息进行收集、分析、评价、处理、存储，并按照一定标准和规范将其数字化，以满足用户个性化需求的信息资源库。特色文献数据库可分为特色文献书目数据库和特色文献全文数据库两个类型。特色文献数据库有利于深层次地揭示和利用文献信息资源，是图书馆等信息机构提高信息资源服务水平和开展信息资源共享的重要途径。

目前，只有少数高校建设有特色文献数据库，而且是获得某种资助建设的。如中国高等教育文献保障系统（CALIS）资助的特色文献数据库有 80 多个，下面是部分特色文献数据库名录：

敦煌学数据库（兰州大学图书馆）
机器人信息数据库（上海交通大学图书馆）
邮电通信文献数据库（北京邮电大学图书馆）
棉花文献文摘数据库（中国农业大学图书馆）
岩层控制数据库（中国矿业大学图书馆）
石油大学重点学科数据库（石油大学（华东）图书馆）
新型纺织信息库（东华大学图书馆）
有色金属特色数据库（中南工业大学图书馆）
东北亚文献数据库（吉林大学图书馆）
中国工程技术史料数据库（清华大学图书馆）
长江资源数据库（武汉大学图书馆）
巴蜀文化数据库（四川大学图书馆）
北大名师（北京大学图书馆）
民国书目（北京师范大学图书馆）

中国历代建筑画作品数据库（天津大学图书馆）
古籍音韵学书目库（吉林大学图书馆）
材料复合新技术信息门户（武汉理工大学图书馆）
钱伟长特色数据库（上海大学图书馆）
民族风俗数据库（成都大学图书馆）

（四）数据库产品

数据库产品的类型多种多样，如光盘数据库、单机版数据库、联机数据库、书目数据库、全文数据库、事实数据库等。这里所说的数据库产品是指数据库生产商开发的且图书馆能够通过购买获得其所有权的各种数据库，也就是商用数据库产品。

高校图书馆拥有的数据库一般分外文数据库和中文数据库，其中部分是试用资源。试用资源主要分两种情况：其一是数据库信息提供商为了推销产品，作为一种营销策略，对于潜在的客户，主动建议客户试用；其二是图书馆不确定本校对该数据库产品的使用需求，或者不清楚该数据库产品的使用价值，需要本校师生先试用来决定是否购买。

已经购买的商用数据库，又分镜像站和远程访问两种。镜像站的数据库产品，基本建在高校内网上供本校师生使用。镜像站的特点就是不受互联网的影响，信息获取速度极快，但是占用大量贮存空间，一般比较适合需要经常检索而且检索流量较大的数据库。远程访问是通过学校指定端口（比如学校图书馆端口）或网关直接链接到互联网上的商业数据库，速度不是很快，因此适用于那些检索流量较小，学校图书馆希望通过流量形式进行计费的数据库产品。

高校常用的商业数据库有：

EBSCO
ScienceDirect
SpringerLink
中国学术期刊全文数据库（中国知网）
中文科技期刊数据库（维普）
万方数字化期刊全文库
人大书报资料全文数据库
读秀学术搜索
超星数字图书馆
书生之家数字图书馆
apabi 数字资源平台

目前，各高校在使用的商用数据库已有 400 多个。

二、高校数字资源的访问

高校数字资源非常宝贵，在校师生务必利用好这些数字资源。其中原因在于，一是高校数字资源比较集中，使用方便；二是这些数字资源本校师生免费使用（学校花钱购买的），出了校园就得自己付费。

下面，分校内访问和校外访问两种情况，分别介绍高校数字资源的使用方法。

（一）校内访问

目前，大多数高校建有校内网，通过校内网访问这些数据库是最方便的。只是，多数高校不允许同时连通外网，也不允许通过 ADSL 直接进入学校数字资源，否则，会无法访问校内数字资源，或者能访问但无法下载数据。因此，大多数情况下不能同时使用 QQ 软件和访问校内数字资源。这对于试图通过网上 QQ 交流，得到别人指导，来获取自己需要的数字资源，是非常不便的。

一般校园里，连上网线就能进入校园内网。此时，不需要拨号，也不需要通过代理访问外网，直接进入学校图书馆就可以了。

（二）校外访问

校外访问，大多数高校需要通过 VPN 设置，或通过特定网页进入这些数据库。因此，首先要搞清楚所在大学的外校访问方式，即是通过 VPN 设置，还是通过特定网页。

相对来说，通过特定网页简单些，比如清华大学是通过特定访问入口进入的：

http://eproxy.lib.tsinghua.edu.cn

打开此网址，就能见到登录窗口：

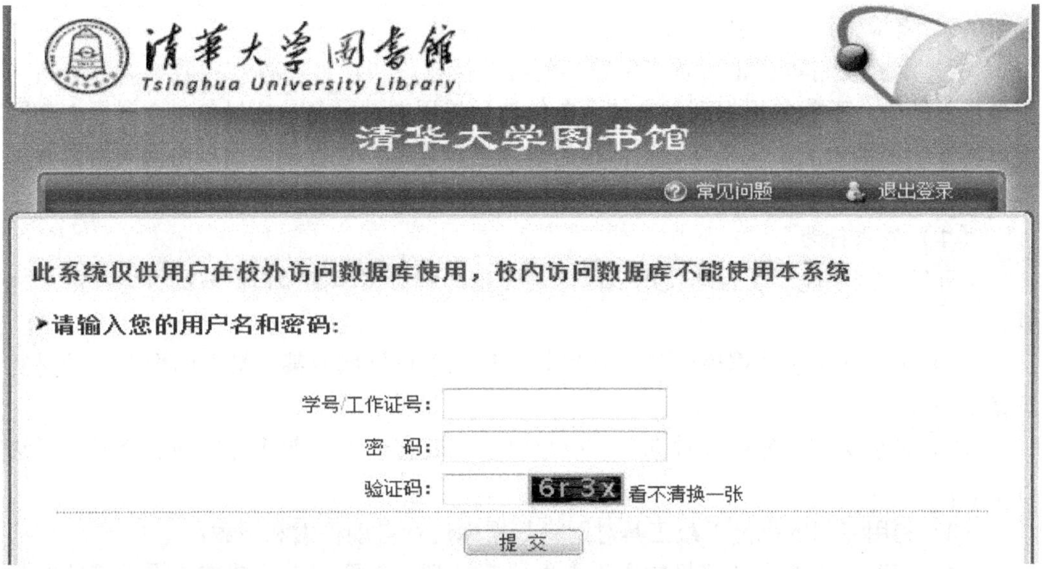

同样，校外访问浙江工商大学也是通过特定页面进入内网的，如：

https://sslvpn.zjgsu.edu.cn/por/login_psw.csp

至于通过 VPN 设置方式进入，高校不同，其设置方法也不相同。不过，学校基本都会给出详细的设置说明。在百度下搜索“大学 VPN 设置说明”，就会发现许多高校是通过这种方法让校外的本校师生访问校内资源的。

之所以要进入校内网，是因为商用数据库都是限于本校师生使用的。校外网络，必须通过身份确认，才能访问这些商用数据库。凡是本校师生都有用户名和密码，输入这些信息就能通过身份确认。当然，有的高校并没有给学生提供相应的用户名和密码，那就只能限于内网使用。

三、高校数字资源的使用规定

高校数字资源大多数是商用数据库，其使用是有严格限制的，使用时必须遵守相关规定。高校数字资源使用不当，会被判定为侵权。侵权严重时，就会受到学校各种行政处罚（责令检讨、封禁 IP、行政处分）和商业数据库提供商的经济制裁，如果违法还会进入司法程序。因此，使用数字资源前，必须了解数字资源的相关使用规定。

下面，以某单位数字资源的使用规定为例，介绍数字资源的合理使用和侵权行为相关界定内容。

（一）合理使用

授权用户（这里就是指本单位的师生员工）出于个人的研究和学习目的，可以对网络数据库进行以下合理使用：

（1）对网络数据库进行检索；

（2）阅读检索结果（文摘索引记录或全文文章，下同）；

（3）打印检索结果；

（4）下载检索结果存储在自己个人计算机上；

（5）将检索结果传送到自己的电子邮件信箱里；

（6）承担使用单位正常研究生教学任务的授权用户，可以将作为教学参考资料的少量检索结果，下载并组织到供本使用单位教学使用的课程参考资料包中，置于内部网络中的安全计算机上，供选修特定课程的研究生在该课程进行期间通过内部网络进行阅读。

（二）侵权行为

下列行为属于超出了合理使用范围，是侵犯网络数据库商知识产权的行为，应严格禁止：

（1）对文摘索引数据库中某一时间段、某一学科领域或某一类型的数据记录进行批量下载；

（2）对全文数据库中某种期刊，或会议录，或它们中一期或者多期的全部文章进行下载；

（3）利用专门的批量下载工具对网络数据库进行自动检索和下载；

（4）把存储于个人计算机的用于个人研究或学习的资料以公共方式提供给非授权用户使用；

（5）把课程参考资料包中的用于特定课程教学的资料以公共方式提供给非授权用户使用；

（6）在使用用户名和口令的情况下，有意将自己的用户名和口令在相关人员中散发或通过公共途径公布；

（7）直接利用网络数据库对非授权单位提供系统的服务；

（8）直接利用网络数据库进行商业服务或支持商业服务。

注意，上述合理使用中的“少量”，以及侵权行为中的“批量”，各家商用数据库的认定标准是不一样的。一次性下载超过 50 篇（有的是 100 篇）的全文文献，很可能被视为“批量”下载。

思考题

1. 什么是数字资源？数字资源的特点有哪些？
2. 什么是参考数据库、源数据库？
3. 高校图书馆的数字资源有哪四类数据库？
4. 高校馆藏书目数据库校外能访问吗？如果能，应该如何访问？
5. 高校图书馆在哪两种情况下会提供数字资源的试用？
6. 校内如何访问高校数字资源？
7. 校外如何访问高校数字资源？
8. 哪些情况属于合理使用高校数字资源？
9. 在使用高校数字资源时，哪些行为是侵权行为？

第4章

维普资讯

本章知识要点

1. 维普资讯的数据库概况；
2. 维普资讯的检索入口，四种检索方式，各种检索方式的操作；
3. 维普资讯的同义词功能。

维普资讯的中文科技期刊数据库，是我国高校数字资源保障体系建设中一个重要的数据库。从建设历史来看，维普资讯的数据库是建库最早的，而且曾经是收录期刊数最多的，因此大多数高校把中文科技期刊数据库列为最重要的数据库。由此，该数据库也是高校师生文献检索中使用最多的。

第一节 维普资讯简介

重庆维普资讯有限公司的前身为中国科技情报研究所重庆分所数据库研究中心，是中国第一家进行中文期刊数据库研究的机构。

中国科技情报研究所重庆分所数据库研究中心成立于1989年，作为中国数据库产业的开拓者，研究中心于同年自主研发并推出了中文科技期刊篇名数据库，这不但是中国第一个中文期刊文献数据库，也是中国最大的自建中文文献数据库。在中文科技期刊篇名数据库的基础上，数据库研究中心又研发了中文科技期刊数据库。1995年，在数据库研究中心基础上，重庆维普资讯有限公司成立了，并成为中文科技期刊数据库产品的运营机构。2001年经原新闻出版总署批准，中文科技期刊数据库以正式的连续电子出版物出版发行。

一、中文科技期刊数据库

重庆维普资讯有限公司的主要产品——中文科技期刊数据库，收录了1989年至今的8000余种期刊刊载的6800余万篇文献，个别文献回溯到1955年，甚至检索“新闻”主题文献，还有1923年的。只是，数据库检索起始年仍是1989年。目前，数据库收录文献以每年180万篇的速度递增。有关收录期刊种数，维普资讯在不同场合公布的数据是不同的，在互联网的官网说是12000种，在镜像站说是8000种，其实这里面都包括曾经收录过的期刊，有些期刊目前不收录了，这牵涉到期刊的授权问题。最新每年在收录的期刊数，应该是镜像站中说的 8000 多种。

数据库分 3 个版本（全文版、文摘版、引文版）和 8 个专辑（社会科学、自然科学、工程技术、农业科学、医药卫生、经济管理、教育科学、图书情报）定期出版发行，目前拥有高等院校、中等学校、职业学校、公共图书馆、科研机构、政府部门、信息机构、医疗机构、企业等各类用户 6000 多家，覆盖海内外数千万用户。中文科技期刊数据库已经成为文献保障系统的重要组成部分，是科技工作者进行科技查新和科技查证的必备数据库。

为了适应互联网的发展，使更多的科技工作者能够用上中文科技期刊数据库，重庆维普资讯有限公司于 2000 年建立了维普资讯网 (www.cqvip.com)，将中文科技期刊数据库搬到了互联网上。

继中文科技期刊数据库产品之后，重庆维普资讯有限公司又研发了中国科技经济新闻数据库、外文科技期刊数据库、中文科技期刊数据库（引文版）、中国科学指标数据库、智立方文献资源发现平台、中文科技期刊评价报告、中国基础教育信息服务平台、维普 -google 学术搜索平台、维普考试资源系统、图书馆学科服务平台、文献共享服务平台、维普期刊资源整合服务平台、维普机构知识服务管理系统、维普论文检测系统等系列产品。

目前，维普资讯网的注册用户数超过 800 万，累计为读者提供了超过 10 亿篇次的文章阅读服务。维普资讯的数据库收录 8000 多种期刊，相对于全国总期刊数一万种来说，比例还是较高的。

二、维普资讯检索系统的软件配置要求

为提高检索及浏览速度和可靠性，建议使用 Internet Explorer 6.0+Sp1 以上版本浏览器。浏览器须能支持 Java 程序的运行及接受 cookies。

维普资讯提供的文献格式有两种：VIP 格式（只是早期的文献使用此格式）和 PDF 格式。其中，阅读 VIP 格式的全文，必须安装维普资讯公司推出的维普浏览器（维普资讯网站上提供免费下载）。阅读 PDF 格式全文的软件有多种，Adobe Reader 是最常用的，网上可免费下载。

三、维普资讯数据库的收录范围

维普资讯数据库的收录范围，涵盖社会科学、自然科学、工程技术、农业、医药卫生、经济、教育和图书情报等学科，几乎所有学科都包括在内。很多人会被中文科技期刊数据库中的“科技”两个字蒙蔽，以为该数据库不收录社会科学的文献。其实，这里的“科技”是科学技术的简称，即科学和技术。科学，当然包括自然科学和社会科学。

四、网站版和镜像站版

维普资讯目前有网站版和镜像站版两种。镜像站一般向高等学校这样有检索需求的大单位提供，是安装在校园内网上的专业检索系统，而网站版是对互联网开放的，即 www.cqvip.com 版。

网站版打开首页，检索框界面如下：

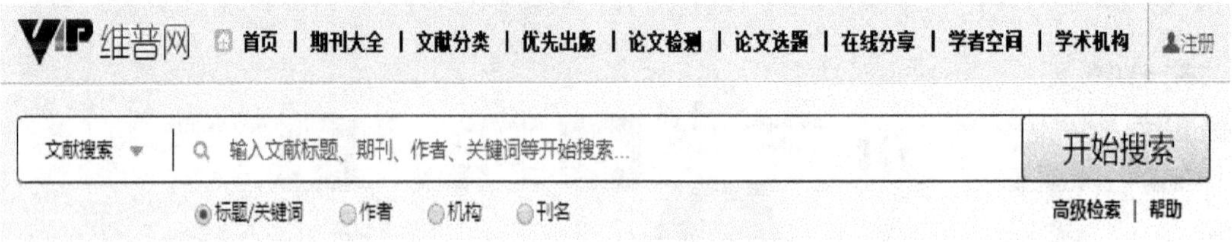

“文献搜索”检索项右边有下拉菜单，点开有文献搜索、期刊搜索、学者搜索、机构搜索供选择，默认是文献搜索。（这里的文献指期刊文章）

镜像站版打开首页，检索框界面如下：

与网站版不同，镜像站版的搜索框直接出来的是文章的检索入口，下拉菜单有任意字段、题名或关键词、题名、关键词、文摘、作者、第一作者、机构等检索项。

五、维普资讯数据库的检索方式

维普资讯数据库现有四种检索方式：快速检索、高级检索、检索式检索和期刊导航。

四种检索方式间的切换，分两种情况：其一，要使用快速检索，不管是网站版，还是镜像站版，进入时默认的检索方式就是快速检索。此时，只需要在检索框中直接输入检索条件，点击“检索”按钮即可。其二，需要选择其他检索方式，只需要点击相应的检索按钮即可，如点击高级检索、检索式检索、期刊导航，可分别进入对应检索方式的检索界面。

（一）快速检索

在首页正中的输入框中，先通过下拉菜单选择检索项，再输入对应的检索条件，进入结果显示页面，可实现题录文摘的查看、下载及全文下载功能，同时，也可进行检索条件的再限制检索或重新检索。

（二）高级检索

在快速检索框的右边或下面，都有“高级检索”按钮，点击即进入高级检索。高级检索提供向导式检索，运用逻辑组配关系，查找同时满足几个检索条件的中文期刊文章。

（三）检索式检索

进入高级检索状态时，在“高级检索”边有“检索式检索”按钮。点击此按钮即进入检索式检索。该检索方式，通过使用逻辑运算符和字段标识符，根据一定的规则，构成检索式，然后查找满足检索式条件的期刊文章。

（四）期刊导航

根据期刊名称字顺或学科类别对维普公司收录的所有期刊进行浏览，也可通过刊名或 ISSN 号查找某一特定刊，并可按期查看该刊的收录文章，同时可实现题录文摘或全文的下载功能。

第二节　维普资讯的快速检索

维普资讯的快速检索，是该系统实际检索中使用最多的，一般没有深入了解维普资讯的人首选的检索方式就是快速检索。

打开维普资讯检索界面，首先看到左边有个下拉菜单，那是检索入口。其中，默认项因版本不同，是“文献检索”（网站版）或“任意字段”（镜像站版），对应的下拉菜单也有所不同。

这里，介绍镜像版的检索入口。“题名或关键词”，表明同时搜索题名、关键词。“机构”，就是发文作者的单位。“作者”，表示不管第几作者，只要是作者里面有就行。“第一作者”表示只搜索排名在第一位的作者。“任意字段”，就是在所有字段检索输入的词。

只有选择了检索入口，才能准确检索。不选就是默认的“任意字段”。

作为检索开始，我们先检索“电子图书”，检索入口就是默认的“任意字段”。在“请输入检索词”处输入“电子图书”，然后按“检索”按钮，就能获得如下检索结果：

从这个搜索结果来看，我们获得满足检索条件的文献有3108条。文章下如有“在线阅读”和“下载PDF”标志，分别表示可以在线阅读或有PDF全文可以下载。

比如，点上面检索结果的第一篇文章，出现以下页面：

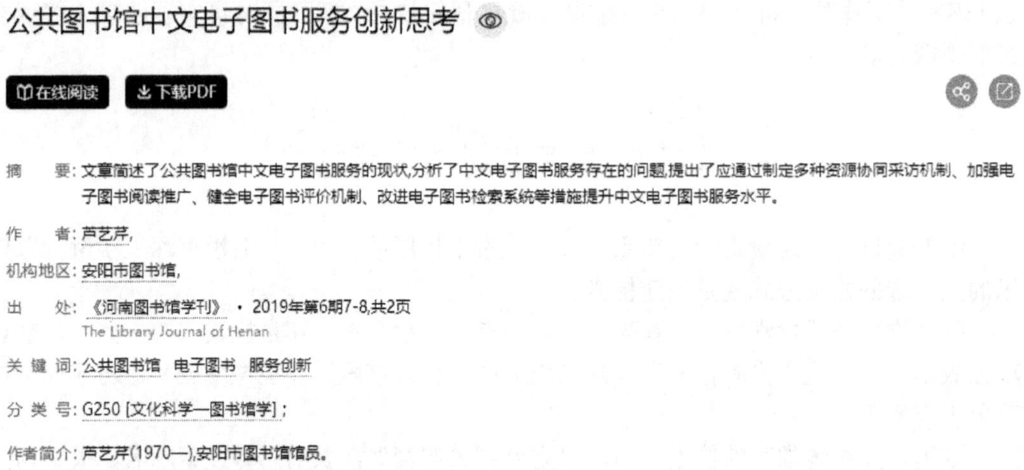

点击左上角蓝色的“下载PDF”就可以下载文章。在这一页面上，点击有下画点线的文字就可进行相关词条检索。

另外，前面检索结果的页面上，有许多检索选择，下面我们分别介绍。

（一）二次检索

在已经进行了检索操作的基础上，可进行重新检索或二次检索。二次检索并不是真

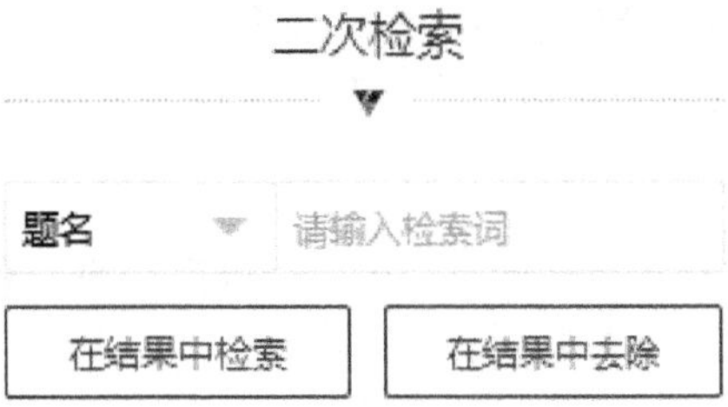

正的第二次检索，因为二次检索可以在前一次检索情况下一直继续。二次检索原来有三种情况：“在结果中检索”“在结果中添加”和“在结果中去除”。最新版去除了“在结果中添加”。

二次检索在检索结果的左上侧。

1. 在结果中检索

就是在上次检索结束后，打入新的检索词，进行检索。此时，先选择检索基，然后输入新的检索词，再按“在结果中检索”按钮，这样检索后，其功能相当于布尔逻辑的“与”“and”“*”。

比如，我们在“题名”中检索了“电子图书”，然后在二次检索下选择“题名”用“在结果中检索”进行二次检索“特点”，那么其效果就是在“题名”中检索既有“电子图书”又有“特点”的文章，就是必须同时出现这两个检索词。

2. 在结果中添加

这个选择在原来系统中有，其检索结果至少出现上一次的检索词和这一次的检索词中任何一个，当然也可以同时出现。这相当于布尔逻辑的“或”“or”“+”。

比如，我们要搜索与电子图书的特点和分类相关的文章，我们可以首先搜索“特点”的文章，然后用“在结果中添加”进行二次检索“分类”，这样获得的结果要么是“特点”的文章，要么是“分类”的文章，要么同时有“特点”和“分类”的文章。最后，我们可以用“在结果中检索”进行二次检索“电子图书”，就能获得预期的结果。

总结一下，要检索“A 的 B 和 C”之类的文献，可以先检索 B，再用“在结果中添加”进行二次检索“C”，然后用“在结果中检索”进行二次检索“A”。可惜，最新版系统已经无“在结果中添加”选项。

3. 在结果中去除

如果希望在检索结果中不出现包含某一检索词的文章，那么可以选择“在结果中去除”。这相当于布尔逻辑的“非”“not”“-”。

比如，检索了“电子图书”，然后我们不希望出现“图书馆”的相关文献，那么可以在这一检索结果基础上，进行“在结果中去除”二次检索“图书馆”，就能获得期望的结果。

（二）检索统计数据

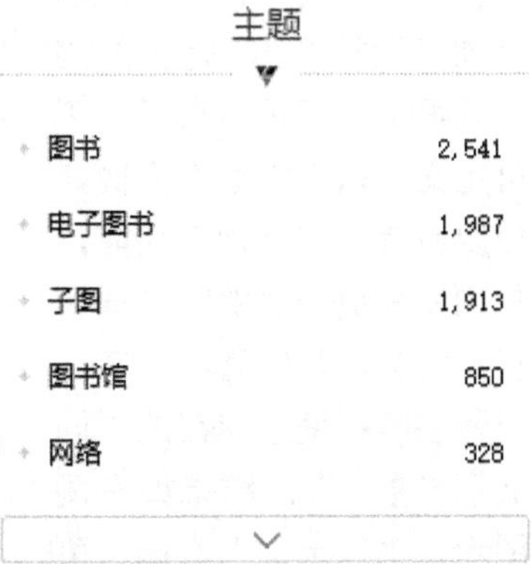

旧版维普资讯很少有检索结果的统计，这本是万方数据的强项。最近，维普资讯和中国知网都进行了改进，从而三个系统功能趋于相近。

在检索结果的左侧，有年份、学科、期刊收录、主题、期刊、作者、机构等栏目。选择相关目录下的分项，就能获得相关统计值。

比如，“任意字段”下搜索“电子图书”，在“主题”栏目下，可以看出“图书”“电子图书”“子图”“图书馆”“网络”分项下的数据。同理，“期刊”栏目下，能知道刊载“电子图书”主题的文章主要有哪些期刊；“作者”栏目下，能知道发表“电子图书”主题的文章主要有哪些作者。

第三节 维普资讯的高级检索

在首页点击“高级检索”按钮，即可进入高级检索页面：

高级检索是多条件式检索，默认是三行检索框，可以通过右边蓝色的“+”“-”按钮增加检索框。

一、检索设置

高级检索的界面有许多下拉菜单，可以随意选择。比如，检索项可以都选择“题名或关键词”，也可不相同。另外，“同义词扩展+”功能只适用于“题名或关键词”“关键词”“题名”“文摘”四个，而且此处的“同义词扩展+”与原有的“同义词”功能不同，原有“同义词”功能会提供许多同义词，现在的“同义词扩展+”提供的同义词很少，但可以自己手工自定义。以“土豆”为例，使用原有“同义词”功能，我们就知道土豆的同义词有春马铃薯、马铃薯、洋芋、洋蕃芋等；使用现在的“同义词扩展+”，结果如右侧图示。“自定义”右侧，可

手工输入自定的同义词。

同义词功能有多重要，仅以一个例子说明。现要检索土豆的病虫害相关文献。如果仅检索“土豆”和“病虫害”两个关键词，结果为

如果使用同义词功能，并自定义“土豆”的同义词有春马铃薯、马铃薯、洋芋、洋蕃芋等，“病虫害”的同义词有，即检索条件是

此时，检索结果为

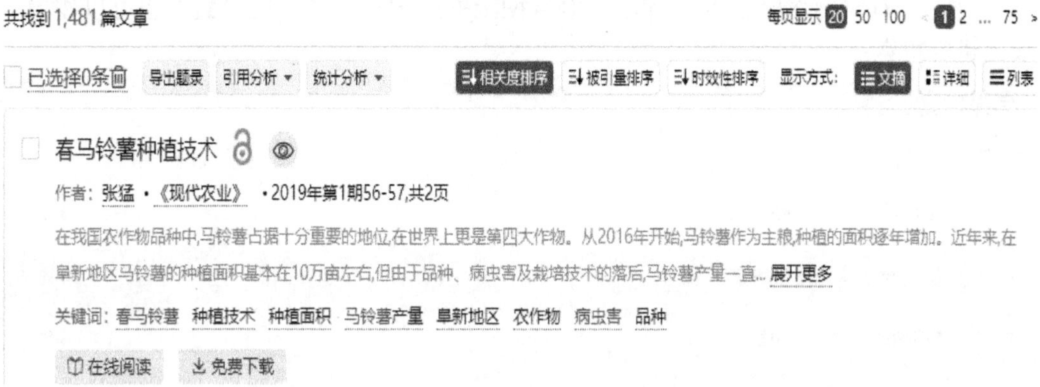

用不用同义词，检索结果差别很大。主要原因在于，文献的关键词没有使用规范检索语言，检索提问标志也不规范。使用快速检索方式，不能从系统功能上纠正这一问题；使用高级检索方式，系统的同义词功能可以纠正文献在加工、存储和检索中存在的文献特征标志方面的不规范现象。

二、检索规则

高级检索就是将多个检索条件检索一次性完成，最多能进行 8 个条件（五行选择项，另有时间限定、期刊范围和学科）。由于是多条件检索一次完成，这就有检索规则。高

级检索的操作严格按照由上到下的顺序进行，用户在检索时可根据检索需求进行检索字段的选择。

举例，我们要检索网络出版的特点和网上书店的特点相关的文献，此时，如果使用以下检索条件：

检索结果其实为((U= 网络出版 *U= 特点)+U= 网上书店)*U= 特点，而不是我们需要的(U= 网络出版 *U= 特点)+(U= 网上书店 *U= 特点)。后者检索设置是：

要实现(U= 网络出版 *U= 特点)+(U= 网上书店 *U= 特点)的检索，也可以按如下设置进行检索：

三、检索范围限定

首先，可进行时间（默认从 1989 年起到最近更新年）的限制。出版年限的选择，前面是收录起始年，后面是截止年。比如，要检索浙江工商大学在 2011 年发表的所有文章，检索入口选择“机构”，检索词打入“浙江工商大学”，然后在时间限定处将收录起始年和截止年都设置为“2011”，就可以获得所需的文章。注意，这里截止年不能设置成“2012”，不然就变成检索 2011 和 2012 两年的文章了。

同样，我们可以检索任何大学在某年或某几年的文章发表情况，也可以检索任何人或任何主题在某年或某几年的文章发表情况。

如果前期做过文献检索，为了避免重复劳动，可以使用“更新时间”设置，比如选择“半年内”，就不用再处理半年前已经检索过的结果。不选中“更新时间”，表示没有限制。

在检索结果页面还可以进行期刊范围的选择（全部期刊、重要期刊、核心期刊、EI 来源期刊、SCI 来源期刊、CA 来源期刊、CSCD 来源期刊、CSSCI 来源期刊），检索时可以根据需要加以选择。

至于学科限定，其实是分类检索，就是可以将检索限定在某一或某几个学科分类中，以达到精确检索的目的。旧版维普资讯系统，分类检索专门设置成一种检索方式，可能使用的人太少，新版已经取消。需要说明的是，快速检索中也可选择分类检索，只是那里只能选择一个分类。这里，学科限定可以选择多个分类，甚至全选（不限定情况）。

第四节 维普资讯的检索式检索

检索式检索，就是直接输入检索式检索。只要在检索框中直接输入逻辑运算符、字段标识等，并对相关检索条件进行限制（时间限定、期刊范围、学科）后，点击“检索”按钮即可。

一、检索规则

维普关键词的检索式检索，其检索规则主要是由逻辑运算符、检索字代码和检索优先级组成。

（一）逻辑运算符

逻辑运算符有三个：＊或 AND（表示“并且”），+ 或 OR（表示“或者”），- 或 NOT（表示“不包含”）。注意，逻辑运算符 AND、OR、NOT 必须大写。

（二）检索字代码

检索字代码，就是检索入口下拉菜单各项检索项前的字母，它们是：

代码	字段	代码	字段	代码	字段
U	任意字段	S	机构	T	题名
R	文摘	K	关键词	M	题名或关键词
C	分类号	Z	作者简介	A	作者
I	基金资助	F	第一作者	L	栏目信息
J	刊名				

（三）检索优先级

无括号时逻辑“*”（并且）优先，有括号时先括号内后括号外，即逻辑运算符优先级为

() > NOT > AND > OR

所有运算符号必须在英文半角状态下输入，且前后必须空一格。

二、检索范例

这里，作为检索式检索的使用说明，给出部分检索范例。

[**范例 1**] T= 网络出版 ＊ T= 特点

此检索式表示查找题名中同时含有“网络出版”和“特点”的文献。

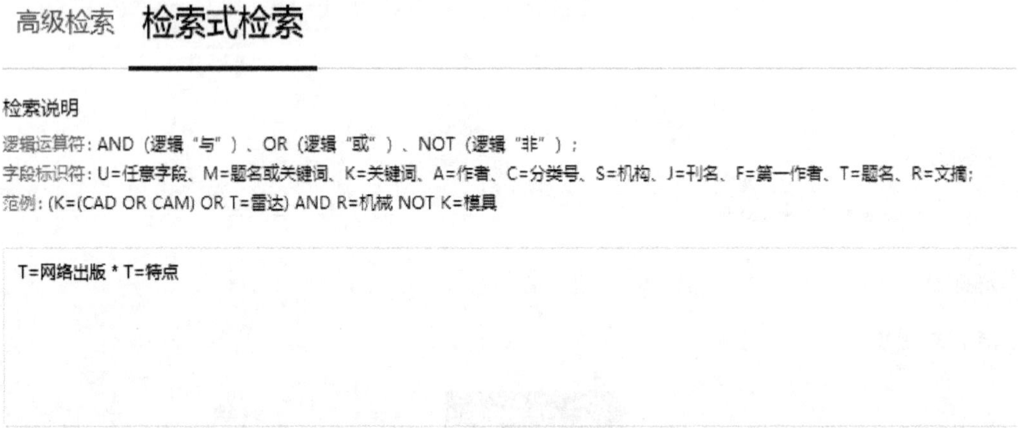

检索结果是共找到 27 篇文章。

[**范例 2**] T= 网络出版 ＊（T= 特点 + T= 分类）

此检索式表示查找题名中同时含有“网络出版”和“特点”，或者题名中同时含有“网络出版”和“分类”的文献。

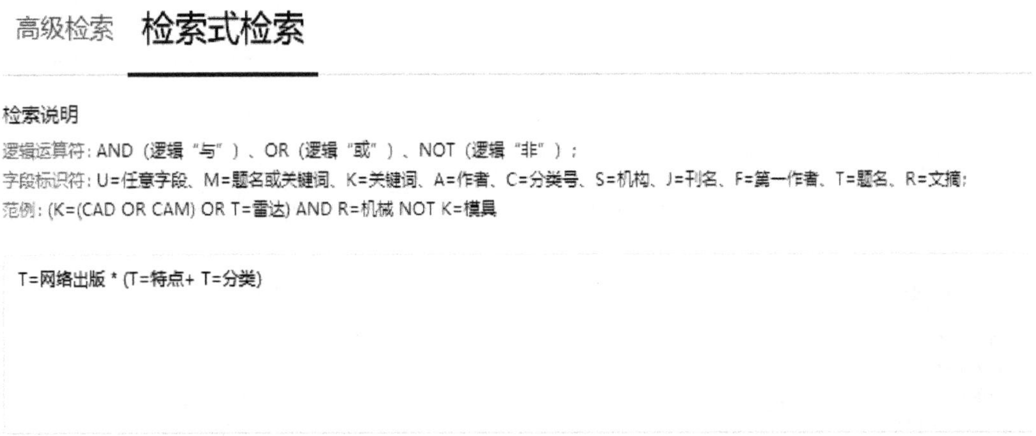

检索结果是共找到 29 篇文章。

[**范例 3**]（K=(CAD OR CAM) OR T= 雷达 ）AND R= 机械 NOT K= 模具

这是维普检索式检索框中的范例，意思查找文摘中含有机械，并且关键词中含有 CAD 或 CAM、或者题名中含有“雷达”，但关键词不包含“模具”的文献。

检索结果为

显然，此检索式关系比较复杂，操作时需要较强的逻辑分析能力，才能合理组织检索式。有时，不如分开几步处理更为简单。但检索式检索由于组织好检索式能一次检索成功，因此在定题检索中广为使用。

直接输入检索式检索，需要经常练习，才能达到准确而熟练的程度。

第五节 维普资讯的期刊导航

在镜像版系统中，点击左上的“期刊导航”按钮，即可进入期刊导航界面：

在这个界面，共有四种检索期刊的方法：其一，按刊名进行搜索查找；其二，按期刊 ISSN 号检索；其三，按期刊名称第一个字的拼音检索（A ～ Z）；其四，按期刊分类检索。

期刊导航，就是找到你所需要的期刊，然后可以选择某期阅读该期所有文献。比如要检索管理类期刊，点击期刊学科分类导航中的“管理学”，就有下面的界面：

可以看出，管理学期刊总共有 52 种，每种期刊下面有标识，CCSCI 是中文社会科学引文索引期刊，简称南大核心期刊（又称 C 刊），北大核心如字面所说，是北大核心期刊。

从左侧统计数据可以看出，管理学有北大核心期刊（2017 版）15 种。再点击“∨”展开统计数据，可以看到管理学有 CCSCI- 来源（2019-2020）11 种。

点击某本期刊，比如《管理科学学报》，即可获得该学报的详细办刊信息。在左面选择某年某期，就能获得指定一期的信息。默认情况下，打开的是最新一期信息：

右下方，就是某期的所有文章目录。点开，即可获得相关文章的页面。

事实上，期刊导航对于特定期刊爱好者来说，要阅读期刊并不需要购买纸质期刊，可以通过期刊导航直接阅读数字版。比如，爱好兵器知识的读者，可以通过刊名检索“兵器”，获得 7 种兵器类期刊：

兵器材料科学与工程

兵器装备工程学报

轻兵器

兵器知识

兵器试验

兵器

兵器与实验

同理，通过刊名检索“小说”，可获得30种小说类期刊，其中有短篇小说、中篇小说和长篇小说等期刊，特别受小说读者喜爱。

在前面的检索方式中，检索结果并没有一定限制在某本期刊上。期刊导航，就是限制在某本期刊上，这最适合直接检索，就是在一次文献上直接逐期翻阅。

第六节 维普资讯的使用体会

维普资讯的中文科技期刊数据库是国内创建的第一个期刊文献数据库，因此最先为广大用户所熟悉。在多年检索使用维普资讯数据库的过程中，我们大致有以下使用体会：

1. 检索功能

在检索方面，快速检索容易上手，但漏检严重。旧版传统检索的同义词功能和同名作者功能非常好，是目前国内三大期刊数据库中最好的一个检索特色，可惜，现在传统检索已经不存在，但在高级检索里仍保留改版的同义词功能，只是需要自己定义。检索式检索，虽然方便定题检索，但不太普及，因为大多数用户不经常检索期刊文献，仅仅在需要时偶尔检索几次，不太可能去熟悉掌握。至于期刊导航，维普资讯没有中国知网做得好。

2. 下载的 PDF 质量

下载的文献显示质量，是维普资讯的弱项。维普资讯早期的文献是图片格式，文字质量低，而且文章内容基本不能复制。后来有所改进，达到部分能复制，现在文献内容基本能复制。但总体来说，维普资讯的文献 PDF 质量不高。

3. 收录期刊数和收录起始年

在期刊文献收录数量方面，2009 年以前维普资讯一直是国内期刊数据库中收录种数最多的，高达 9300 种。这几年下降到 8000 多种，中国知网这几年期刊收录种数反而猛增，这其中除了经济关系外，部分原因可能是中国知网下载的 PDF 文件质量高。

另外，维普资讯从 1989 年开始收录，在当时算是收得早的，有一定优势。这几年中国知网回溯到 1979 年，万方数据则在不断回溯，维普资讯的这一优势也就消失了。

总之，期刊数据库的期刊收录种数、收录起始年和下载的 PDF 文件质量，在用户选择期刊数据库时，是有决定性意义的。

思考题

1. 试了解维普资讯的期刊收录起始年，以及收录期刊数情况。
2. 维普资讯有哪些检索方式？
3. 试了解维普资讯的高级检索有哪些检索项。
4. 试给出一个维普资讯同义词功能明显提高检索效果的新实例。
5. 请用你的名字检索，看看有没有同名作者的文献。
6. 试给出两个新例子，先提出检索要求，然后写出直接输入检索式，再评价其达到的检索效果。
7. 请使用期刊导航功能，检索你所在学科第一种核心期刊的最新一期，并列出前五篇文章的标题。

第5章

中国知网

本章知识要点

1. 中国知网的由来，中国知网的规模，中国知网的系列产品；
2. 中国知网的检索方式；
3. 中国知网的专业检索用法。

中国知网因为提供全文检索，就是能对全文内容进行检索，而深受用户的喜爱。也因为其全文内容数字化，期刊文章资源相对较多，所以中国知网的论文检测才是最可靠的，从而被各单位定为官方检测系统。

第一节 中国知网简介

中国知网，也称CNKI，由清华大学、清华同方发起，中国学术期刊（光盘版）电子杂志社、清华同方知网（北京）技术有限公司主办，始建于1999年6月。经过多年努力，采用自主开发并具有国际领先水平的数字图书馆技术，建成了世界上全文信息量规模最大的CNKI数字图书馆。

中国知网原名中国知识基础设施工程，翻译成英语为China National Knowledge Infrastructure，英语缩写为CNKI。这是基于“中国知识资源总库”的全球最大的中文知识门户网站，具有知识的整合、集散、出版和传播功能。CNKI亦可解读为China National Knowledge Internet，由此可知，中国知网是从这一英文解读翻译而来的。

一、中国知网的规模

中国知网是目前世界上最大的连续动态更新的中国期刊全文数据库，截至2019年7月，收录国内期刊8000余种（中国知网在网站版和镜像站版给出的数据也不一致，而且经常在变），全文文献总量5400万篇。内容覆盖自然科学、工程技术、农业、哲学、医学、人文社会科学等各个领域，其中核心期刊收录率达95%。

至2006年3月31日，4000多种期刊回溯至创刊，最早的回溯到1915年，如1915年创刊的《清华大学学报（自然科学版）》和《中华医学杂志》（要说明的是仅仅两份期刊回溯至1915年，因此，此举宣传成分多一些）。实际检索中，大多数期刊收录起始年已经从建库的 1999 年回溯到 1979 年。

二、中国知网的系列产品

中国知网目前拥有的系列产品有：

中国期刊全文数据库
中国博士学位论文全文数据库
中国优秀硕士学位论文全文数据库
中国重要会议论文全文数据库
中国重要报纸全文数据库
中国图书全文数据库
中国引文数据库
中国年鉴全文数据库
中国经济信息文献数据库
中国法律知识资源总库法律法规库
中国科技项目创新成果鉴定意见数据库
中国专利全文数据库
国家标准全文数据库

除上述数据库外，还有一些外文文献数据库，以及行业知识库等。显然，中国知网的知识工程，涉及范围非常大。

三、中国知网的文献格式

中国知网提供的文献格式有两种：CAJ 格式和 PDF 格式。其中阅读 CAJ 格式的全文，必须安装中国知网推出的 CAJ 全文浏览器，中国知网提供免费下载。

一般每一篇文献同时提供两种格式。

四、网站版和镜像站版

中国知网目前有网站版和镜像站版两种。镜像站版一般向高等学校这样有检索需求的大单位提供，是安装在内网上的专业检索系统，而网站版是对互联网开放的，即 www.cnki.net 版。

进入该网站，在“检索”按钮右边点击“高级检索”，即可看到具体的检索界面。不过，中国知网的网站版和镜像站版功能是有所不同的。考虑到高校使用镜像站版的比较多，而且镜像站版功能非常强大，我们后面的介绍都是以镜像站版为例。

五、中国知网的检索方式

中国知网有五种面向不同需求的检索方式：一框式检索、高级检索、专业检索、作者发文检索和句子检索。

需要选择其他检索方式，只需要点击相应的检索按钮即可。

中国知网检索，原先是“三步骤”的标准检索模式，即首先输入检索控制条件，再输入内容检索条件，最后对检索结果分组筛选，使检索过程规范、标准、高效。现在，把检索控制条件和戳穿检索条件合在一起了，看起来更简洁。检索对象选择文献或期刊时，检索界面稍有不同，但内容大致是相同。这里，以检索文献为例。

（一）检索控制条件

有关发表时间、文献来源、支持基金、作者（包括第一作者），被列为检索控制条件。“作者”检索框左侧有“+”“-”号。点击“+”，会增加“第一作者”或“通讯作者”栏。点击“-”，会减去“第一作者”或“通讯作者”栏。

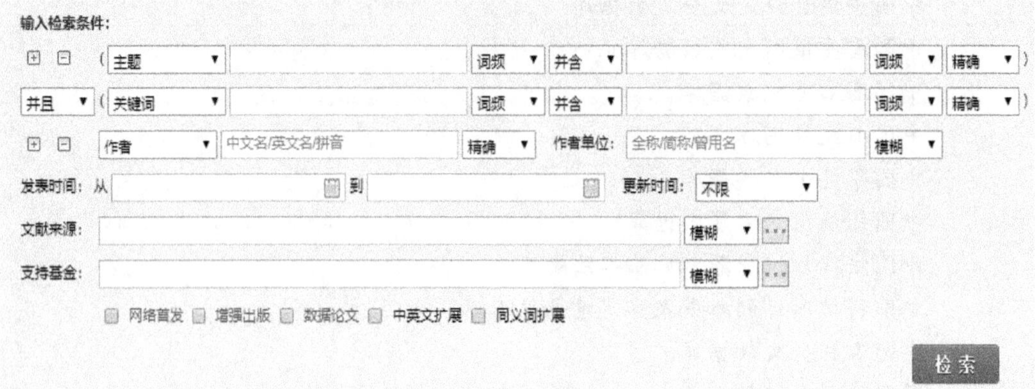

（二）内容检索条件

有关内容的检索入口，中国知网都列入内容检索条件。

默认状态时，只有两行检索框条。点击“+”可以最多列出七行，这说明一次性可以检索 10 个条件（加上检索控制条件）。

这里，对一些新的术语进行解释：

词频：指检索词在相应检索项中出现的频次。词频为空，表示至少出现 1 次；如果为数字，例如 3，则表示至少出现 3 次，以此类推。

匹配：分精确和模糊两种。精确，是指检索结果完全等同或包含与检索字 / 词完全相同的词语；模糊，是指检索结果包含检索字 / 词或检索词中的词素。

其他选择，基本一看就能明白，这里就不再解释。

需要说明的是，在内容检索条件里，出现了“全文”选择，这就说明如果你不知道文章的题目或关键词，也不知道作者，仅仅知道内文里说过一个词，比如“翙岗”这么一个在学术性文章中不常见的地名，你也可以检索。

应该说，这几年，中国知网的检索方式改变了许多。检索方式经常变，不利于教学，也不利于用户熟练掌握。

第二节 中国知网的高级检索

原先进入中国知网镜像站版网页，打开的是标准检索界面。现在，打开的是高级检索界面，所以高级检索是中国知网的默认检索方式。

高级检索的使用，我们用一个具体检索课题来举例。

我们要检索 2005 年发表的，篇名中包含“地理科学”，但不包含“进展”“综述”“述评”的期刊文章。根据这一要求，我们设计了如下检索方案：

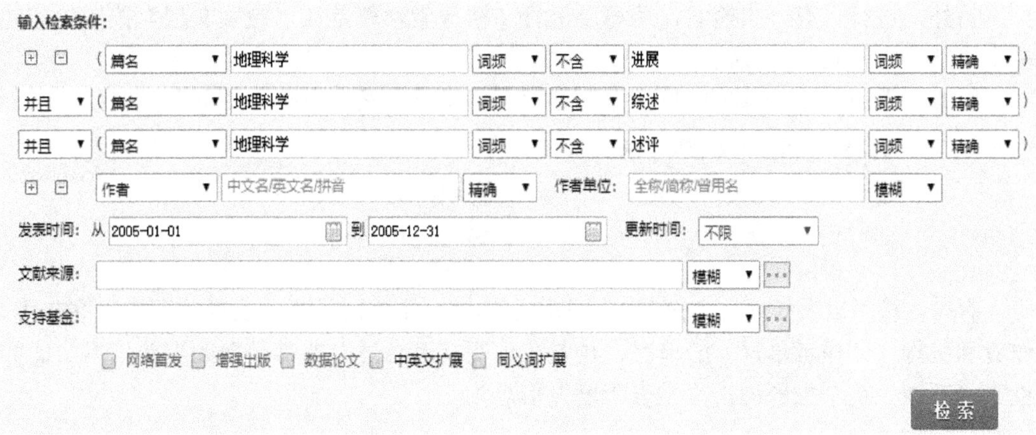

我们看看部分检索结果：

	题名	作者	来源	发表时间	数据库	被引	下载	阅读	收藏
1	信息时代高校地理科学教育改革探析	郭荣朝	高师理科学刊	2005-12-30	期刊		128		
2	基于环境教育使命的高师地理科学专业建设与课程改革	田亚平; 刘沛林; 王鹏	衡阳师范学院学报	2005-12-30	期刊	13	294		
3	云南师范大学旅游与地理科学学院		地理科学进展	2005-11-30	期刊		91		
4	论高校地理科学专业培养方案的改革与创新	彭俊芳	重庆师范大学学报(自然科学版)	2005-09-30	期刊	13	533	HTML	
5	课堂CAI创作模式与教学模式研究——以地理科学专业《中国地理》课程教学为例	葛公文	陕西教育学院学报	2005-08-30	期刊	1	121	HTML	
6	案例教学与中学生地理科学素养的培养	姚艺苹	福建师范大学	2005-08-28	硕士	36	3579		
7	地理学家眼中的钱学森——兼谈钱老的地理科学思想	张现民	地理教育	2005-07-15	期刊	1	191		

我们默认的是搜索文献，即包括期刊、学位论文、会议论文、报纸、图书、年鉴、百科词典、专利、标准、成果等。如果要指定文献种类，请在搜索条框上点相应的文献色块。

搜索结果中每条文献的右边，有个向下的箭头，如果是绿色的，表明文章可以下载。此时点击向下的箭头，下载的是 CAJ 格式文件。点击文章名，就打开新的一页。这一页非常长，我们这里不给出了，只解释一下。

文献有两种格式，彩色的表明能下载，灰色的表明不能下载。

这一页上，所有蓝色的字都是可以点击检索的。

网页的第一部分是该文章的信息，第二部分是引文网络和参考引证图谱，第三部分是参考文献，第四部分是引证文献（引用本文的文献），第五部分是关联作者，第六部分是相似文献（与本文内容上较为接近的文献），第七部分是读者推荐（喜欢本文的读者同时还下载了这些文献），第八部分是相关基金文献。

可以说，中国知网在文献的信息处理方面非常强，方便用户做追踪法检索，就是根据参考文献来进行检索。而且，直接点击相关文章，就进入该文章的页面，这比手工追踪法要方便许多，效率也提高许多。

另外，进行了第一次检索，还可以进行二次检索，就是在“检索文献”按钮的右边有个“结果中检索”的按钮。

检索结果还能进行各种信息的排序处理，如某个检索结果按“主题”排序：

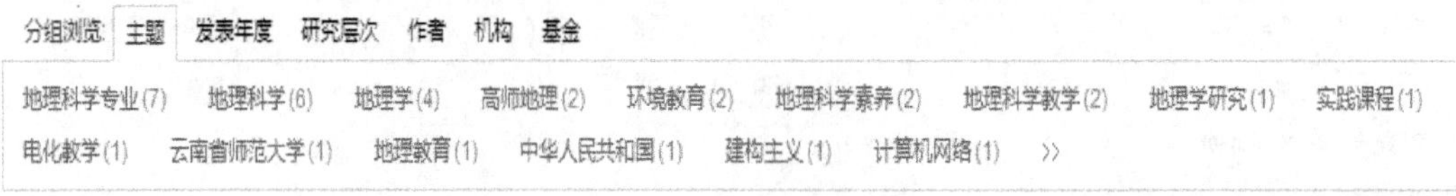

有时，按“发表年度”“作者”“机构”排序，能分别了解该主题的逐年研究热度、作者和机构（即作者单位）的情况，这是我们写文献综述时非常需要的重要信息。比如检索“新闻”这个主题词，“发表年度”信息为

“作者”信息为

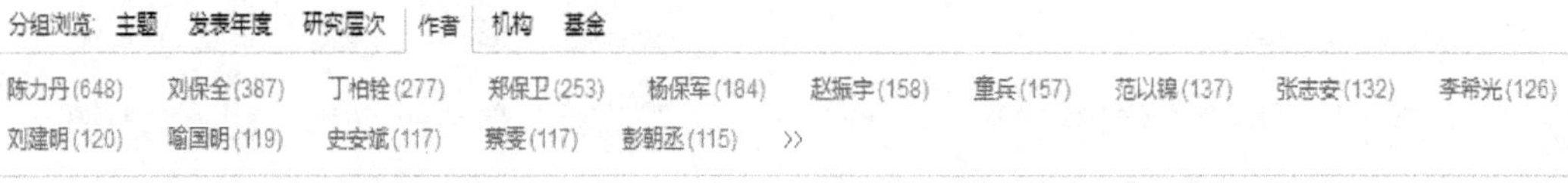

“机构”信息为

第三节 中国知网的专业检索

切换到专业检索，就有以下界面：

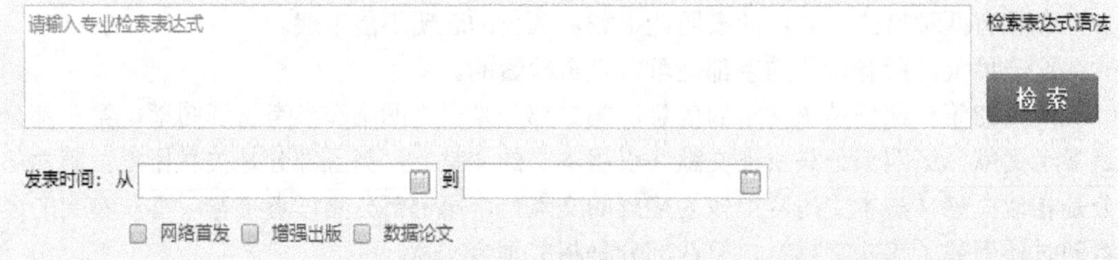

下面，介绍如何使用专业检索。

一、可检索字段

专业检索界面上已经指出，检索式中能检索的字段有：SU= 主题，TI= 题名，KY= 关键词，AB= 摘要，FT= 全文，AU= 作者，FI= 第一作者，AF= 作者单位，JN= 期刊名称，RF= 参考文献，RT= 更新日期，PT= 发表时间，YE= 期刊年，FU= 基金，CLC= 中图分类号，SN=ISSN，CN=CN 号， CF= 被引频次，SI=SCI 收录刊，EI=EI 收录刊，HX= 核心期刊。

可检索字段可使用字母，也可使用中文名称，即使用“主题”和“SU”是同等的。

二、专业检索逻辑运算符

检索项的检索表达式使用“and”“or”“not”进行组合，三种逻辑运算符的优先级是相同的。

如要改变组合的顺序，可使用英文半角圆括号“(”和“)”，将条件括起来。

逻辑关系符号“and”“or”“not”前后要空一个字节。检索时，所有符号和英文字母，都必须使用英文半角字符。字符数是按真实字符（不按字节）计算，即一个全角字符、一个半角字符均算一个字符。

三、专业检索符号

专业检索符号是指用户在构造专业检索式时所要用到的符号。由于检索表达式对符号的使用有严格的要求，因此做如下说明：

?——通配符，用于表示任意字符，不能是中文字，只能是英语字母或数字；可以连用 N 次，表示 N 个字，用于年、期、ISSN、CN、分类号。如 G2??4 表示只能是五个字符，其中前面两个是 G2，最后面一个是 4，中间两个（必须两个）随意。

——与 ? 不一样， 表示任意个任意字符，只能用一次。用于年、期、ISSN、CN、分类号。如 G2*4 表示只要最前面两个字符是 G2，最后一个是 4，中间随便什么字符、多少个字符都行。

=——精确或前方一致，用在检索项后。

%——有两种用法：其一，用在检索项后，表示“包含”，但不能用于年、期、ISSN、CN、分类号后；其二，用在检索词与检索词间，表示“同句”，且检索词按式子中的先后次序出现，如’网络出版 % 特点’。

#——同句，与 % 不一样，没有词序要求。

$ N——表示前面的检索词至少出现 N 次。

/NEAR N——同句，间隔不超过 N 词。（检索时会出现不准确结果）

/AFT N——同句，按词序出现，间隔超过 N 词。

/PREV N——同句，按词序出现，间隔不超过 N 词。（检索时会出现不准确结果）

/SEN N——同段，按词序出现，间隔不超过 N 句。

/PEG N——全文，词间隔不超过 N 段。

/SUB N——第 N 位包含检索词。

四、专业检索表达式

检索表达式组成为：

检索项 =' 检索式 ' 逻辑运算符 ' 检索式 '

or 检索项 %' 检索式 '

or 检索项 % 检索词

检索式的组成为：

检索词 检索符号 检索词

注意，式中引号是英文单引号。

五、专业检索实例

下面，通过一些检索实例，来说明专业检索的使用。

题名 =' 文学 ' and（作者 =' 王平 ' not 机构 =' 北京大学 '）：查询王平不在北京大学时发的文学文章。（当然，不要求区别是不是同一人）

作者 =' 吴良镛 /SUB 2'：查询吴良镛作为第二作者发的文章。

摘要 =' 遗传学 /PREV 2 农业 '：在摘要中的一句中检索顺序包含“遗传学”“农业”，并且间隔小于 2 个词的期刊文章。（结果中有词距控制不准确的现象）

全文 =' 晚来秋 /SEN 2 清泉石上流 '：查找一首诗，诗中包含“晚来秋、清泉石上流”，要求查找全诗及诗名。

全文 =' 出版 $ 200'：检索全文里有超过 200 个“出版”的文献。

第四节 中国知网的其他检索方式

这一节，介绍其他五种检索方式。因这些检索比较简单，所以放在一起介绍。

一、一框式检索

一框式检索提供了类似搜索引擎的检索方式，默认检索项“主题”右侧有下拉菜单，用户只需选择合适的检索项，然后输入所要找的检索提问标志，点击“检索”就能查到相关的文献。

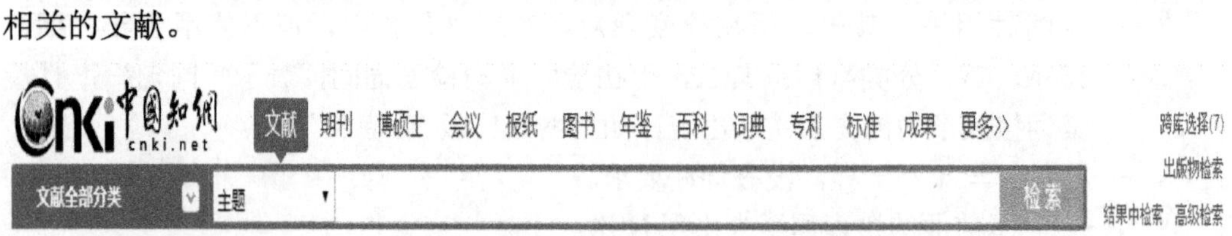

这里，检索项只有一个，检索结果自然要差些。但是检索起来比较简单，就是检索结果多了些，要用户慢慢仔细区别。

二、作者发文检索

作者发文检索，就是给定详细作者限制条件，主要是作者单位（高级检索中是机构）

区分。界面如下：

从界面上看，有“+”和“-”，可以增加或减少作者和作者单位，这个比较适用于多作者曾经在多个单位工作过的情况。

三、句子检索

句子检索，是中国知网的特色。检索界面如下：

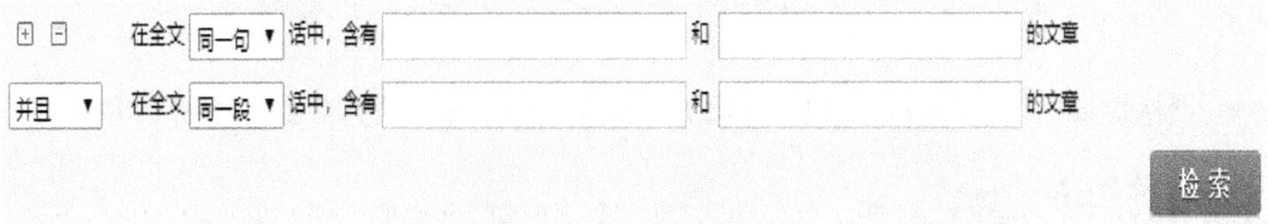

按页面上的“+”，可以增加到最多两组文字的句子检索。句子检索，只能在全文检索使用，可以检索一组检索词在同一句，或是在同一段。

比如，检索“日照香炉”和“前川”在同一句，就能获得相关文献。

第五节　中国知网的期刊导航

切换到中国知网的期刊导航，有如下界面：

中国知网的期刊导航非常有特色，分学科导航、数据库刊源导航（下分 SCI 科学引文索引和 EI 工程索引等分块）、主办单位导航、出版周期导航、出版地导航、发行系

统导航、核心期刊导航等。

点击任何一个导航，都能展开详细的期刊目录，供用户挑选所需的期刊。

点击所需的期刊，不仅能获得期刊的一些信息，还能看到各年的所有刊期。此时，选中某一具体期，就能显示该期所有文献。

显然，这些导航都是非常有用的。比如想投 SCI 类期刊，就必须先熟悉相关期刊的发文规矩；想半年内发表文章，就必须了解自己专业的期刊有哪些是短刊期的。

从实用意义上讲，中国知网的期刊导航做得比维普资讯好。事实是，实用且方便是检索最好的特色。

第六节 中国知网的学位论文和会议论文检索

严格地说，在前面检索时我们并没有指定是期刊检索。进入中国知网检索界面：

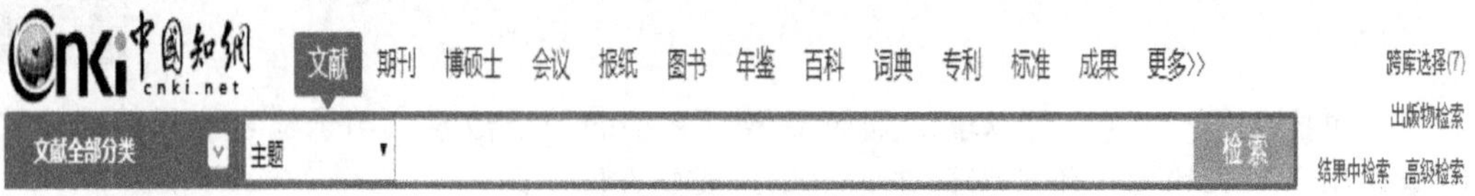

如果选择“博硕士”，则有如下界面：

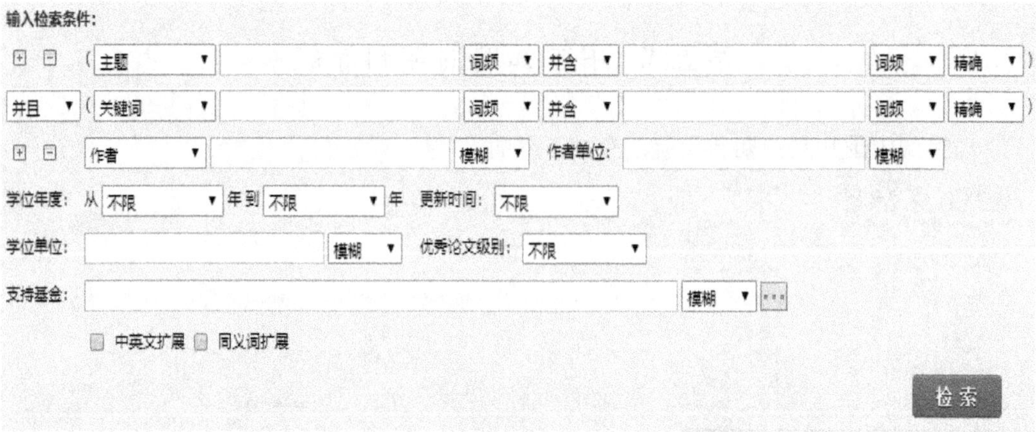

从此界面上可以看出，检索项有所改变，但检索方式还是和高级检索相同。检索控制条件里文献发表时间改为学位年度，并新增学位单位和优秀论文级别。内容检索条件里，新增目录和学科专业名称。

需要说明的是，此时不区分博士论文和硕士论文。如果要区分，则可在下图中点击“博士”或“硕士”：

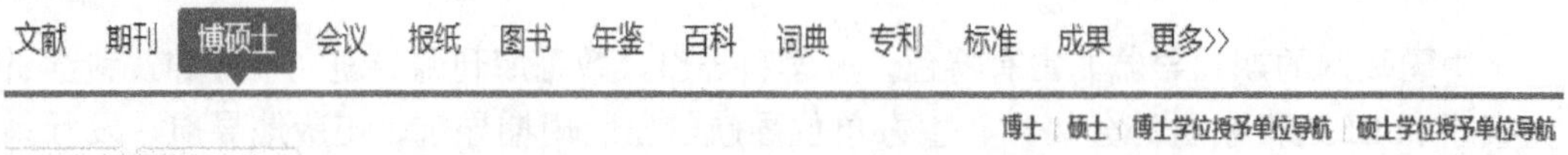

如果选择“中国重要会议论文全文数据库”，则出现如下界面：

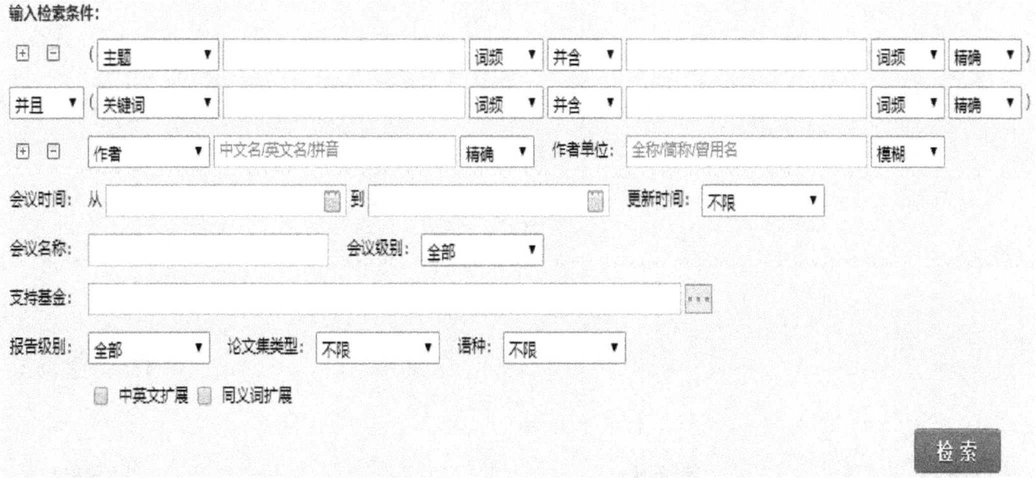

从此界面上可以看出，检索项又有所改变，但检索方式还是高级检索。检索条件里文献发表时间改为会议时间，并新增会议名称、会议级别、报告级别和论文集类型。

当然我们这里选定的是高级检索，前面的专业检索、作者发文检索、句子检索和一框式检索都是适用的。相关的检索，这里就不再介绍了。

第七节　中国知网的报纸检索

中国知网的中国重要报纸全文数据库，目前收录国内 635 份重要报纸，其中中央级报纸 166 份，地方级报纸 469 份。具体报纸目录，可点击图右下侧的“报纸导航”：

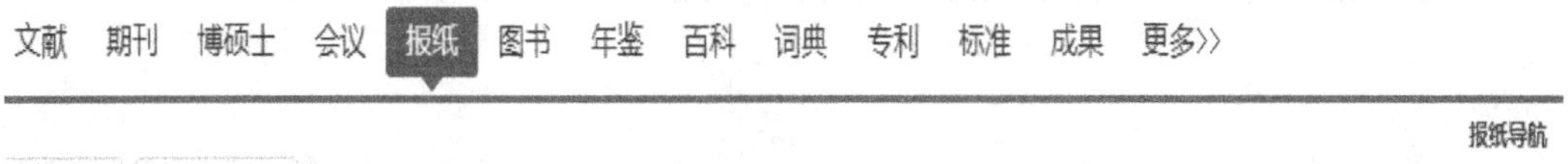

此时，在出现的界面上点击右侧的“介绍”，就有如下内容：

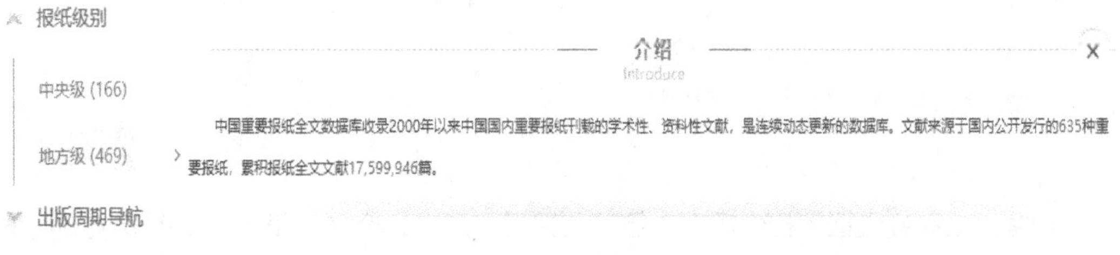

在“介绍”文字下，就是收录的报纸目录。可以利用左侧的“报纸级别”和“出版周期导航”寻找相关报纸。点击相关报纸，就可以看到相应的报纸信息和报纸每期所刊载的内容。

上面是最近浏览过的报纸，下面是推荐的报纸。

据国家新闻出版广电总局发布的《2017年全国新闻出版业基本情况》数据显示，我国2017年出版报纸1884种（不含港、澳、台地区），因此，中国知网收录的报纸数超过全国报纸总数的1/3，确实是重点选择的。收录起始年是2000年。

在中国知网的官网 www.cnki.net，点击“报纸”，就出现以下界面：

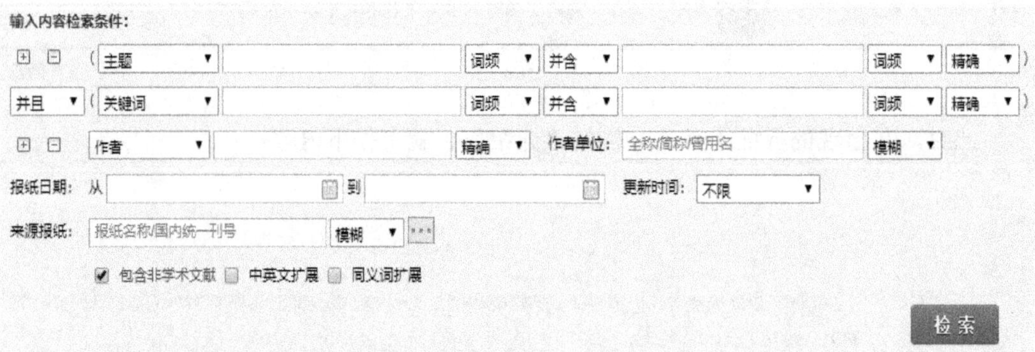

此时，上面检索框的检索项有主题、关键词、题名、全文、报纸、中图分类号，下面检索框的检索项有作者、第一作者。默认情况下，上面的检索行有两行，下面的有一行，可以通过点击左侧的“+”和“-”增减。

报纸的默认检索方式是高级检索，另有专业检索、句子检索和一框式检索等多种检索方式。

报纸的高级检索是个多条件的检索方式，可以进行最多 11 对检索词的组合检索，即内容 7 对，作者、作者单位 4 对。另外，检索项具有词频、精确和模糊等选择功能，还有发表时间、文献来源和支持基金等控制条件的选择。

我们以儿童图书的分级为检索课题，在“主题”检索框内分别输入“儿童图书”和“分级”，获得以下检索结果：

	题名	作者	报纸名称	日期	被引	下载	阅读	收藏
1	为儿童挑选图书 56.0%受访者感到困难	王品芝；伍越	中国青年报	2017-10-31		8		
2	选本适合娃儿的书好难！	夏婧;杨晨;	重庆日报	2015-04-03		10		
3	提升儿童阅读的“质”	冯永亮;	中国教师报	2014-04-02		35		
4	推广图书分级制	晓曾;	中国新闻出版报	2011-08-09		24		
5	儿童分级阅读的现实意义	白冰;	文艺报	2009-08-29	4	171		
6	阅读分级欲成儿童读物“护身符”	徐楠	北京商报	2009-08-10	2	39		

在此检索结果中，有 6 篇文章符合要求。其中，“下载”栏下的图案是淡绿色的，表明可以下载。如果检索结果比较多，还可以按“分组浏览”的多种选择进行浏览，以方便选择自己需要的文章。

点击第 5 篇，出现以下界面：

儿童分级阅读的现实意义

白冰

导出/参考文

正文快照：分级阅读模式目前已成为国际儿童阅读的一个重要坐标，近年来，分级阅读也逐渐进入国内出版界和部分专家、学者的视野，并在不同领域和不同范围内取得了一些研究成果，如中华女子学院教育学院、华东师范大学出版社学前教育分社的研究探索，如贵州人民出版社、湖北少年儿童出版？

报纸日期：2009-08-29

版名：文学批评

版号：004

分类号：I106.8

需要说明的是，报纸文章在网上各大网站经常有转载，转载信息多有不准，比如发表时间可能会比报纸刊载时间迟一二天，而且没有版号信息。事实上，版号是文献注释的重要参数。按国家标准，此文献的正确标注如下：

白冰．儿童分组阅读的现实意义 [N]．文艺报，2009-08-29(4).

至于报纸检索方式中的专业检索、句子检索和一框式检索，基本和期刊文献检索一样，这里就不再介绍了。

第八节 中国知网的使用体会

中国期刊全文数据库，很多人不知道就是CNKI，或不知道CNKI就是中国知网。但中国知网的知名度这几年大增，确实与其服务质量提升是有关的。在多年检索使用中国知网数据库的过程中，我们大致有以下使用体会：

1. 检索功能

在检索方面，中国知网这几年变化较大。检索方式不固定，对于使用者的熟悉和掌握不利。过去，中国知网参照维普的同义词功能推出了相关词功能，现在又取消了。看来中国知网和维普一样，力求检索简单化。专业检索功能虽然强大，但多数用户只是偶尔有检索需求，为此去熟悉专业的检索式写法也不太可能。中国知网最有特色的是全文检索，而且能控制两个检索词的同句、同段，甚至是几个字或几句的距离，两个检索词的次序。当然，中国知网的期刊导航，是三大期刊数据库中最好的。

至于其他作者发文检索、句子检索等，似乎没有以前集成在一起好。检索控制条件和内容检索条件也经历了集成 - 分离 - 集成，看不出有什么优势区别。

2. 下载的PDF质量

下载的文献显示质量是中国知网的强项，多数PDF达数码印刷质量，而且保留原文的彩色。其文献内容基本都能复制，是三个全文数据库中质量最高的。

3. 收录期刊数和收录起始年

在期刊文献收录数量方面，这几年中国知网一直呈现上升趋势。只是，镜像站发布的消息有多种数据版本，最直观的是将期刊导航各分类的数据统计一下。当然，我们无法搞清哪些期刊目前数据库不再收录最新文章了，除非直接点开该期刊去看精确信息。期刊收录数对用户非常重要，这是考虑文献检索是否全面的大问题。搞科研，谁都不愿意出现文献漏检。

至于收录起始年，中国知网是1999年开始收录的，但基本回溯到1979年，这是非常明显的优势。当然有两份期刊回溯到1915年，只是这对大多数用户来说没有太大的实用意义。收录起始年要针对所有期刊来说才有意义，整体回溯一年就是实实在在的收录起始年提前一年。

要说明的是，中国知网期刊数据库的期刊收录种数、收录起始年和下载的PDF文件质量，在三大全文数据库中已经是做得最好的了。

思考题

1. 中国知网的期刊收录起始年，以及收录期刊数，各是什么？

2. 中国知网有哪些检索方式？

3. 试给出一个全文检索的新实例，要求是其他检索途径无法检索到的。

4. 试给出两个新例子，先提出检索要求，然后写出专业检索的检索式，再评价其达到的检索效果。

5. 请给出三个不同专业的检索课题，然后列表比较维普资讯和中国知网的检索结果。其中，维普资讯检索分使用同义词功能和不使用同义词功能两种情况。

6. 中国知网的报纸收录起始年，以及收录报纸数，各是什么？

第6章

万方数据

本章知识要点

1. 万方数据的由来，万方数据的规模，万方数据的系列产品；
2. 万方数据的检索方式，PQ表达式检索；
3. 万方数据的检索结果特色。

万方数据、维普资讯和中国知网，是高校数字资源的三大骨干数据库。万方数据知识服务平台，因为其文献检索结果的出色统计功能，深受用户的欢迎。

第一节 万方数据简介

万方数据股份有限公司是由中国科技信息研究所以万方数据（集团）公司为基础，联合中国文化产业投资基金、中国科技出版传媒有限公司、北京知金科技投资有限公司、四川省科技信息研究所和科技文献出版社发起组建的高新技术股份有限公司。

万方数据股份有限公司是国内第一家以信息服务为核心的股份制高新技术企业，是在互联网领域，集信息资源产品、信息增值服务和信息处理方案为一体的综合信息服务商。

一、万方数据的规模

万方数据收录国内出版的各类期刊8000余种（其中核心期刊3200余种），自1995年以来出版的外文期刊20900种；收录自1980年以来发表的中文学位论文500余万篇、年增30万篇，收录自1983年以来发表的外文学位论文11.4万余册、年增1万余册；收录自1982年以来发表的中文会议论文538万多篇、年增20万篇，收录自1985年以来世界各主要学（协）会、出版机构出版的外文学术会议论文766万多篇。

二、万方数据的系列产品

万方数据目前拥有的系列产品有：

学术期刊

学位论文

会议论文
专利
科技报告
科技成果
标准
法律法规
地方志
视频

除上述数据库外，还有一些外文文献数据库，以及行业知识库等。显然，万方数据走的路与中国知网相同，是一个知识工程，涉及范围也非常广。

三、万方数据的文献格式

万方数据提供的期刊文献格式只有一种：PDF 格式。

四、网站版和镜像站版

万方数据目前有网站版和镜像站版两种。镜像站一般向高等学校这样有检索需求的大单位提供，是安装在内网上的专业检索系统，而网站版是对互联网开放的，即 www.wanfangdata.com.cn 版。

五、万方数据的检索方式

万方数据的检索方法，这几年变化较大，经常更新。新版万方数据的检索方式只有三种，即默认检索（万方智搜）、高级检索和专业检索。但系统还保留旧版入口，供熟悉旧版的用户使用。

本章仅介绍新版检索方法的使用。

进入万方数据网站打开的是默认检索条框，即万方智搜。如果要选择其他两种检索方式，只需点击蓝色“检索”按钮右侧的“高级检索”即可。

第二节　万方数据的默认检索

进入万方数据网页，打开的就是默认检索界面：

不选择“期刊”，则检索结果包含多种文献。选期刊，另有“搜期刊”选择。

在检索条内输入“农家书屋”，并检索，获得以下结果页面（部分）：

检索结果界面中，蓝色的字和带有下划线的字都可以点击。点击后开始的是新的相关检索词检索。

每篇文献结果下都有“在线阅读”“下载”“导出”“收藏”和“分享”等进一步操作的选择。

在学术论文检索情况下，文章名下会出现“期刊论文”“学位论文”和“会议论文”等。右边的“研究趋势”，表示在这一检索条件下，每年发表文章（包括中文和外文）的数字；“相关热词”反映了与当前检索词相关的热搜词，点击即可搜索。

一、图标解释

检索结果界面中，期刊名后面还有一些图标，解释如下：

北大核心：北京大学版核心期刊。

CSSCI：中文社会科学引文索引（又称南京大学核心期刊）。

CSTPCD：中国科技论文与引文数据库。

二、二次检索

万方数据的二次检索，就在检索条下。没有检索结果时，二次检索选择是不会出现的。二次检索的选择项有“标题”“作者”“关键词”和“发表年限”。将相应的二次检索条件打入指定框，然后点击“在结果中检索”，就可进行二次检索。

三、PQ 表达式

万方数据默认检索使用的是 PQ（PairQuery）表达式，下面介绍这种表达式的用法。

（一）PQ 表达式的构成

PQ 表达式是按以下形式构成的：

检索对 1 检索对 2 检索对 3 ……

检索对与检索对间，用空格相互相隔。

（二）检索对的组成

检索对又是按以下方式构成如：

检索字段：检索词

如果是标题，可以直接写检索词而省略标题。比如，“标题：网络出版”可以直接输入“网络出版”。

（三）检索字段的代号

万方数据的检索字段代号如下：

字段名称	可用表达字段	例子
标题	t, title, titles 题，标题，题目，题名，篇名	t：电子图书 题：电子图书
责任者	a, creators, author, authors 人，著者，作者	a：张天 人：张天
机构	机构，单位	单位：浙江大学
关键词	k, keyword 词，关键字，主题词，关键词	k：特点 词：特点
摘要	b, abstracts 概，摘要，概要，概述，简述，文摘	b：分辨率 概：分辨率

例子里，英语字母和中文字表达的意思是一样的。也就是说，表达一个检索字段有多种方式，功效是一样的。

综上所述，我们得知，万方数据默认检索方框条里能检索的检索词，可以是标题、责任者、机构、关键词和摘要。

（四）表达式应用实例

在实际检索使用中，以下检索结果是一样的：

电子图书 a: 孙坦

电子图书 author: 孙坦

电子图书 creators: 孙坦

电子图书 人:孙坦

电子图书 作者:孙坦

电子图书 著者:孙坦

第三节　万方数据的高级检索

点击蓝色“检索”按钮右侧的“高级检索”，即可进入新版的高级检索。此时，有以下界面：

在这个界面上部，可以选择文献类型，而且支持多选。

检索信息，先要选择检索项，检索项有：主题，题名或关键词，题名，第一作者，作者单位，作者，关键词，摘要，DOI，期刊名称 / 刊名，期刊 -ISSN/CN，期刊-期，期刊 - 基金，学位-专业，学位-学科，学位-授予单位，学位-导师，学位 - 学位，会议-会议名称，会议-主办单位等。显然，可以检索期刊、学位论文、会议论文、专利、标准、科技成果等。

选择好检索项，再填写相应的检索词，选择多项检索词的逻辑关系，以及最下面的年限，就可以进行检索。

检索项行数如果要增减，可以按“检索信息”右侧的“+”和“-”按钮。万方数据的高级检索最多可有六行检索项，但最少也得有三行检索项。多行检索行，没有要求相互间必须不同，所以可以六行都是“主题”。

检索项的行与行间，用“与”“或”“非”关系相关，检索时要选择合适的逻辑关系，否则检索结果会有所不同。

第四节 万方数据的专业检索

万方数据的专业检索，以前使用的是 CQL（Common Query Language）检索语言。CQL 是一种正式的检索语言，一般教材都不作介绍。

新版万方数据的专业检索，用的是改进的 PQ 表达式。其实，这一表达式也可用于默认检索方式（万方智搜）和高级检索的检索词中。只是，默认检索方式突出简单方便，不追求检索结果的精准。

在上一节高级检索的界面上部，点击专业检索，即进入专业检索界面：

上部的文献类型和高级检索一样处理，中间的方框，可以输入检索语言。检索语言如何编写，中间方框中有提示，右边有“教你如何正确编写表达式”的页面，供检索人学习。

这里，简单地介绍一下该改进的 PQ 表达式。其主要是由 PQ 表达式中的检索对，加上运算符组成的。检索对的左侧，必须是万方智搜下拉菜单中的五个可检索字段，它们是题名、作者、作者单位、关键词、摘要，而且不能使用检索字段的代号。

运算符有：

AND/and/*	逻辑与运算，同时出现在文献中
OR/or/+	逻辑或运算，其中一个或同时出现在文献中
NOT/not/^	逻辑非运算，后面的词不出现在文献中
" "	精确匹配，引号中的词视作一个整体不拆分
( )	限定检索顺序，括号中的检索内容作为一个检索子项

注意，运算符存在优先级，（ ）→ not → and → or，括号优先级最高。运算符都是用英语半角输入方式，特别是双引号和冒号，别打成中文标点。

作为实际检索的举例，下面是一些可行的检索表达式：

(题名:"美国"+摘要:"出版")*作者:练小川

主题:(信息技术+计算机)^辅助

题名:力学*作者:杨卫^作者单位:浙江大学

实际使用中，如遇到问题，可以参照“教你如何正确编写表达式”的页面。

第五节 万方数据的检索特色

万方数据的检索有些特色之处，这里介绍一下。

一、全部文献检索时的统计数据

万方数据检索结果的统计数据是非常有价值的。这一统计主要是针对用户在特定检索条件下所获得的检索结果。

在默认检索方式一节，我们已经介绍了“研究趋势”和“相关热词”。

下面，我们以前面的“农家书屋”检索课题为例，介绍其他统计数据的特点。

（一）检索结果的资源类型统计

该统计给出当前检索结果的具体资源类型分布，网页只给出有限几个资源类型。如需要，用户可以点击“更多”，获得所有资源类型的分布情况。

比如，这里的分布情况是：

期刊论文 4402 篇

会议论文 310 篇

法规 137 篇

学位论文 116 篇

科技成果 17 篇

专利 9 篇

点击前面的资源类型，就会展示那些后列篇数的具体文献。

（二）检索结果的学科分类统计

该统计给出当前检索结果的具体学科分布，网页只给出有限几个学科分类。如需要，用户可以点击“更多”，获得所有学科的分布情况。

比如，这里的分布情况是（前七名）：

文化、科学、教育、体育 2058 篇

经济 430 篇

政治、法律 368 篇

文学 160 篇

农业科学 148 篇

工业技术 94 篇

历史地理 86 篇

点击前面的学科，就会展示那些后列篇数的具体文献。

（三）检索结果的作者统计

该统计给出当前检索结果的作者发文数分布，点击“作者”，即可获得发表文章前三名的作者发文情况，如需要可以点击“更多”，获得更多作者发文情况。

比如，这里的分布情况是（前七名）：

杨静 20 篇

陈晓 20 篇

秦斯 17 篇

姚秀敏 16 篇

舒农 14 篇

张利洁 13 篇

本刊编辑部 12 篇

点击前面的姓名，就会展示那些后列篇数的具体文献。

（四）检索结果的作者单位统计

该统计给出当前检索结果的作者单位发文数分布，点击“机构”，即可获得发表文章前三名的作者单位发文情况，如需要可以点击“更多”，获得更多作者单位发文情况。

比如，这里的分布情况是（前七名）：

安徽大学 33 篇

华中师范大学 28 篇

兰州大学 25 篇

江苏省新闻出版局 24 篇

国家新闻出版总署 21 篇

河北师范大学 20 篇

沈阳师范大学 17 篇

点击前面的作者单位，就会展示那些后列篇数的具体文献。

二、期刊文献检索时的统计数据

期刊文献检索情况下，有一些特殊的统计数据，这里简单介绍一下。

（一）检索结果的核心期刊统计

这一统计，主要显示各类核心期刊的文献分布情况。比如，这里的分布情况是：

北大核心 436 篇

CSSCI 336 篇

CASS 163 篇

CSTPCD 112 篇

CA 37 篇

CBST 16 篇

CSCD 2 篇

（二）检索结果的刊名统计

这一统计，主要显示各刊发表特定检索课题的文献数量，并给出排名。就现在的“农家书屋”检索课题来看，其结果是：

农家书屋 745 篇

农业图书情报学刊 110 篇
出版参考 96 篇
农村工作通讯 71 篇
中国出版 68 篇
出版参考（业内资讯版） 63 篇
图书馆学刊 55 篇

点击“更多”，能看到更多的期刊发表数量。这个统计特色，对于撰写同类文章的人选择自己投稿的刊物特别有参考价值。试想，如果该课题不是今年新出现的，某刊物从来没有发过同类的文献，我们怎么能期望该刊物发表呢？反之，发表同类文章非常多的刊物，我们有理由相信，与该检索课题相关的主题，是该刊物最喜欢的主题。

第六节 万方数据的使用体会

在多年检索使用万方数据的过程中，我们大致有以下使用体会：

1. 检索功能

在检索方面，万方的 PQ 表达式虽然简单，但有多少人是学会 PQ 表达式才来检索的？即使会使用 PQ 表达式，也就是比一般使用选择项下拉菜单方式简便一些，并没有特别的检索效果。至于专业检索，更是很少有人使用。所以，万方数据的检索方式仅仅是简单，这也许就是特色吧。

2. 下载的 PDF 质量

就下载的 PDF 文献打印质量而言，万方数据比不上中国知网，但比维普资讯要好一些。

3. 收录期刊数和收录起始年

在期刊文献收录数量方面，万方数据的最少。不过前几年只有 6000 余种，最近上升到 8000 种。

至于收录起始年，万方数据是从 1998 年开始收录的，其后有回溯。但从万方数据的官网公布数据来看，中文期刊究竟回溯到哪年也不清楚。

4. 检索结果统计功能

检索结果统计功能，是万方数据的强项。但是没有收录期刊总数的支持，统计数据是有缺陷的。何况，维普资讯和中国知网也在统计数据方面下功夫，万方数据的检索结果统计功能优势已经不明显了。

思考题

1. 万方数据有哪些检索方式？

2. 万方数据的检索项和中国知网相比，有哪些区别？
3. 试给出两个 PQ 表达式的新实例，要求说明不同代号表示的功效是一样的。
4. 试进行你所在专业的某个主题词检索，并简要分析其相关统计数据。
5. 请用三个全文数据库分别检索三个你喜欢的大学某年发表的期刊文章数。

第 7 章

人大书报资料

本章知识要点

1. 人大书报资料中心的由来，人大书报资料中心的系列产品；
2. 人大书报系统的数据库检索方式；
3. 人大书报系统的输入帮助用法。

人大书报资料中心，因全文转载而出名。其出版的文章并不是原创，但为原发表文章的作者喜欢，也为作者的单位喜欢，当然更为读者喜欢。这不仅仅因为转载的都是精品，而且因为如果文章被人大书报资料中心全文转载，在很多单位，这篇文章的评定等级就提升了。

第一节 人大书报资料中心简介

中国人民大学书报资料中心成立于 1958 年，是新中国最早从事人文社会科学文献搜集、整理、编辑、发布的信息资料提供机构。经过 60 余年的发展，书报资料中心目前已成为兼营期刊出版、网络电子出版、信息咨询、广告等业务的综合性、跨媒体的现代出版机构和学术信息服务机构。

期刊出版是书报资料中心的核心业务。书报资料中心是国内拥有最多刊号的法人单位，现出版有 148 种期刊，包括复印报刊资料、文摘、报刊资料索引和原发期刊等四大系列。书报资料中心“复印报刊资料”的转载量（率）被学界和期刊界普遍视为人文社科期刊领域一个客观公正的评价标准。

一、人大书报资料的系列产品

人大书报资料中心（后面指数字资源时，简称人大书报）目前拥有的系列产品有：

“复印报刊资料”全文数据库

“复印报刊资料”专题目录索引数据库

中文报刊资料摘要数据库

中文报刊资料索引数据库

专题研究数据库

数字期刊库

本教材只介绍全文数据库。

二、人大书报资料的文献格式

人大书报资料的文献格式有两种：网页打印版格式和 DOC 格式。阅读 DOC 格式的全文，只要装有 OFFICE 系统就行。一般，每一篇文献同时提供两种格式。

三、网站版和镜像站版

人大书报资料目前有网站版和镜像站版两种。镜像站版一般向高等学校这样有检索需求的大单位提供，是安装在内网上的专业检索系统，而网站版是对互联网开放的，即 ipub.zlzx.org 版。

四、人大书报资料的检索方式

人大书报资料的检索方式有四种：全文文献、分类导航、期刊导航和高级检索。要选择其他检索方式，只需点击相应的检索按钮即可。

第二节　人大书报资料的全文文献检索

进入人大书报资料镜像站版网页，打开的就是全文文献检索界面，所以全文文献检索是人大书报资料的默认检索方式。

此界面的检索方框条中，用户可以输入关键词直接检索所需的文章，也可以输入作者名，甚至是作者单位等信息。此时，检索的范围是全文。当然，也可以检索一句特定内容的话，比如检索“翠花，上酸菜”，我们得到以下搜索结果：

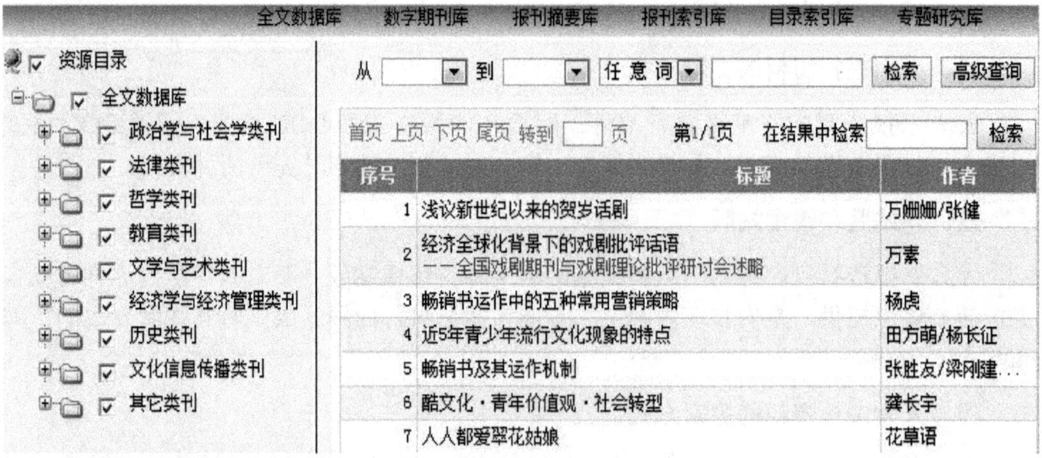

点击第一篇文章，获得以下界面（部分）：

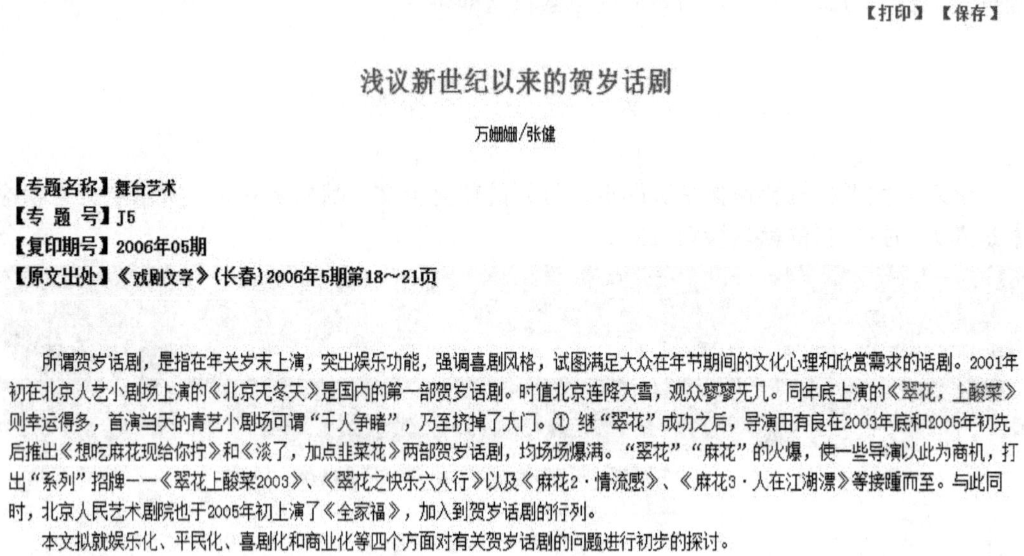

【打印】【保存】

浅议新世纪以来的贺岁话剧

万姗姗/张健

【专题名称】舞台艺术
【专 题 号】J5
【复印期号】2006年05期
【原文出处】《戏剧文学》(长春)2006年5期第18～21页

所谓贺岁话剧，是指在年关岁末上演，突出娱乐功能，强调喜剧风格，试图满足大众在年节期间的文化心理和欣赏需求的话剧。2001年初在北京人艺小剧场上演的《北京无冬天》是国内的第一部贺岁话剧。时值北京连降大雪，观众寥寥无几。同年底上演的《翠花，上酸菜》则幸运得多，首演当天的青艺小剧场可谓“千人争睹”，乃至挤掉了大门。① 继“翠花”成功之后，导演田有良在2003年底和2005年初先后推出《想吃麻花现给你拧》和《淡了，加点韭菜花》两部贺岁话剧，均场场爆满。“翠花”“麻花”的火爆，使一些导演以此为商机，打出“系列”招牌——《翠花上酸菜2003》、《翠花之快乐六人行》以及《麻花2·情流感》、《麻花3·人在江湖漂》等接踵而至。与此同时，北京人民艺术剧院也于2005年初上演了《全家福》，加入到贺岁话剧的行列。

本文拟就娱乐化、平民化、喜剧化和商业化等四个方面对有关贺岁话剧的问题进行初步的探讨。

这是全文显示页面。选择“打印”，结果是网页打印版；选择“保存”，就下载为DOC格式。

检索中，允许某个检索项的多个不同检索词一起检索。此时，可以在不同的检索词间加上不同的符号来表示它们的关系。这里，* 表示“与”的关系，+ 表示“或”的关系。注意，检索词要用英语状态下的双引号括起来，如："特点"*"作用"，"民权"+"民意"，"刘红杰"+"刘明久"+"刘华山"。

第三节 人大书报资料的分类导航

进入分类导航，出现以下界面：

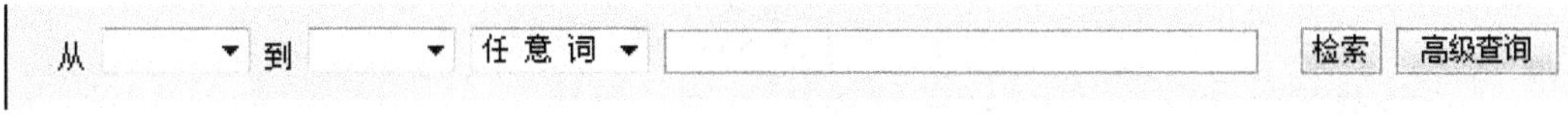

在这个检索条框的左侧，有许多分类供选择。分类导航，就是你要先选择左边的分类，然后，在检索条框中进行特定条件的检索。检索项有：任意词、关键词、标题字段、副标题、作者、作者简介、正文字段、分类号、摘要、参考文献和原文出处。

分类选择有：政治学与社会学类、法律类、哲学类、文学与艺术类、教育类、经济学与经济管理类、历史类、文化信息传播类和其他类刊。分类可以多选。

显然，人大书报资料的分类导航不实用，因为数据库搜索的是被全文转载的文章，没有搜索国内所有期刊这方面的文章，数量不会太多，再进行分类，完全有可能漏检。

第四节　人大书报资料的高级检索

切换到高级检索，出现以下界面：

这是一个多条件检索框，其中检索项有：任意词、原文出版、原刊地名、原刊期号、原刊页号、分类号、分类名、复印期号、标题、副标题、英文标题、标题注释、文章日期、作者、作者简介、译者、内容提要、编者按、摘要题、英文摘要、关键词、正文、责任编辑、校对者、参考文献、分类代号、文号。

如果你觉得检索框还不够，就是你需要填写更多的条件，可以点击下面的“完全展开”，就可获得所有检索项的检索框。

右边框里有个“输入帮助”，如果该检索项不知道怎么填写，可以点击“输入帮助”，比如在“任意词”下，点击“输入帮助”，会出现右侧界面。此时，可以试打第一个字，然后右击“获取帮助”就能获得以下界面：

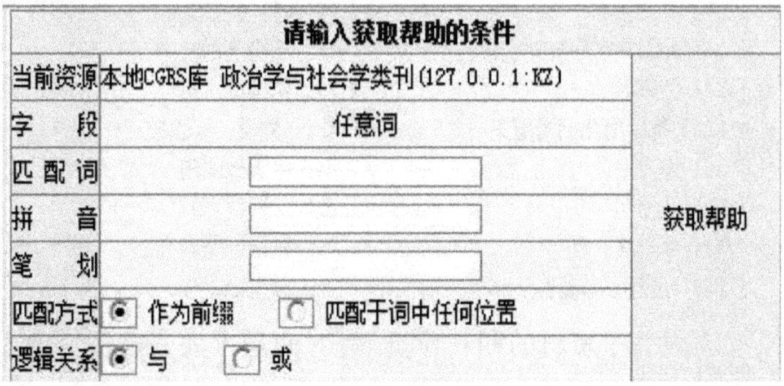

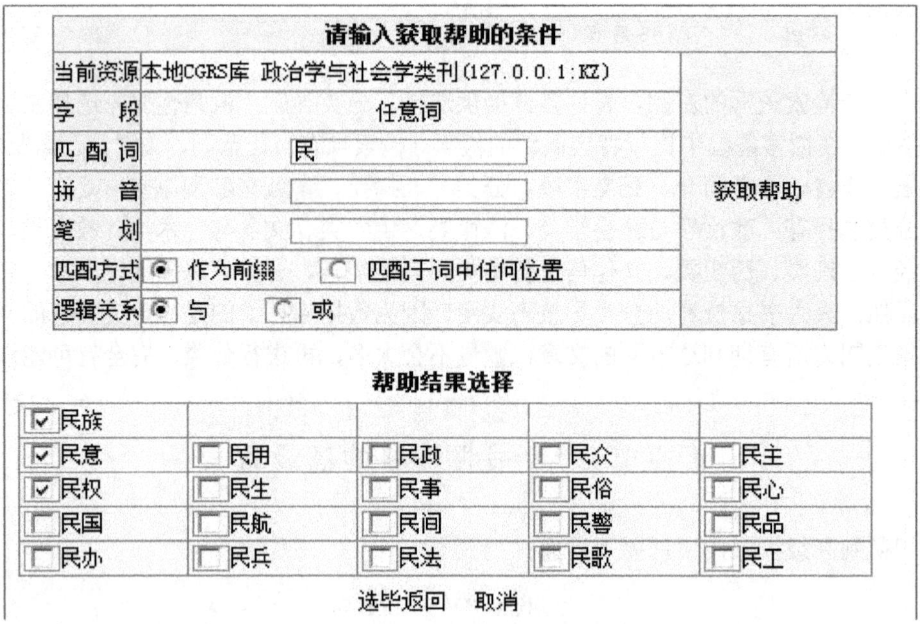

此时，选中你需要的几个词，然后点击下面的“选毕返回”，你会发现在“任意词”框里检索词为："民族"*"民意"*"民权"。

各检索项都填写好，就可以检索了。

第五节 人大书报资料的期刊导航

切换到期刊导航，出现以下界面：

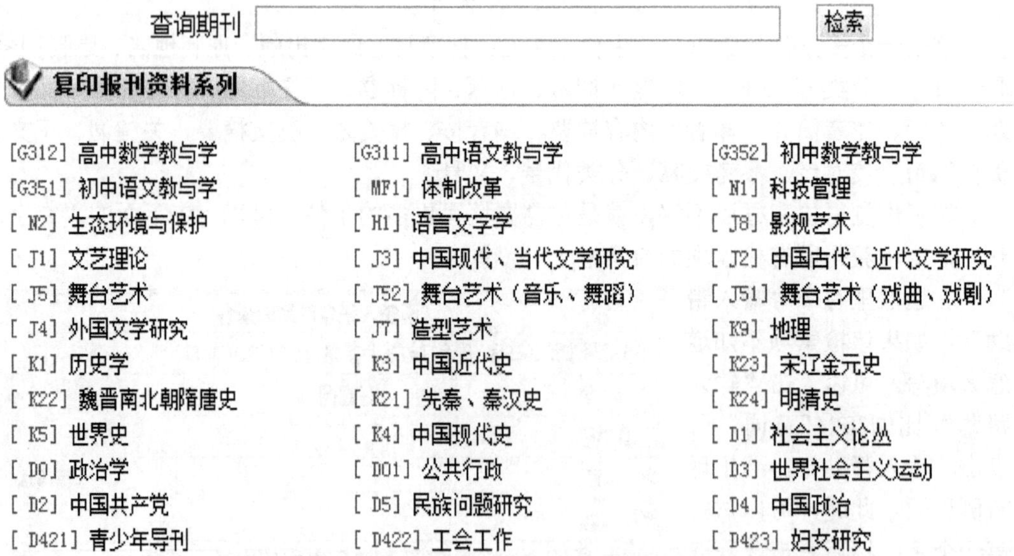

人大书报资料的期刊导航，针对的是人大书报资料中心出版的127种复印报刊资料、

4 种原发刊和 13 种文摘刊，而不是针对 2013 年 7 月公布的国内 9867 种期刊。

检索条框输入期刊名，或者直接点击下面列出的期刊名，都会打开该期刊的界面，里面收录了自 1995 年以来的该刊各期文献。选择具体一期，就能阅读该期所有文章。

其实，检索条框下面列出了所有期刊，检索条框就显得多余了，因为直接点击期刊名更为方便。

另外，一进入人大书报资料出现的系统界面，在检索框上面有六个数据库。我们主要检索的是全文数据库，但点击期刊数据库，就出现上面的期刊导航界面了。所以，这里设计有重复。

第六节　人大书报资料的使用体会

人大书报系统，用户主要用来检索自己关心的主题或学科有哪些文章被人大书报资料转载了，以供自己撰写论文时借鉴。至于具体课题研究中要做文献检索时，很少会用到人大书报系统，因为人大书报系统收录的文章都是转载的，使用维普资讯、中国知网和万方数据检索效果会更好些。

实际使用中，人大书报资料现有的检索方式已经可以胜任了，基本能找到用户所需要的文献。而且，系统提供的打印版和 DOC 版全文，能满足用户多种需要。

当然，人大书报系统目前在国内是独一无二的，没有类似的竞争对象，因此也无从比较。

思考题

1. 人大书报资料的期刊收录起始年，以及复印报刊资料数，各是什么？
2. 人大书报资料有哪些检索方式？
3. 请给出你所在专业的人大复印报刊资料名称，并给出最新一期前五篇文章的标题。
4. 请用你所在专业的三个不同主题词，检索今年的相关文献，然后用截图方式，将检索页面做成 Word 文件。（只要求截取每个检索结果的第一页）

第8章

外文期刊数据库

本章知识要点

1. 熟悉各外文期刊数据库的进入方式；
2. 掌握各外文期刊数据库的检索方式；
3. 掌握各外文期刊数据库的检索规则。

外国的期刊数据库不同于中国的期刊数据库，很少有数据库能收录一个国家大多数期刊的，这主要牵涉到版权和商业的因素。因此，外文期刊数据库非常多，国内高校难以收全。

本章选择一些高校常见的文科适用外文期刊数据库，进行相关检索的介绍。

第一节　SAGE

SAGE出版公司于1965年创立于美国，现与全球超过245家专业学术协会合作出版490余种高品质学术期刊，每年出版12～15种百科全书和超过700种新书。

SAGE推出的全文期刊数据库，主要有40多个学科。其中，人文类期刊所刊载的文章质量十分突出，有30%的期刊在其所在学科类别中排名在前10位。

一、进入数据库界面

从高校内网进入图书馆，然后点击SAGE的链接，即进入该数据库的界面：

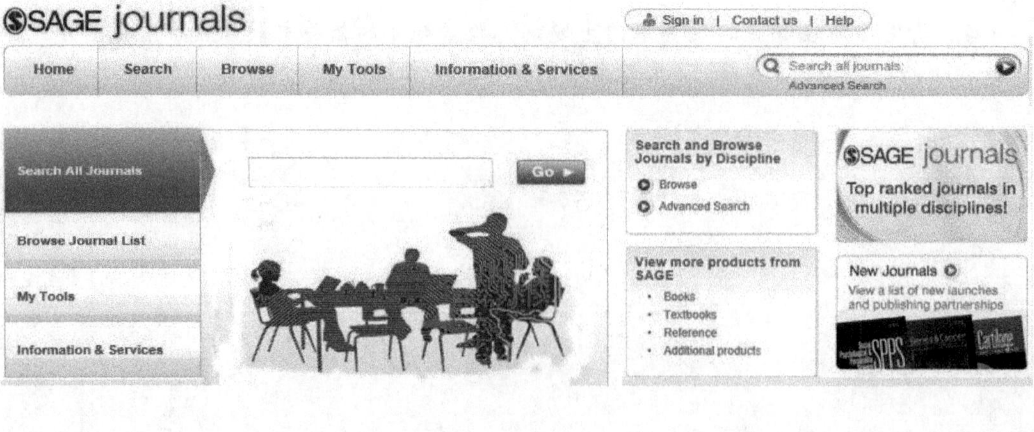

二、Search All Journals

在此检索方式中，可以直接在右边的检索框内输入 Key Words（关键词）、Title（篇名）、Author（作者）、Editor（编者），然后按检索框右边的“Go”，即可检索。

比如，搜索“digital book”，有如下检索结果：

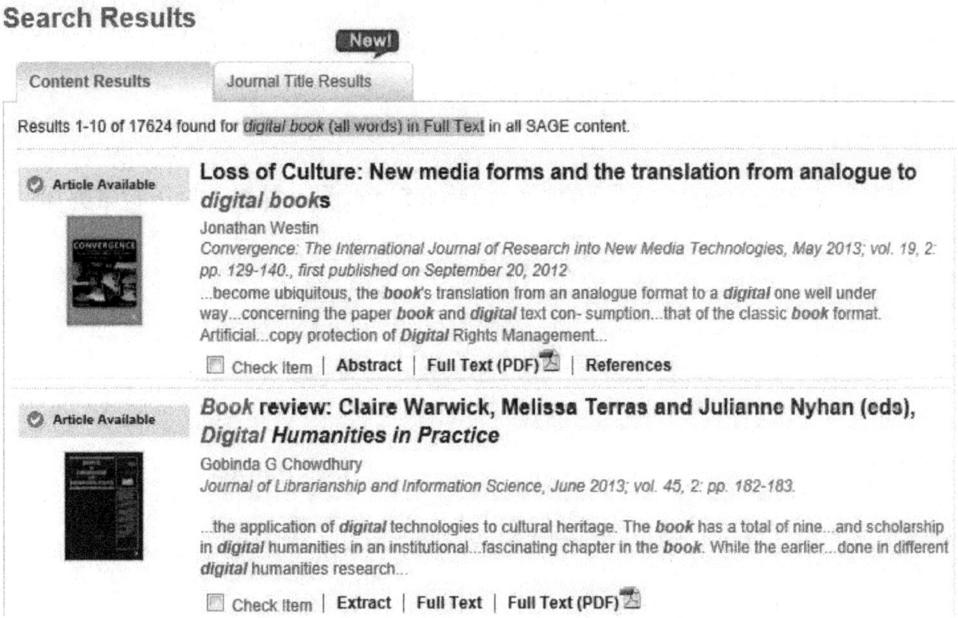

在此搜索结果页面，封面上的“Article Available”前若有打钩，表明可以下载。点击下面的 PDF 图标即可下载。

三、Browse Journal List

在此检索方式中，有两种模式：Journals by Title 和 Journals by Discpline。

（一）Journals by Title

此方式按期刊名的字母次序排列。点击需要的期刊名首字母，然后在展开的期刊列表中找到所需要的期刊，再选择“All Issues”，点开有以下界面：

下面显示的年份，表示该年度的期刊有数字版可供下载。点开具体的年份，就有具体的期号，这类似国内期刊数据库的期刊导航，可以看到该期所有文章，读者可以根据需要下载阅读。

（二）Journals by Discpline

此方式按期刊所处的专业名排列。逐级点击所需要的学科，就会出现该分学科的期刊列表。然后在展开期刊列表中找到所需要的期刊，点击打开，再选择“All Issues”，后面的操作同“Journals by Title”。

四、Advanced Search

在首页，点击右上侧检索框下的“Advanced Search”，即进入以下检索界面：

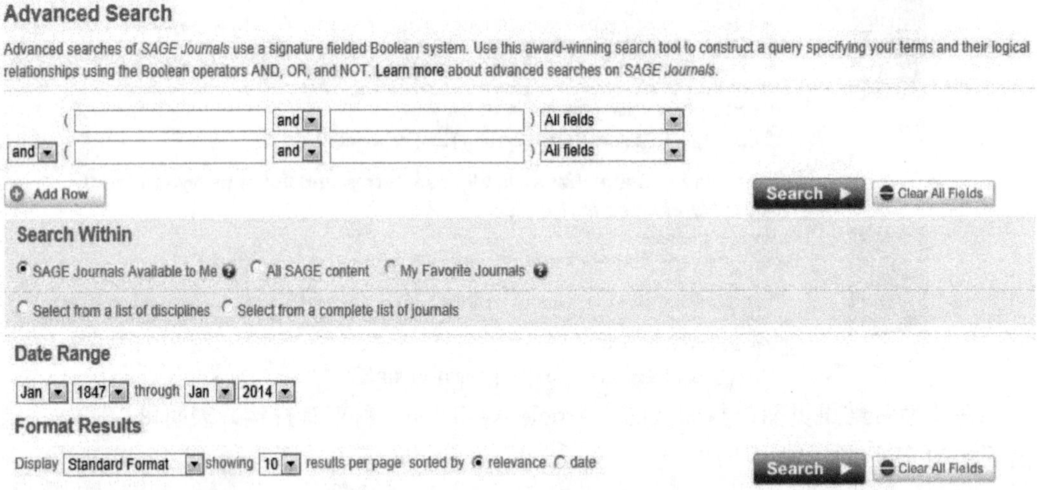

这是一个四检索词组合检索，右边的“All fields”表示搜索所有检索项。也可以通过下拉菜单选择具体检索项，检索项为Title（篇名），Author（Last Name）（作者名）、Abstract（摘要）、Full Text（全文）、Key Words（关键词）、References（参考文献）、Affiliation（作者单位）、DOI（数字对象唯一标识符）、Journal Name（期刊名）、ISSN（期刊号）、Volume（卷）、Issue（期）、First Page（第一页）、Year（年份）。

下面还有检索范围、年限、显示格式等可供检索选择。

确定检索项，然后选择好检索词，逐个输入，最后按“Search”，就会出现检索结果。

第二节 JSTOR

JSTOR数据库（Journal Storage）是专门收录过期学术期刊的全文数据库，以政治学、经济学、哲学、历史学等人文社会学科主题为中心，兼有一般科学性主题共十几个领域的代表性学术期刊。

JSTOR数据库收录的每种期刊收录年限不同，从创刊号到近三五年前的过刊，最早回溯到1665年。

一、进入数据库界面

从高校内网进入图书馆，然后点击 JSTOR 的链接，即进入该数据库的界面：

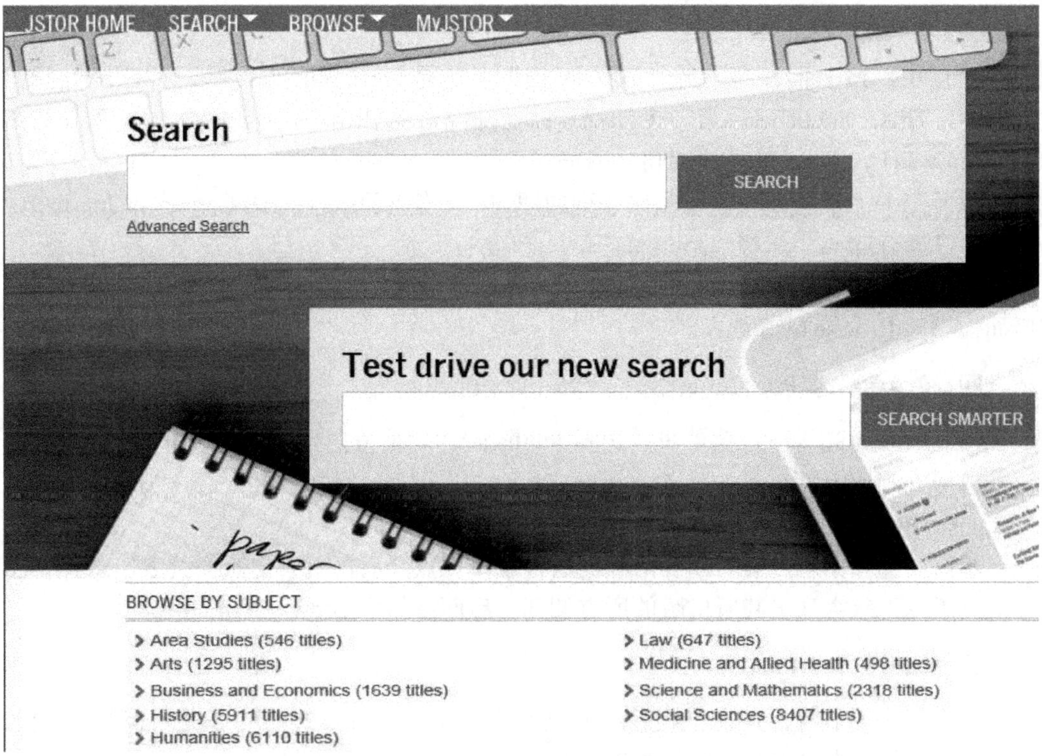

二、Browse by Subject

从首页可以看出，下面有 JSTOR 收录的各学科，学科名后有数字，表明该主题收录的期刊数。这个检索方式，其实就是期刊导航。逐级点下去，就会出现期刊列表。选择你需要检索的期刊，点开后出现以下界面：

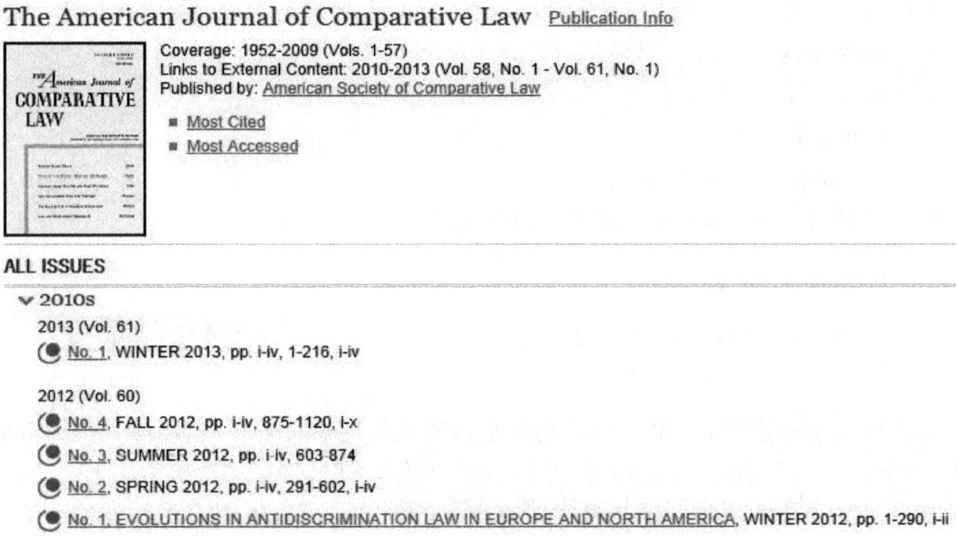

下面出现的具体期号，表示已经收录的期刊期号。点击会出现整期的文章，再点击选中的文章，即可阅读或下载。

三、Browse by Title

在首页，最上面一行有个“BROWSE”，这是一个下拉式菜单，有三个选择：Subject，Title，Publisher。第一个，就是前面介绍过的 Browse by Subject。这里介绍第二个 Browse by Tilte，就是按期刊名浏览。

选择 Title 后就出现按字母顺序排列的期刊，还有下面一行：All Contents，Journals，Books，Phamphlets。选择“Journals”。

然后，选择你想搜索的期刊名首字母。点开后，就有期刊列表。选择你想找的期刊，后面操作同 Browse by Subject。

四、Browse by Publisher

在“BROWSE”下拉菜单里，选择 Publisher，就是按期刊出版商浏览。

选择 Publisher 后，就出现按字母顺序排列的出版商，还有下面一行：All Contents，Journals，Books。选择“Journals”。

然后，选择你想搜索的期刊出版商名首字母。点开后，就有出版商列表。选择你想找的出版商，就会列出其所出版的所有期刊。后面操作同 Browse by Subject。

五、Basic Search

这是原来的名称，现在已经没有此名称了。这个检索方式，就是进入 JSTOR 的首页后，上面第一个检索框对应的检索规则。

在使用这个检索方式前，先介绍主要检索项的缩写：ti(文章名)、au(作者名)、ab(文摘)、so(期刊名)、vo(卷号)、no(期号)、sn(ISSN 号)。

另外，可以使用“与”（AND 或 and）、“或”（OR 或 or）和“非”（NOT 或 not）的逻辑符，也可以使用括号来确定优先执行顺序。

在此检索方式下，可以通过检索项和检索词，以及逻辑符号等的组合来检索，比如：

au:Warren

so:American

ti:digital

(ti:book) and (ti:publishing)

我们以最后一个检索式子来检索，获得结果：

在此检索结果基础上，还可以在检索框内输入新的检索条件，然后在下面“Search within these results”前打钩，按右面“Search”按钮，即实现了二次检索。

如果对某个检索词的后尾想搜索所有变化的形式，可以使用三个截词符。第一个

是 *，表示后缀任意多个字符，比如 ha*，表示搜索的词，前面两个字母是 ha，后面可以是任何多个其他字符。第二个是 ?，表示只代表任何一个字母，比如 m?n 可以是 man，men 等。第三个是 &，用于包括所有单复数情况，特别是英美不同复数形式，比如 sky&，可以是 sky，skies。

如果要使用词组来检索，还可以用英语双引号括起来，比如：

ti:"book publishing"

六、Advanced Search

进入 JSTOR 的首页后，第一个检索框下面有“Advanced Search”，点击后就出现以下界面：

这是一个两检索框组合检索，每个检索框右侧都有检索项可供选择，检索项分别是 full-text（全文）、author（作者）、item title（标题）、abstract（摘要）、caption（图

中注文）。

下面还有文献种类、发表年份、语言和学科分类的选择。特别是，在下面列出了所有学科分类（截图只给出前六个分类），每个分类后都有具体期刊种数。

确定各检索项和检索词，以及所有检索条件，进行检索，即可获得所需检索结果。

JSTOR 数据库还有 Citation Locator 和 New Beta Search，这里就不做介绍了。

第三节 Emerald

Emerald 于 1967 年由世界著名商学院 Bradford University Management Center 的学者建立，主要出版管理学、图书馆学、工程学等专业领域的期刊，其中超过 1/3 的期刊被 ISI 收录。

一、进入数据库界面

从高校内网进入图书馆，然后点击 Emerald 的链接，即进入该数据库的界面：

二、期刊浏览

在首页左侧，选中 Browse 下的 Books & Journals，就进入图书和期刊浏览。注意，这里的图书是带有 ISSN 号的丛书。如果选择“Just Journals”，就只出现期刊。期刊有两种方式浏览：其一是按期刊名第一个单词的首字母排列，其二是按学科排列。

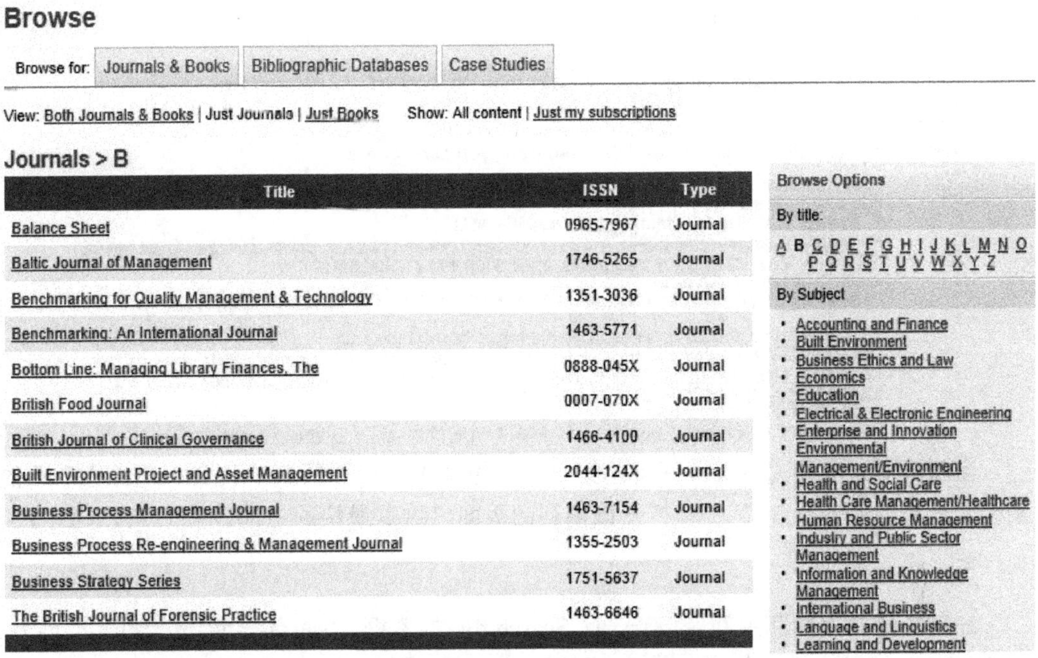

Browse

Browse for: Journals & Books | Bibliographic Databases | Case Studies

View: Both Journals & Books | Just Journals | Just Books　　Show: All content | Just my subscriptions

Journals > B

Title	ISSN	Type
Balance Sheet	0965-7967	Journal
Baltic Journal of Management	1746-5265	Journal
Benchmarking for Quality Management & Technology	1351-3036	Journal
Benchmarking: An International Journal	1463-5771	Journal
Bottom Line: Managing Library Finances, The	0888-045X	Journal
British Food Journal	0007-070X	Journal
British Journal of Clinical Governance	1466-4100	Journal
Built Environment Project and Asset Management	2044-124X	Journal
Business Process Management Journal	1463-7154	Journal
Business Process Re-engineering & Management Journal	1355-2503	Journal
Business Strategy Series	1751-5637	Journal
The British Journal of Forensic Practice	1463-6646	Journal

Browse Options

By title:

A B C D E F G H I J K L M N O P Q R S T U V W X Y Z

By Subject

- Accounting and Finance
- Built Environment
- Business Ethics and Law
- Economics
- Education
- Electrical & Electronic Engineering
- Enterprise and Innovation
- Environmental Management/Environment
- Health and Social Care
- Health Care Management/Healthcare
- Human Resource Management
- Industry and Public Sector Management
- Information and Knowledge Management
- International Business
- Language and Linguistics
- Learning and Development

在界面的右侧，可以进行浏览方式选择（这里截图只给出部分）。选中某一期刊，会出现一个新的界面，里面有该期刊所有期号。

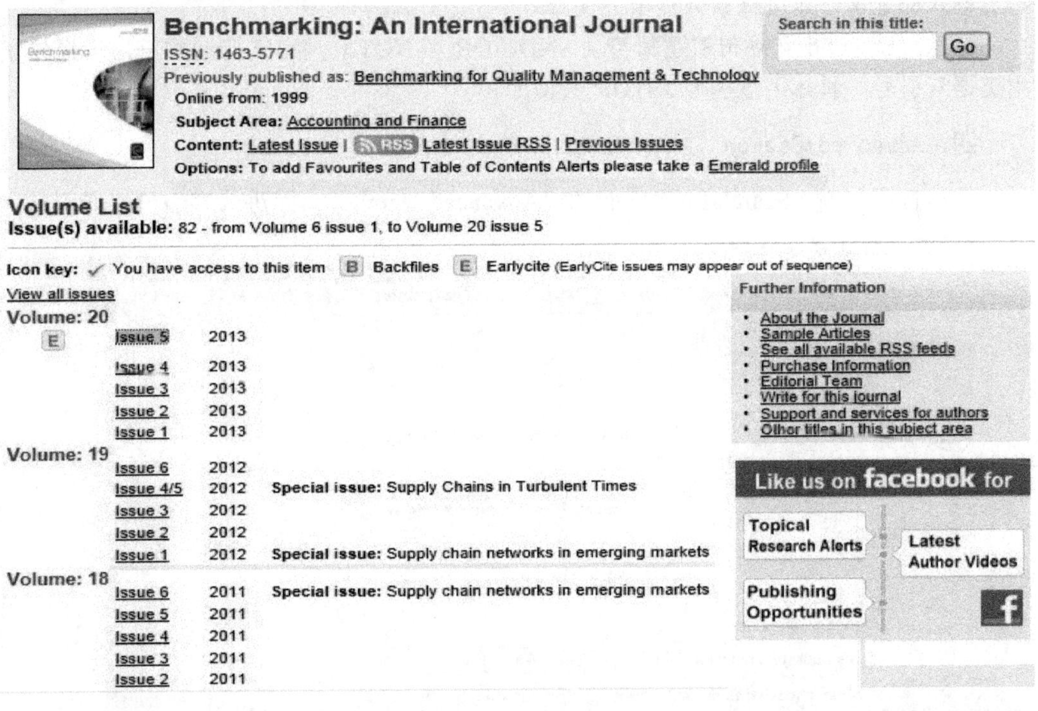

Benchmarking: An International Journal

ISSN: 1463-5771

Previously published as: Benchmarking for Quality Management & Technology

Online from: 1999

Subject Area: Accounting and Finance

Content: Latest Issue | RSS Latest Issue RSS | Previous Issues

Options: To add Favourites and Table of Contents Alerts please take a Emerald profile

Search in this title: Go

Volume List

Issue(s) available: 82 - from Volume 6 issue 1, to Volume 20 issue 5

Icon key: ✓ You have access to this item　B Backfiles　E Earlycite (EarlyCite issues may appear out of sequence)

View all issues

Volume: 20

E	Issue 5	2013	
	Issue 4	2013	
	Issue 3	2013	
	Issue 2	2013	
	Issue 1	2013	

Volume: 19

Issue 6	2012	
Issue 4/5	2012	Special issue: Supply Chains in Turbulent Times
Issue 3	2012	
Issue 2	2012	
Issue 1	2012	Special issue: Supply chain networks in emerging markets

Volume: 18

Issue 6	2011	Special issue: Supply chain networks in emerging markets
Issue 5	2011	
Issue 4	2011	
Issue 3	2011	
Issue 2	2011	

Further Information

- About the Journal
- Sample Articles
- See all available RSS feeds
- Purchase Information
- Editorial Team
- Write for this journal
- Support and services for authors
- Other titles in this subject area

Like us on facebook for

Topical Research Alerts

Latest Author Videos

Publishing Opportunities

选中某一期，就能看到该期所有文章。文章分 HTML 版和 PDF 版，可以根据需要选择阅读和下载。

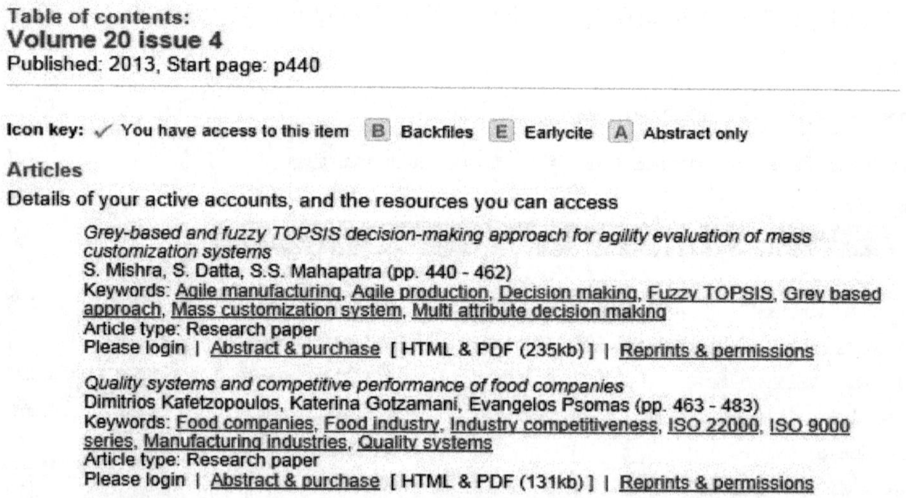

Table of contents:
Volume 20 issue 4
Published: 2013, Start page: p440

Icon key: ✓ You have access to this item B Backfiles E Earlycite A Abstract only

Articles
Details of your active accounts, and the resources you can access

Grey-based and fuzzy TOPSIS decision-making approach for agility evaluation of mass customization systems
S. Mishra, S. Datta, S.S. Mahapatra (pp. 440 - 462)
Keywords: Agile manufacturing, Agile production, Decision making, Fuzzy TOPSIS, Grey based approach, Mass customization system, Multi attribute decision making
Article type: Research paper
Please login | Abstract & purchase [HTML & PDF (235kb)] | Reprints & permissions

Quality systems and competitive performance of food companies
Dimitrios Kafetzopoulos, Katerina Gotzamani, Evangelos Psomas (pp. 463 - 483)
Keywords: Food companies, Food industry, Industry competitiveness, ISO 22000, ISO 9000 series, Manufacturing industries, Quality systems
Article type: Research paper
Please login | Abstract & purchase [HTML & PDF (131kb)] | Reprints & permissions

当然首页中有个 Quick Access，第一个下拉菜单给出了所有期刊名，选择你需要的期刊名，按右侧的“Go”，即打开该期刊的页面，这是最快的方法。

三、Search for

在首页的左上侧和中间，都有一个“Search for”检索框，下面有一个“in:”的下拉菜单，有 All content（全部内容）、Journals（期刊）、Books（图书）、Bibliographic Databases（文献数据库）、Case Studies（案例研究）、Site Pages（网页）等选项。选择“Journals”，然后输入检索词，即可检索你需要的文章。

注意，Emerald 支持布尔逻辑符（AND、OR 和 NOT），也支持通配符，词组检索用英语双引号。具体用法类似 JSTOR 数据库。

四、Advanced Search

点击首页左侧“Search for”下面的“Advanced search”，即进入高级检索界面：

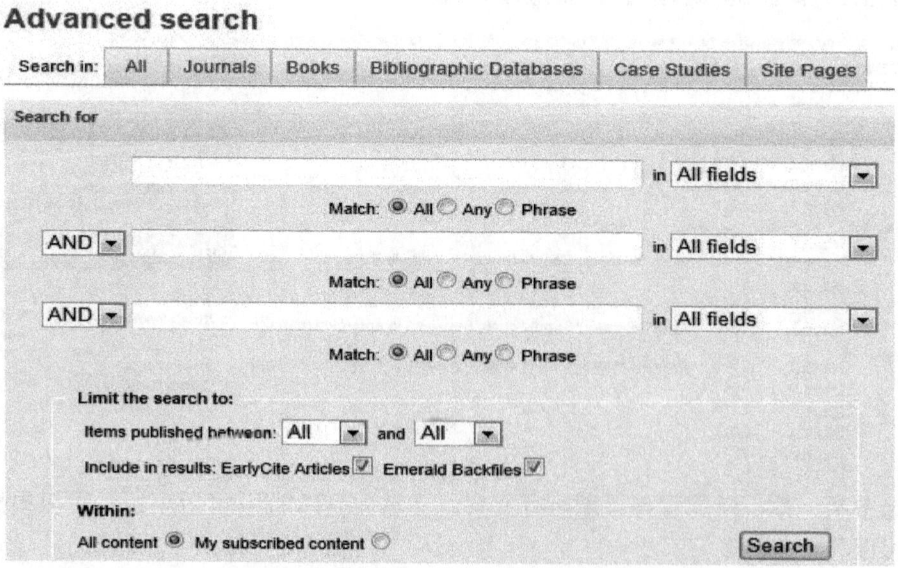

该界面是一个三检索框组合检索，先选择“Journals”，然后选择右侧的检索项下拉菜单，再填写好检索词，进行检索，即可获得满意的检索结果。

第四节 EBSCO

EBSCO 是美国 EBSCO Publishing 公司推出的全文检索系统，从 1994 年开始提供 WEB 版，实现了网上数据库检索。目前，EBSCO 开发了 100 多个在线文献数据库，涉及自然科学、社会科学、人文和艺术等多种学术领域。其中两个主要的全文数据库是 Academic Search Premier 和 Business Source Premier。

国内高校图书馆可供检索的 EBSCO 数据库各有不同，这里只介绍 Business Source Complete 的使用。Business Source Complete 包含三个数据库，它们是 Business Source Premier，Regional Business News，EconLit with Full。

一、进入数据库界面

从高校内网进入图书馆，然后点击 EBSCO 的链接，即进入该数据库的界面：

选择 EBSCO 商管财经类资源，就出现以下界面：

二、检索规则

EBSCO 的检索规则，和前面几个数据库类似，这里简单介绍一下。

多词组合搜索，可用英语双引号括起来。多个检索词的逻辑关系可以用“与”（AND）、“或”（OR）、“非”（NOT）表示。

常用字段可以使用代码，有：ti(文章名)、au(作者名)、ab(文摘)、so(期刊名)、

su(主题词)。使用时字段代码后不用冒号，只空一格。比如：

ti economy

ab "economic development"

su (management OR development)

au David

so "Belarus Country Review"

(ti "stock market") AND (so "Belarus Country Review")

通配符？表示某个不确定字符，截词符 * 表示后面是任意字符，比如：

re?d　　可以是 read，reed，reid 等

walk*　 可以是 walk，walked，walking，walkway 等

三、默认检索

默认检索就是进入 Business Source Complete 界面上出现的检索框检索。

以检索标题为“stock market”，期刊名称为“Belarus Country Review”为例，检索结果是：

点击文章下的“PDF 全文”，即可下载阅读。

四、高级检索

点击检索框下的“高级检索”，即进入高级检索界面：

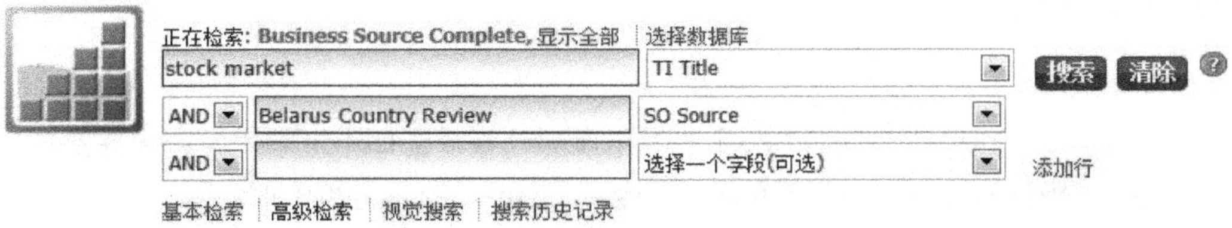

这是一个三检索框组合检索，右侧有检索项下拉菜单选择。选择检索项和检索词，即可一次性获得期望的检索结果。

EBSCO 还有视觉检索，以及各种检索选项，这里就不介绍了。

第五节 ScienceDirect

ScienceDirect 全文数据库是由世界第一大科技出版公司荷兰 Elsevier 出版公司创建的，其大部分期刊被 SCI、SSCI、EI 收录，是世界上公认的高品位学术期刊全文数据库。

该数据库涉及众多学科：计算机科学、工程技术、能源科学、环境科学、材料科学、数学、物理、化学、天文学、医学、生命科学、商业、经济管理等。

截至 2013 年 7 月，ScienceDirect 共收录期刊 3251 种，图书 11716 种。

一、进入数据库界面

从高校内网进入图书馆，然后点击 ScienceDirect 数据库的链接，即进入该数据库的界面：

二、检索规则

ScienceDirect 数据库的检索规则和其他数据库有些相似。在默认检索方式里，词组检索用英语双引号，逻辑关系用“与”（AND）、“或”（OR）、“非”（NOT），截词符用“*”。

三、默认检索

这个检索就是打开 ScienceDirect 首页出现的两行检索框相对应的检索。分别有：All fields，Author，Journal/Book title，Volume，Issue，Page 等检索项。

比如，检索“book publishing”，有：

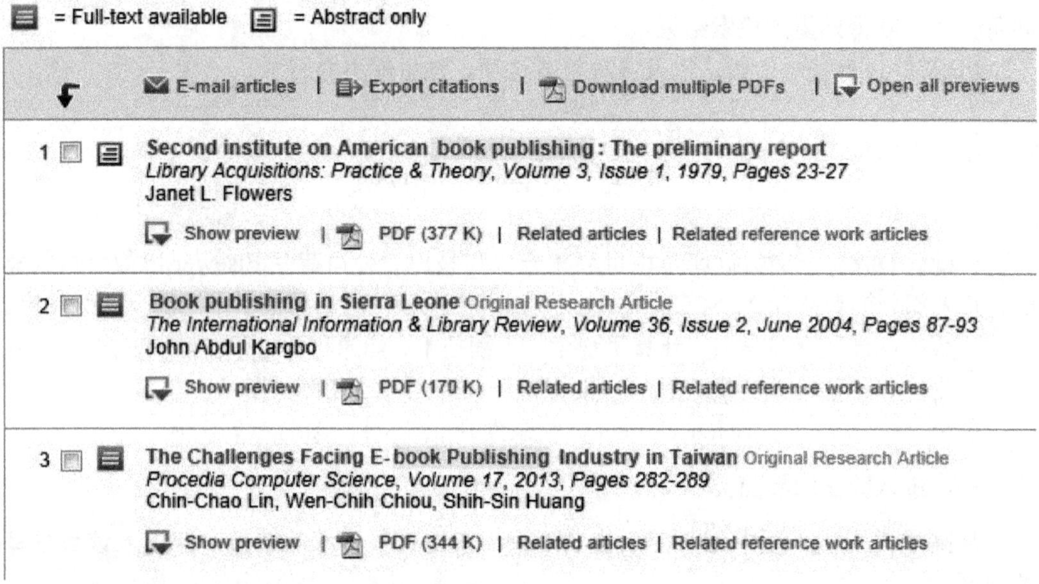

点击文章名下的“PDF”即可下载阅读。

四、Advanced Search

点击默认检索的检索框最右端的“Advanced Search”，即进入 Advanced Search 检索界面：

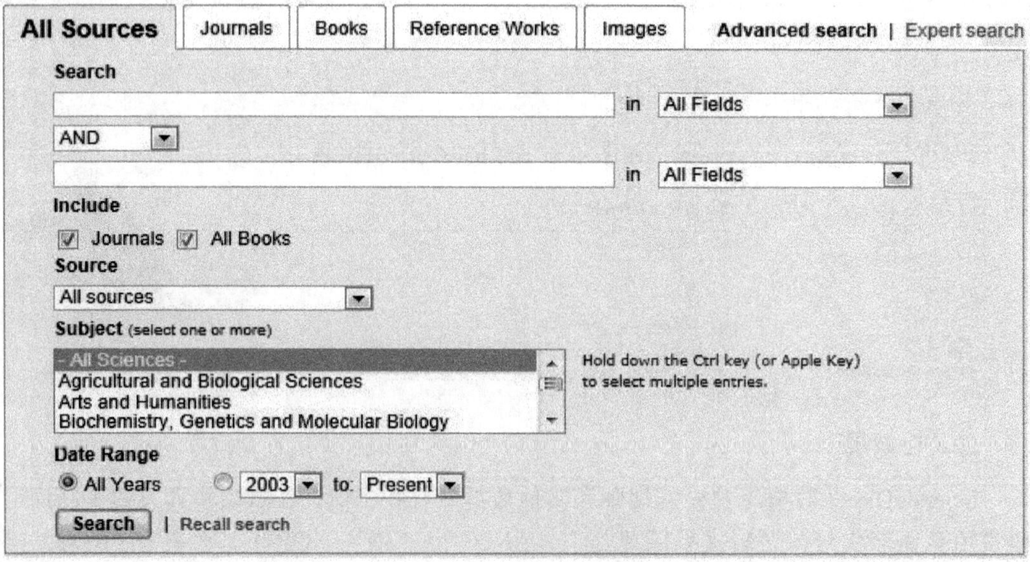

与默认检索的区别是，Advanced Search 增加了许多检索项。

五、Browse

ScienceDirect 提供的 Browse 方式有两种：Browse by Title（按书名或期刊名浏览），Browse by Subject（按学科浏览）。

这是类似于期刊导航的检索方式，只是这里可以同时浏览图书和期刊。

在 Browse by Title 方式下，图书或期刊按其名称第一个字的字母顺序排列，选中某一期刊，打开后不同的是中间直接列出系统收录的文章，左侧是各个期号。可以选择不同的期号，阅读所需要的文章。

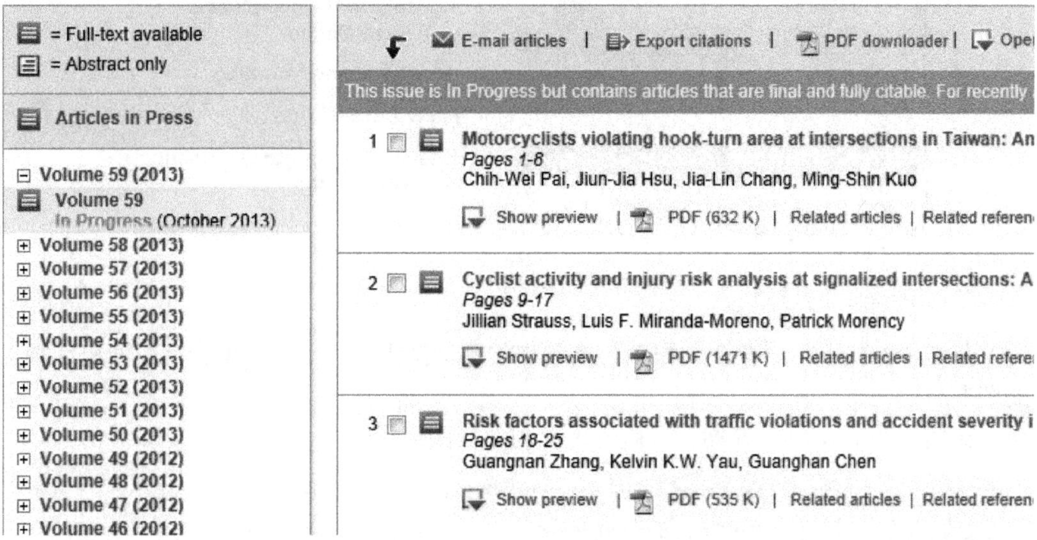

在 Browse by Subject 方式下，左侧直接给出了两级学科，不管是点击一级学科，还是二级学科，中间都会给出相关的图书和期刊。

选取其中某一期刊，后面的操作同 Browse by Title。

另外，还有 Expert Search，就是在检索框直接输入检索式，这里就不介绍了。

第六节　WILEY

Wiley Online Library 由世界著名学术出版社美国 John Wiley & Sons Inc. 创建，覆盖了生命科学、健康科学、自然科学、社会与人文科学等全面的学科领域。目前，该数据库收录了 1500 余种期刊，10000 多本在线图书，以及 400 多万篇文章，并提供在线阅读。

一、进入数据库界面

从高校内网进入图书馆，然后点击 WILEY 数据库的链接，即进入该数据库的首页界面：

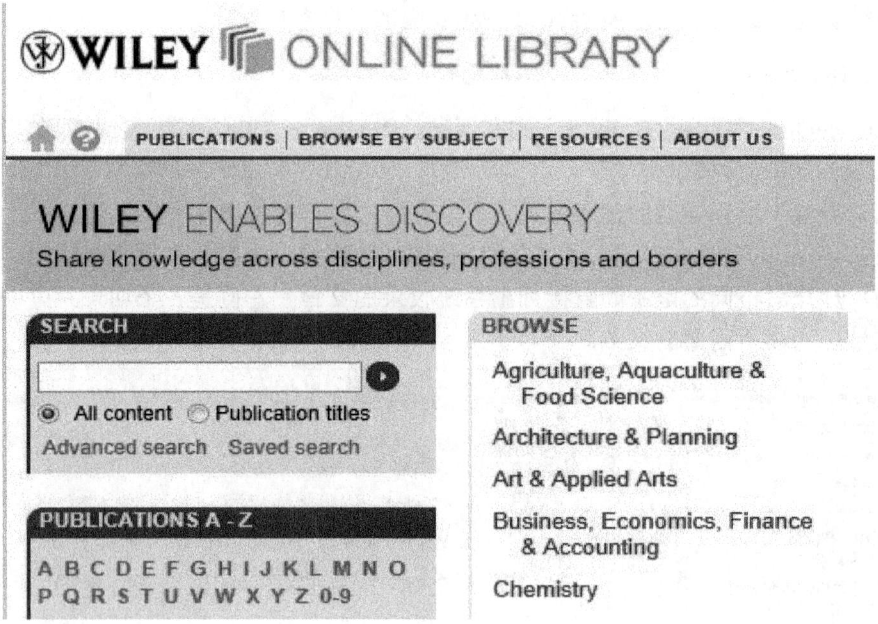

二、Browse by Title

在这种方式下，所有图书和期刊按名称首字母排序。点击后，就会在中间出现相关的图书和期刊。

比如，选中 *ABACUS* 期刊，就出现该刊的页面：

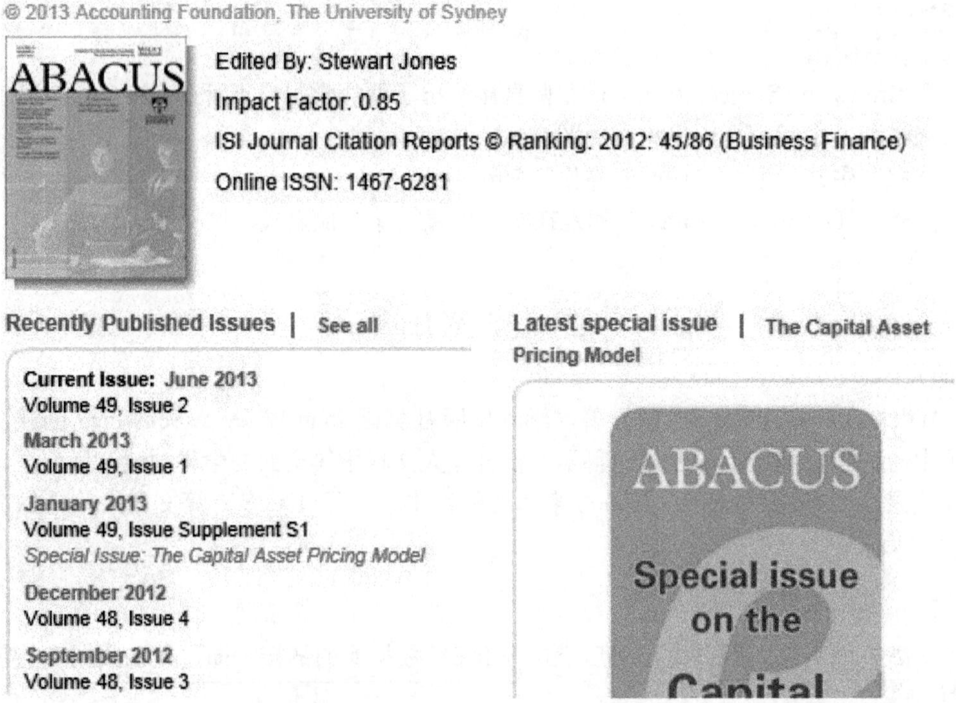

点中某一期，就出现该期所有文章，其中，文章有HTML和PDF两种格式可供下载。

三、Browse by Subject

在首页，中间显示的就是学科浏览。逐级点开，就会出现相关的期刊或图书，然后就同 Browse by Title 的操作。

四、Advanced Search

在首页的检索框下，点击“Advanced Search”，就进入该检索界面：

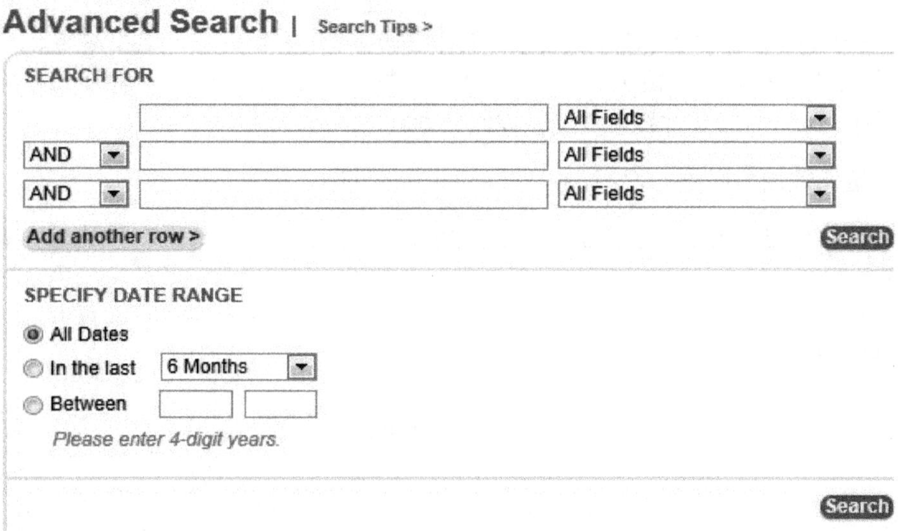

这是一个三检索框组合检索，右侧有下拉菜单，可以选择检索项。确定好检索项和检索词，按“Search”，就可以进行相关检索。

比如，输入“government management”，有如下检索结果：

首页还有一个简单的搜索，只能在 All content（全文）和 Publication titles（图书名或期刊名）两个检索项中检索。

比如，选择在“All content”下检索“culture difference”，就会出现检索结果。

第七节 SpringerLink

SpringerLink 由世界著名学术出版社德国 Springer 出版社创建，覆盖科学、技术和医学等全面的学科领域。截至 2013 年 7 月，该数据库收录了 2772 多种期刊、141281 本在线图书、480 多万篇文章，并提供在线阅读。

一、进入数据库界面

从高校内网进入图书馆，然后，点击 SpringerLink 数据库的链接，即进入该数据库的界面：

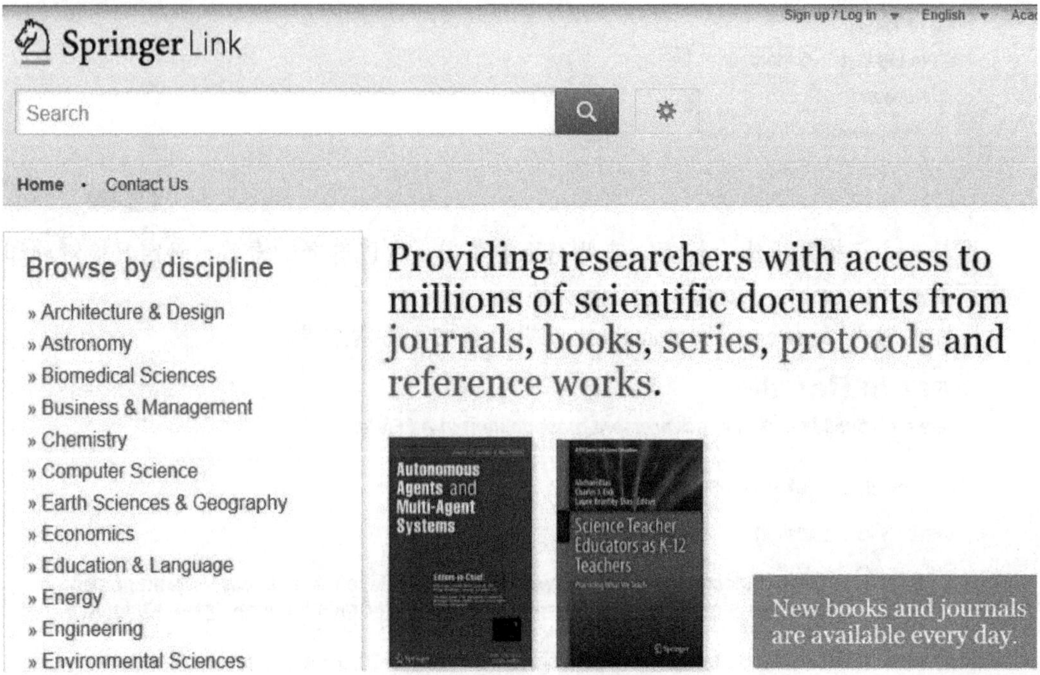

二、Browse by Discipline

这是学科浏览方式，SpringerLink 数据库共分 24 个大类。

在此检索方式下，点击左边的学科名，比如“Business & Management”，就有 270361 个结果。此时，可以通过左边的 Content Type（内容类型）和 Discipline（学科）来缩小检索范围。比如选择期刊，检索结果就剩下 148 种。

可以通过翻页的方法，来选择所需要的期刊。点中某一期刊，比如 *Group Decision and Negotiation*，就有以下界面：

Group Decision and Negotiation

ISSN: 0926-2644 (Print) 1572-9907 (Online)

Description

Group Decision and Negotiation is published in cooperation with the Institute for Operations Research and the Management Sciences and its Section on Group Decision and Negotiation. The journal focuses broadly on relation and coordination in group processes by exploring the entire process or flow of activities relevant to group decision and negotiation. Among the evolving approaches to group decision and negotiation processes, ... show all

22 Volumes **122** Issues **773** Articles available from **1992** - **2013**

Find your Volume or Issue

Volume Issue Browse Volumes & Issues

点击右下角的“Browse Volumes & Issues”，就能看到所有卷期。选中指定的一期，就能看到该期所有文章：

Volume 22, Issue 3, May 2013

ISSN: 0926-2644 (Print) 1572-9907 (Online)

In this issue (10 articles)

OriginalPaper

New Voting Correspondences Obtained from a Distance-Based Framework

Estefanía García, José L. Jimeno, Joaquín Pérez

» Look Inside » Get Access Pages 379-388

OriginalPaper

Cultural Perspective Taking in Cross-Cultural Negotiation

Sujin Lee, Wendi L. Adair, Seong-Jee Seo

» Look Inside » Get Access Pages 389-405

OriginalPaper

Coalition Formation: The Role of Procedure and Policy Flexibility

Eligius M. T. Hendrix, Annelies de Ridder...

» Look Inside » Get Access Pages 407-427

其中，文章下的“Look Inside”表示只能预览，其右边有“Get Access”，可以通过此处购买权限。如果出现的是“Download PDF”，表示该文章能下载，也可点击右侧的“View Article”，阅读文章。

三、默认检索

默认检索指首页中检索框对应的检索。

在这种检索方式下，遵守一些规则：词组检索用英语双引号；逻辑关系用“与”（AND）、“或”（OR）、“非”（NOT）；截词符用“*”，通配符用“？”。

比如，检索“book publishing”（此处要用英语双引号），有：

检索结果比较多时，可以通过左侧的 Content Type 和 Discipline 来缩小检索范围。

四、Advanced Search

点击默认检索框右边的齿轮状图标，就会出现 Advanced Search 界面：

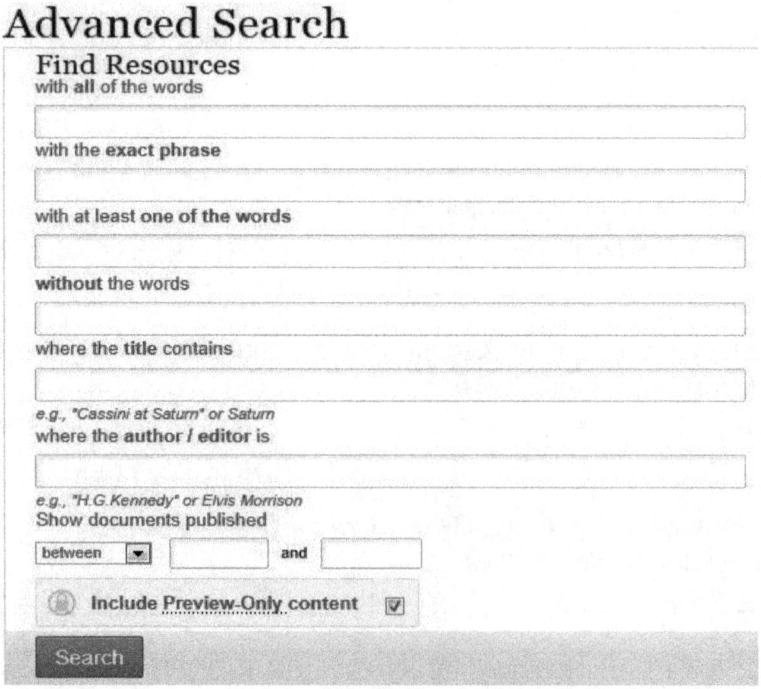

这是多条件组合检索，填写相应的检索词，即可获得较精确的检索结果。

需要说明的是，国内高校图书馆中适合文科的外文期刊数据库还有一些，这里只是介绍一些常见的。

思考题

1. 了解你所在高校图书馆的外文期刊数据库情况，用文字做一介绍。

2. 比较本章介绍的外文期刊数据库检索规则，列表说明异同。

3. 请使用不同外文期刊数据库的检索规则，给出三个不同检索目的的检索表达方式。

4. 请用你所在专业的三个不同主题词，检索各个外文期刊数据库，然后用截图方式，将检索结果页面做成 Word 文件。（只要求截取每个检索结果的第一页）

第9章

数字图书馆

本章知识要点

1. 各数字图书馆的图书收录情况；
2. 各数字图书馆的检索方式；
3. 各数字图书馆的图书阅读和下载。

数字图书馆是用数字技术处理和存储各种文献的图书馆，它把各种不同载体、不同地理位置的信息资源用数字技术存储，以便于跨越区域、面向对象的网络查询和传播。通俗地说，数字图书馆就是虚拟的、没有围墙的图书馆，是基于网络环境下共建共享的可扩展的知识网络系统，是超大规模的、分布式的、便于使用的、没有时空限制的、可以实现跨库无缝链接与智能检索的知识中心。

本章介绍读秀学术搜索、超星数字图书馆、书生之家数字图书馆、apabi数字资源平台和金图外文图书。

第一节 读秀学术搜索

读秀学术搜索官网为www.duxiu.com，必须登录才能进入：

大多数高校有镜像站，校内 IP 可以直接进入。

读秀学术搜索是超星数字图书馆研发的一个新产品，是北京世纪读秀科技有限公司拥有自主产权、自行研发的全球最大的中文图书搜索及全文文献传递系统，是由海量全文数据及元数据组成的超大型数据库。

目前，读秀学术搜索提供 330 万种图书书目数据和 10 亿页全文资料的搜索，其中 245 万种中文电子图书可以在线阅读或下载阅读，其余可通过文献传递全文。读秀学术搜索提供的图书，占近年国内已出版图书的 80% 以上，年更新 10 万种书。

一、进入读秀学术搜索

通过学校内网，从图书馆进入读秀学术搜索，就有以下界面：

点击“图书”，界面会改变成：

从界面看，图书的搜索有四种：普通搜索、高级搜索、专业搜索和分类导航。

在普通搜索中，可以在搜索框中直接输入搜索词，搜索词可以是全部字段，也可以是书名、作者、主题词、丛书名、目次中的一个，然后点击“中文搜索”，就可以进行检索。

假设我们要找一本“王了一”写的书，选择“作者”，输入“王了一”，然后搜索，就会有 56 本书，其中就有我们希望的《龙虫并雕斋琐语》。一般在搜索到的书名后，有蓝色的按钮，它们分别是：包库全文阅读、图书下载、阅读部分、馆藏纸本和图书馆文献传递。

点击此书，可以获得一个新的界面，有更详细的信息：

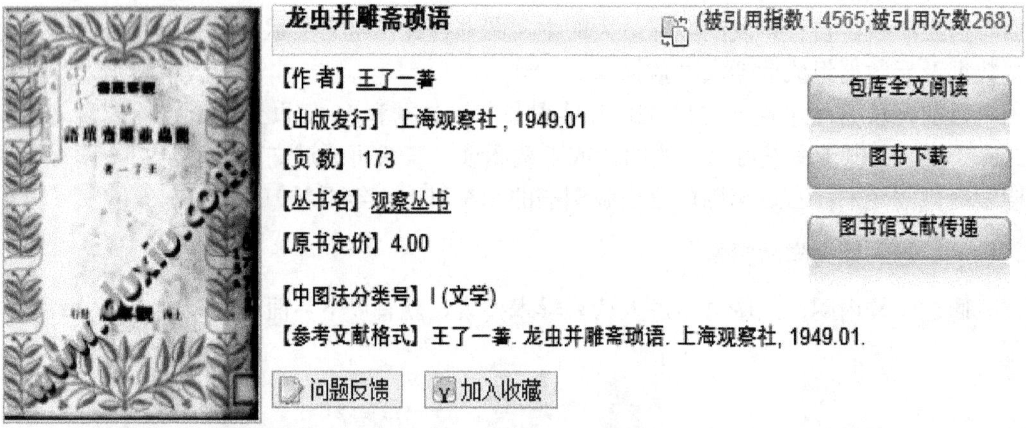

“包库全文阅读”表示此书可以在线阅读；“图书下载”表示可以离线阅读，但要安装专用的阅读器，才能下载；“图书馆文献传递”表明，可通过文献传递的方式获得全文；“阅读部分”表明在线只能阅读部分内容，一般点击书名后出现的页面中有“图书馆文献传递”；“馆藏纸本”表明可以到相关图书馆借阅纸质版。

二、读秀学术搜索的高级搜索

点击检索框右侧的“高级检索”，就进入了高级搜索界面：

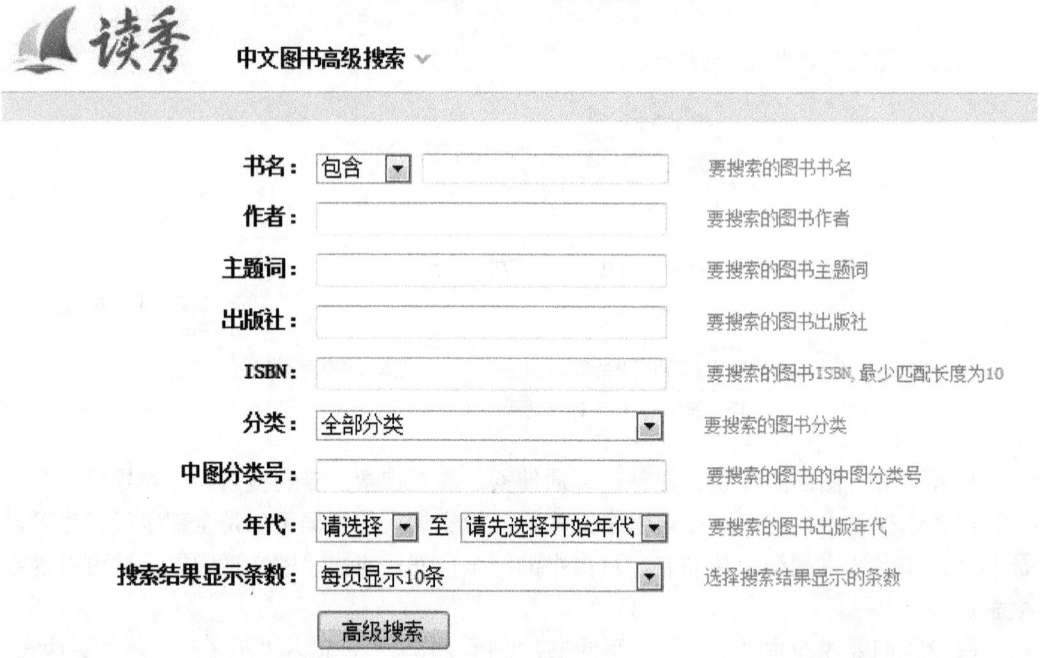

这是一个多条件的搜索界面，输入相关搜索词，即可进行所需要的搜索。比如，要搜索“清华大学出版社”版、由“谭浩强”编写的“程序设计”方面的书，通过这个界面就能获得 13 本书的搜索结果。

三、读秀学术搜索的专业搜索

点击检索框右侧的“专业检索”，就进入了专业搜索界面：

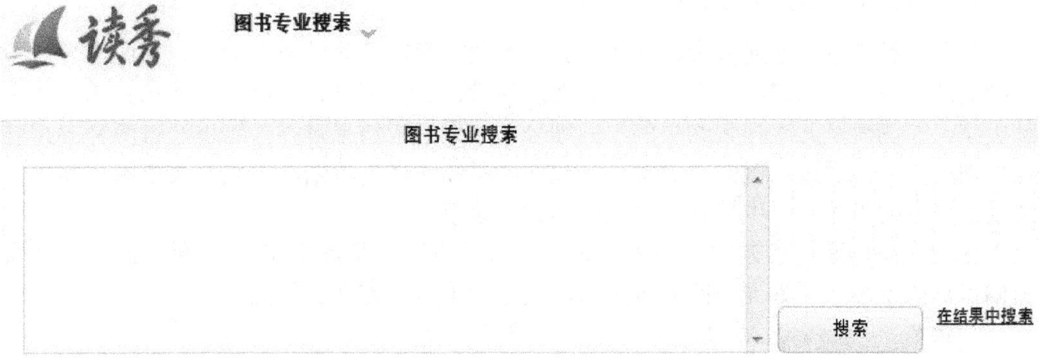

下面介绍其使用方法。

（一）专业搜索法规则

专业搜索法可搜索的字段有：T= 书名，A= 作者，K= 关键词，Y= 出版年，S= 从书名，R= 摘要，C= 目录。

检索规则，就是如何使用逻辑符号和其他符号。

（1）逻辑符号有三个，分别是：* 代表“并且”，| 代表“或者”，- 代表“不包含”。三个符号前后，均应有半角空格作为分隔。

（2）其他符号，用“(”和“)”括起来能起到逻辑优先运算的作用，= 后面为字段所包含的值，＜代表“小于等于”，＞代表“大于等于”。

注意，专业搜索中使用的符号均为半角符号。

（二）专业搜索实例

根据上述规则，可使用专业搜索法搜索以下例子：

［**实例 1**］书名或关键词中含有“数字”或“图书馆”，且出版年范围是 2000 至 2010 年，表达式为：

(T= 数字 |T= 图书馆 |K= 数字 |K= 图书馆)*(2000<Y<2010)。

检索结果有 9356 本书符合条件。

［**实例 2**］书名或关键词中含有“大学”与“四级”，作者姓王或姓李，出版年范围是 2000 至 2010 年，表达式为：

((T= 大学 *T= 四级)*(A= 王 |A= 李))*(2000<Y<2010)。

检索结果有 663 本书符合条件。

当然，专业检索还有二次搜索的功能，就是可以针对现有的搜索结果再次进行搜索。

四、读秀学术搜索的分类导航

点击检索框右侧的“分类导航”，就进入了分类导航搜索界面。此时，点击具体分类，就会显示该分类下所有的图书，用户可以通过翻页，寻找自己需要的图书。

只是，分类导航做得不够好，分类太大，结果太多。比如，要寻找“出版”方面的图书，只有“文化、科学、教育、体育”这一大类下“信息与知识传播”的子分类“出版事业”，然后就不能再细分下去。显然，这样的搜索结果太多了，多达 3734 种，几乎没有翻页的动力。

五、读秀学术搜索的搜索结果浏览

除了分类导航，普通搜索、高级搜索和专业搜索的搜索结果页面中，中间部分是搜索到的图书信息，用户可以看到图书封面及目录，右侧部分是跟此次搜索相关的其他文献类型，左侧就是此次搜索结果的不同细分。如果搜索结果过多，可以通过两种方式进行处理：其一，通过左侧的“类型、年代、学科和作者”再缩小搜索结果范围；其二，通过右上方的“在结果中搜索”再缩小搜索结果范围。

比如，在普通搜索方式下搜索“大学英语四级”，获得 4501 个结果。此时，页面左侧信息如下图（原界面是四块直排的，这里为了排版方便已经处理过）。

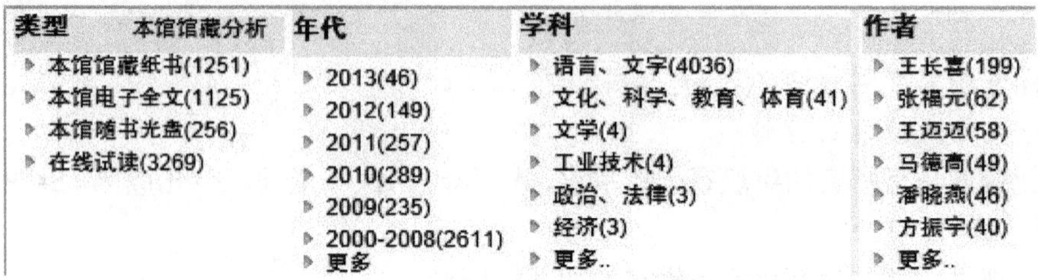

此时，点击上面任何一栏，都可以缩小搜索结果的范围，从而可以快速找到用户所需图书。

六、读秀学术搜索的查看图书详细信息

搜索到所需要的图书，可以查看该图书的详细信息：

从上面的图书详细信息页面，可以看到本书的封面、题名、作者、出版社、出版时间、页数、主题词等信息。

也可以点击下面的试读页面，同时可以查看本书的书评及其他的类似图书。

七、读秀学术搜索的图书阅读

点击“包库全文阅读”或“阅读部分”（注：该系统中搜索界面显示的是“阅读部分”，图书详细信息页面显示的是“部分阅读”），就可以在线浏览图书内容。

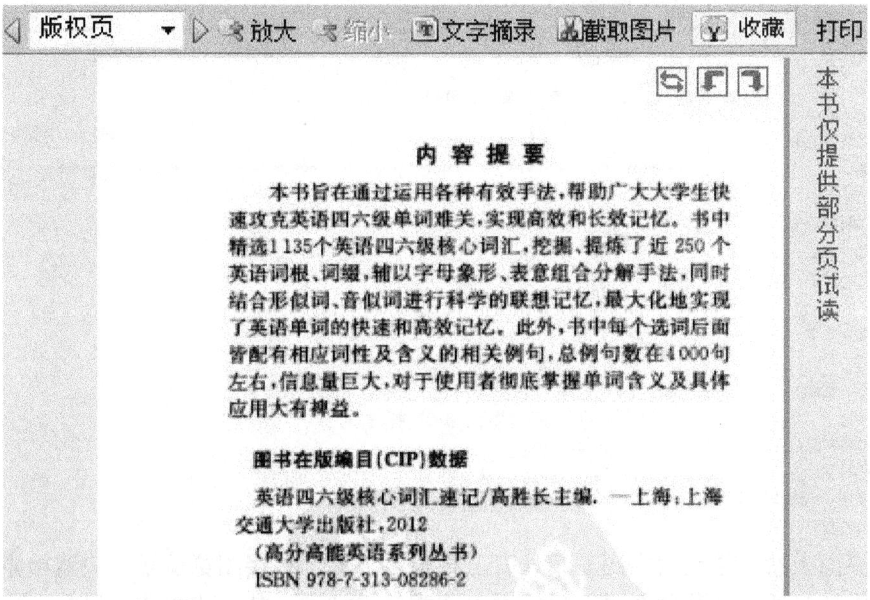

内 容 提 要

本书旨在通过运用各种有效手法，帮助广大大学生快速攻克英语四六级单词难关，实现高效和长效记忆。书中精选1 135个英语四六级核心词汇，挖掘、提炼了近250个英语词根、词缀，辅以字母象形、表意组合分解手法，同时结合形似词、音似词进行科学的联想记忆，最大化地实现了英语单词的快速和高效记忆。此外，书中每个选词后面皆配有相应词性及含义的相关例句，总例句数在4 000句左右，信息量巨大，对于使用者彻底掌握单词含义及具体应用大有裨益。

图书在版编目（CIP）数据

英语四六级核心词汇速记/高胜长主编. —上海：上海交通大学出版社，2012

（高分高能英语系列丛书）

ISBN 978-7-313-08286-2

这里，点左上的箭头能翻页，还可以放大、缩小。如果想复制一段文字，可以点“文字摘录”，然后在你需要的文字块上划定区域，系统就会将文字识别出来。当然这一文字识别，是有一定误差的。

八、读秀学术搜索的图书下载

图书下载，先要安装超星阅读器，然后才能下载。下载后，打开此文件，就会启动超星阅读器，进行阅读。图书下载后，即可离线阅读。

有关超星阅读器的使用，这里就不介绍了。

读秀学术搜索的其他有关期刊或报纸的搜索，这里就不展开了。

第二节　超星数字图书馆

超星数字图书馆，是由北京世纪超星信息技术发展有限责任公司于2000年投资兴建的，目前拥有数字图书近100万种（有关拥有多少数字图书，超星目前不太公开）。该数字图书馆，是超星公司与国家图书馆合作的产物，号称全球最大的数字图书馆。

目前，可通过 www.ssreader.com 或 book.chaoxing.com 进入其网站，但大多数高校

有其镜像站。

一、进入超星数字图书馆

通过校内网进入超星数字图书馆镜像站，有以下界面：

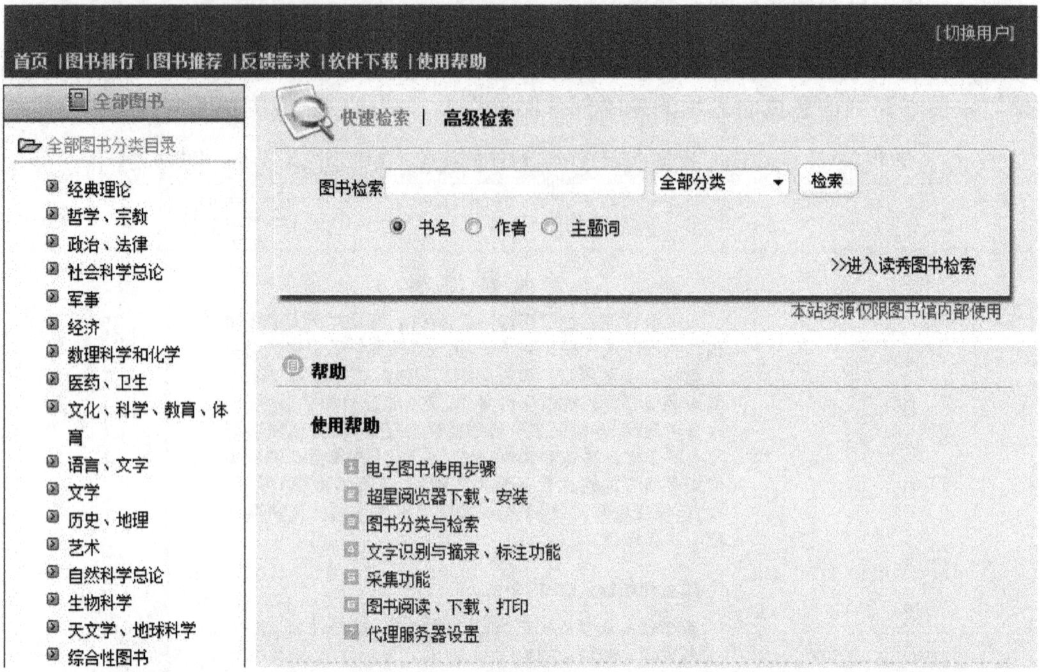

从界面上看，超星数字图书馆只有三种检索方式：直接浏览检索、快速检索和高级检索。需要说明的是从这个界面也能进入读秀学术搜索，其实读秀和超星是一家。

二、超星的快速检索

超星数字图书馆的“快速检索”，检索框下面，另有三个检索项：书名、作者和主题词。以本教材的同名词“数字资源”按“书名”来检索，结果有两本：

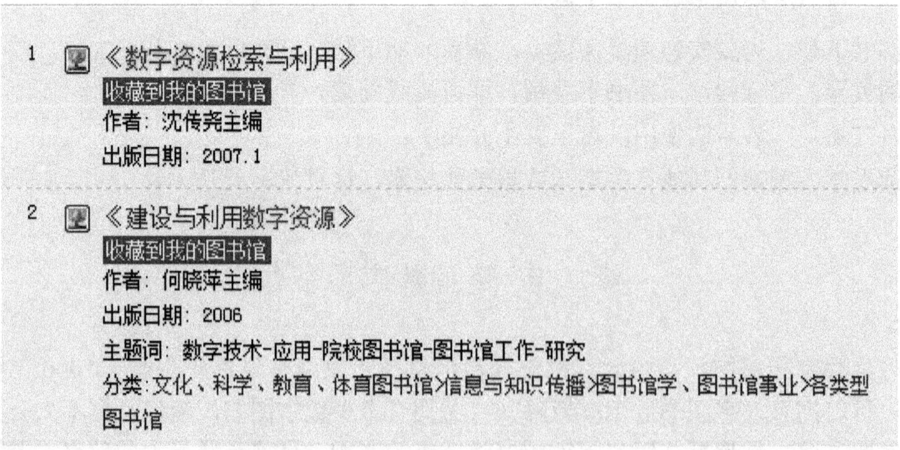

如果你的计算机已经安装了超星阅读器，点击书名，就会打开相应的电子图书。此

时，在超星阅读器里可以进行各种操作，比如下载到电脑上，或者复制相关页面上的文字（不能直接复制，必须进行文字识别）。

如果你已经在超星数字图书馆注册，还可以对该图书做书签，下次进入超星数字图书馆，通过超星阅读器的书签管理器，就可以知道上次阅读到哪里了。

快速检索框右侧另有一下拉菜单，其实是图书分类选择，默认的是“全部分类”检索。可供选择的分类，分别是：经典理论，哲学、宗教，政治、法律，社会科学总论，军事，经济，数理科学和化学，医药、卫生，文化、科学、教育、体育，语言、文字，文学，历史、地理，艺术，自然科学总论，生物科学，天文学、地球科学，综合性图书，环境科学、安全科学，航空、航天，交通运输，工业技术，农业科学，共 22 大类。

如果需要细分，可以选择相应的分类。

三、超星的高级检索

超星数字图书馆的高级检索界面如下：

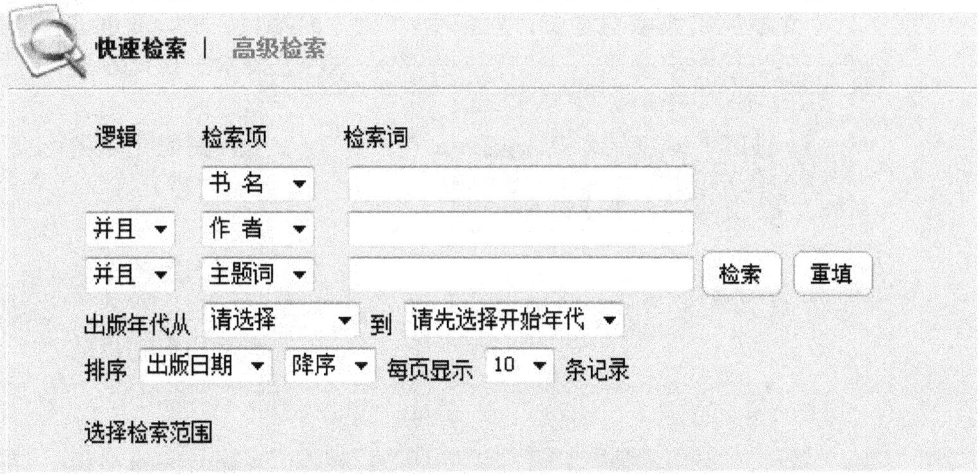

这是一个三检索框组合检索，下拉菜单检索项分别是书名、作者和主题词。再往下，可以对出版年限进行选择，也可以在“选择检索范围”处选择所需的图书检索分类。

例如，检索“谭浩强”编写的“程序设计”图书，可以获得以下结果：

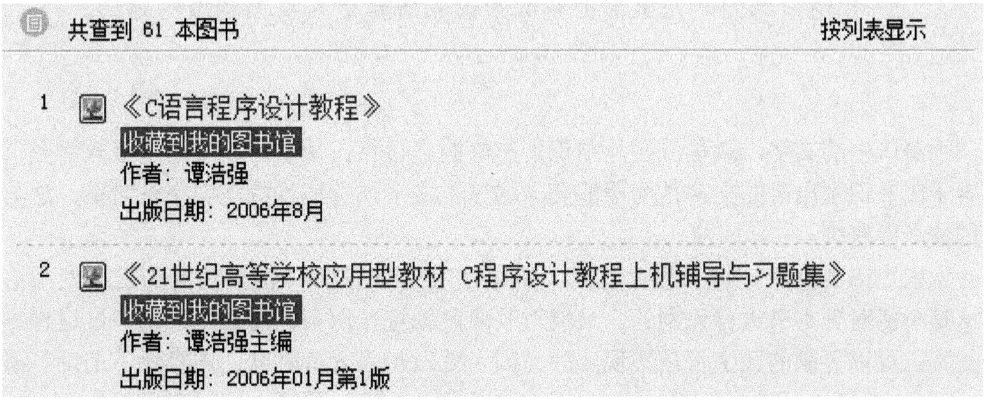

四、超星的直接浏览检索

超星数字图书馆检索界面的左侧，提供了全部图书分类目录。直接点击这些目录，层层细化，直到你所要的那个分类，界面中间就会出现相关分类的图书。

这种检索方法，其优点是检索结果比较全面，不会因为检索词的选择不合理而漏检。当然，其缺点是结果比较多，需要时间去挑选你真正需要的图书。

五、超星阅读器的文字识别

超星数字图书馆和读秀学术搜索下载的电子图书，都是pdz格式，必须使用超星阅读器阅读。该格式的文字，必须经过识别，才能从图片格式转化成数字格式。

读秀在线阅读时的“文字摘录”，就是通过文字识别将电子图书上的图片文字，转化成数字式的文字。

用超星阅读器阅读时，比如阅读沈传尧等编写的《信息检索指南》，我们想复制第1页后8行字，点击阅读器上的虚框T，然后划定识别区域，就有以下界面：

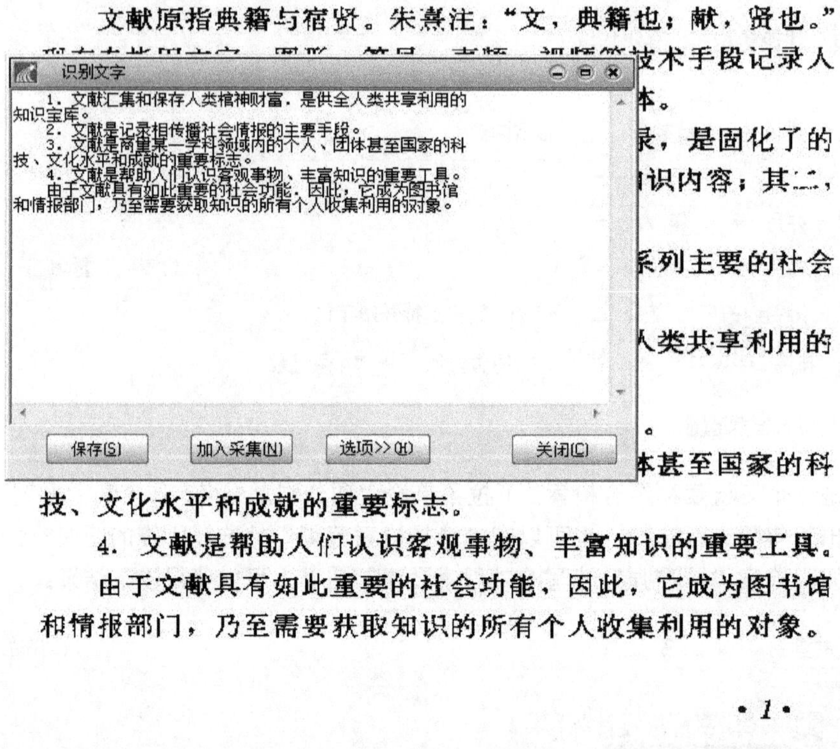

小窗口中的文字，就是从图片中识别出来的。显然，从中可以看出超星数字图书馆的电子图书识别出来的文字精度不够高。这里，文字识别精度就是文字差错率，这与图片的清晰度有关。

识别出来的文字，可以另存起来，如保存为TXT文件。值得注意的是，使用这种方法是不能对整本书进行识别的，只能对某块区域进行识别。而且，期望通过这种方法获得真正可以复制的数字版是不现实的，因为处理起来太费时间，内容还不准确。事实上，超星的图书基本是扫描成图片形式的，为了降低电子图书的存储空间，图片分辨率都很低，这就不可避免地造成文字识别精度的低下。有时，超星数字图书馆的电子图书部分内容阅读起来都非常困难。

第三节　书生之家数字图书馆

书生之家数字图书馆，由北京书生数字图书馆软件技术有限公司于 2000 年创办，目前可提供几十万种电子图书的全文在线阅读服务。

书生之家资源门户是一个软件和资源整合的搜索服务平台，这些资源包括中文期刊、外文期刊、中文论文、外文论文、中文图书、外文图书、视频、百科、各种商业数据库等，因此，书生之家与读秀学术搜索非常类似，这也反映出国内数字图书馆的发展趋势。

书生之家数字图书馆，官网为 www.21dmedia.com，一般学校都有镜像站。

一、书生之家数字图书馆的进入

通过校内网进入书生之家数字图书馆的镜像站，目前是第三代：

从界面上看，首先看到左侧的“图书分类”检索，然后界面中部有“图书检索”，上面还有“高级检索”。其实，书生之家数字图书馆的检索方式有五种，以下分别介绍。

二、书生之家的图书分类检索

书生之家的图书分类检索比较简单，点击你需要的分类，一直细分，右侧就会显示相关图书。比如，我们点击“文学艺术 A- 中国文学”，就有如下结果：

检索结果显示有36426本图书，如果安装有书生阅读器，就可以在线阅读，或者借阅。

如果觉得检索结果太多，还可以进行二次检索。此时，在界面的右上角，有个“在此分类中进行检索”，有五个检索项：图书名称、作者、丛书名称、主题、提要。选择一个检索项，然后输入检索词，即可进行二次检索。

比如，选择“图书名称”，输入“传”，即可获得图书名称中有“传”字的相关图书。

三、书生之家的简单检索

书生之家的简单检索，就是进入书生之家界面时，中间出现的检索框，有一“在全部分类下检索”的标志。

此处，也有五个检索项：图书名称、作者、丛书名称、主题、提要。比如，我们要检索“大学英语四级”相关图书，选择“图书名称”，在检索框中输入“大学英语四级”，就有以下结果：

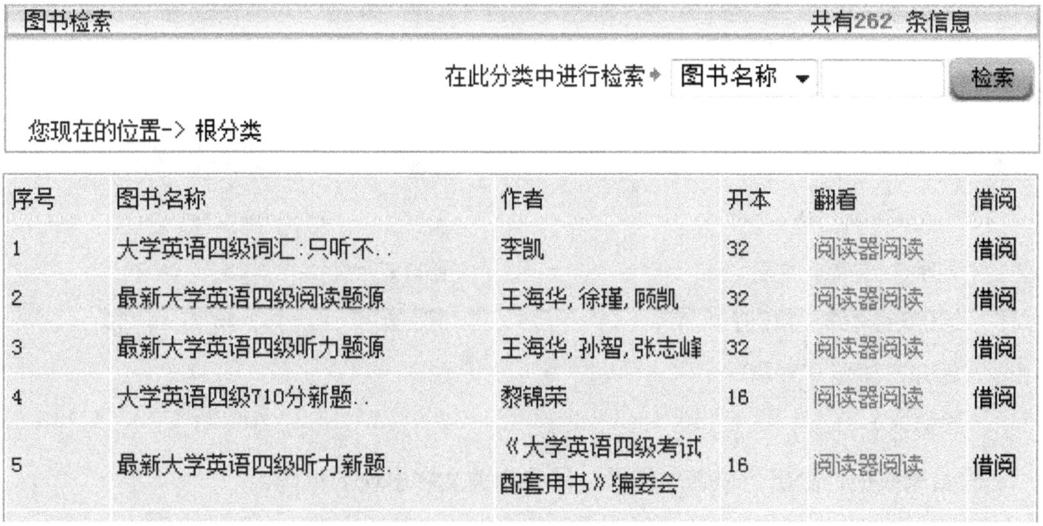
图书检索　共有262 条信息

在此分类中进行检索 图书名称 检索

您现在的位置-> 根分类

序号	图书名称	作者	开本	翻看	借阅
1	大学英语四级词汇:只听不..	李凯	32	阅读器阅读	借阅
2	最新大学英语四级阅读题源	王海华,徐瑾,顾凯	32	阅读器阅读	借阅
3	最新大学英语四级听力题源	王海华,孙智,张志峰	32	阅读器阅读	借阅
4	大学英语四级710分新题..	黎锦荣	16	阅读器阅读	借阅
5	最新大学英语四级听力新题..	《大学英语四级考试配套用书》编委会	16	阅读器阅读	借阅

此时，如果觉得检索结果太多，也可以进行二次检索。

四、书生之家的全文检索

进入书生之家的首页，点击最上面一栏的“图书”，则会出现以下界面：

点击“图书全文检索”，就进入图书全文检索界面。此时分图书内容检索和图书目录检索两种：

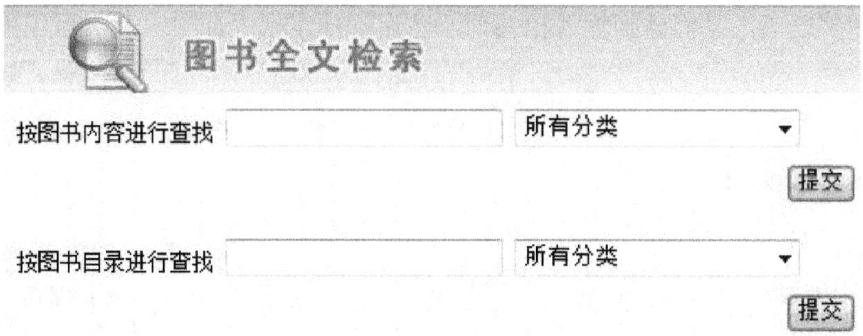

右侧还有分类选择，可以选择所有分类，也可以根据需要选择具体分类。输入相关文字，即可进行相关检索。

比如，我们要检索包含有“三潭印月”文字的图书，选择“按图书内容进行查找”，然后输入“三潭印月”，进行检索，就有以下界面：

图书全文检索　　共有22条信息　　以下是第 1 -- 12 项

序号	图书名称	作者	命中页
1	山水中国.浙江卷	无	81 82 84 87
2	地理与人文景观(中册)	郭向东	3 33 35 36 38
3	习俗与经典故事(第四册)	周海伟	65 66 71 72 221
4	鲁院作文精选(初中篇)	刘敏	7 327 328
5	桃花(一)		125 237

检索结果中，给出了书名、作者，还有相关文字出现的页码。

五、书生之家的组合检索

进入书生之家的首页，点击最上面一栏的“图书”，再在新出现的界面上点击“组合检索”，就进入了书生之家的组合检索界面：

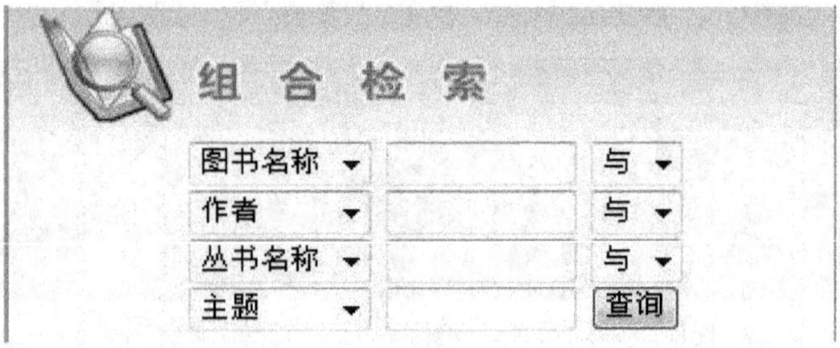

这是一个四检索框的逻辑组合检索，每个检索框都有五个检索项：图书名称、作者、丛书名称、主题、提要。

精心组合各检索框，就能进行精确查找。比如，要找“四级”“六级”“考研”和“托福”的英语书，我们分别输入相关词，然后选择逻辑“或”，就有以下检索结果：

图书检索　　共有922 条信息

在此分类中进行检索 图书名称 检索

您现在的位置-> 根分类

序号	图书名称	作者	开本	翻看	借阅
1	历年考研数学真题分类解析..	李林	32	阅读器阅读	借阅
2	最新四级考试综合一本全(..	王海华,徐瑾	32	阅读器阅读	借阅
3	最新六级考试综合一本全(..	王海华,尚晓华	32	阅读器阅读	借阅
4	考研英语最新10年真题详..	范佳程	32	阅读器阅读	借阅
5	最新四级真题点评	王海华,徐瑾	32	阅读器阅读	借阅
6	最新六级真题点评	王海华,陈知新	32	阅读器阅读	借阅

此时，还可以进行二次检索。

六、书生之家的高级全文检索

进入书生之家的首页，点击最上面一栏的“图书”，再在新出现的界面上点击“高级全文检索”，就进入了书生之家的高级全文检索界面：

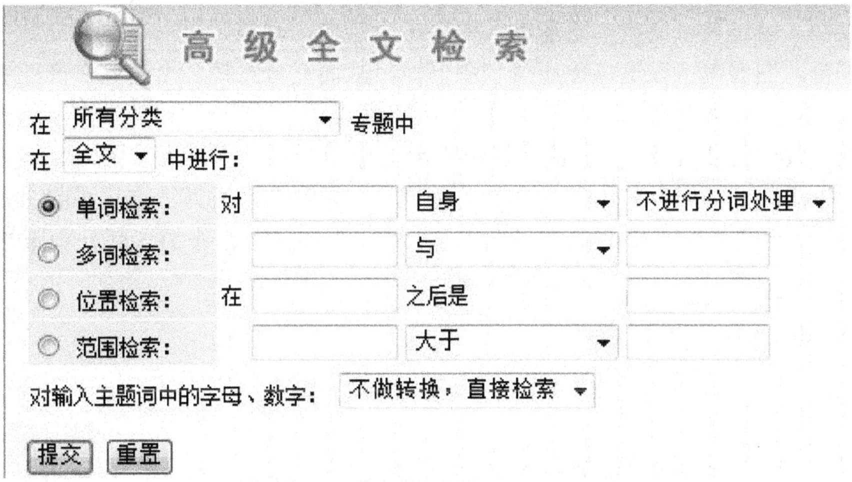

在该界面中，可以先选择分类，然后选择在全文中还是在目录中检索，最后进行单词、多词、位置、范围等方面的检索设定。高级全文检索是非常专业的检索，使用起来比较困难，特别是上位词、下位词、等同词、同义词、反义词、替代词、外文替代词和自身等确定，非常复杂，一般不太为用户选用。

七、书生之家的在线阅读和借阅

书生之家的电子图书，可以在线阅读或借阅后离线阅读。要在线阅读或借阅，必须先下载并安装书生阅读器。

搜索到所需的图书后，点击“阅读器阅读”或“全文”，就能在线阅读。如果想借阅，就必须注册个人账户，然后通过书生阅读器的“视图”—“图书管理”—“借阅图书”，才能下载该电子图书，以便离线时阅读。

与超星阅读器相似，在书生阅读器里，也能实现区域文字识别后复制，详情这里就不再介绍了。

第四节 apabi 数字资源平台

apabi 数字资源平台，又名阿帕比数字资源平台，是北京方正阿帕比技术有限公司（方正信息产业集团旗下专业的数字出版技术及产品提供商）推出的资源平台。方正阿帕比公司自 2001 年起进入数字出版领域，以方正传统出版印刷技术优势，自主研发了数字出版技术及整体解决方案，已发展成为全球领先的数字出版技术提供商。

apabi 分别代表着 Author（作者）、Publisher（出版者）、Artery（流通渠道）、Buyer（读者，

即购买者）及 Internet（网络）。作者、出版社、发行商和读者是传统出版产业链的有机组成部分，也就是说，apabi 是以因特网为纽带，将传统出版的供应链有机地联结起来，实现完全数字化的出版。

apabi 技术用原版式和流式结合的阅读体验，安全稳妥的版权保护技术，以及数据挖掘和知识标引等作为自己的核心竞争力。apabi 在网络上还原了出版流程，可以使出版社、报社、杂志社以低成本迅速进入数字出版领域，网站则可以迅速建立数字阅读电子商务平台，图书馆可以迅速建成数字图书馆，从而充分发挥各个角色在产业链中的优势和特点，实现多方共赢。

这里，我们主要介绍 apabi 数字资源平台的电子图书。事实上，国内大多数出版社使用方正排版系统排版，年出新书几十万种以上，累计有上百万的方正排版书籍，这些都是 apabi 数字资源平台潜在的电子图书。目前，与 apabi 合作的出版社数量超过全国出版社总量的 90%。

一、apabi 数字资源平台的进入

从校内网进入 apabi 数字资源平台，就有以下界面：

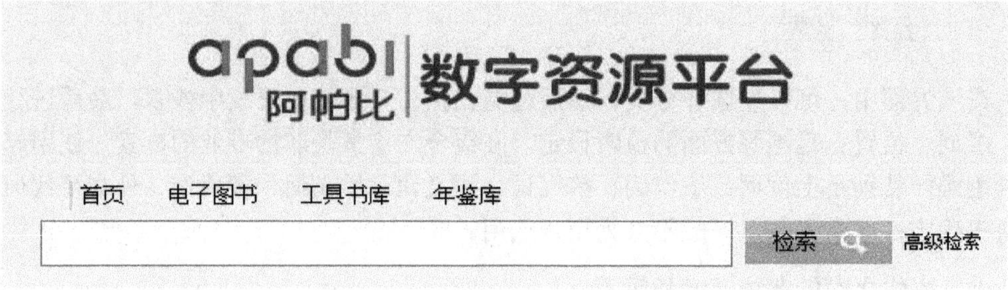

apabi 数字资源平台校内网只提供电子图书、工具书库和年鉴库三种资源的检索。apabi 数字资源平台有三种检索方式：直接浏览、快速检索和高级检索。

二、apabi 数字资源平台的直接浏览检索

点击界面上的“电子图书”，就有以下界面：

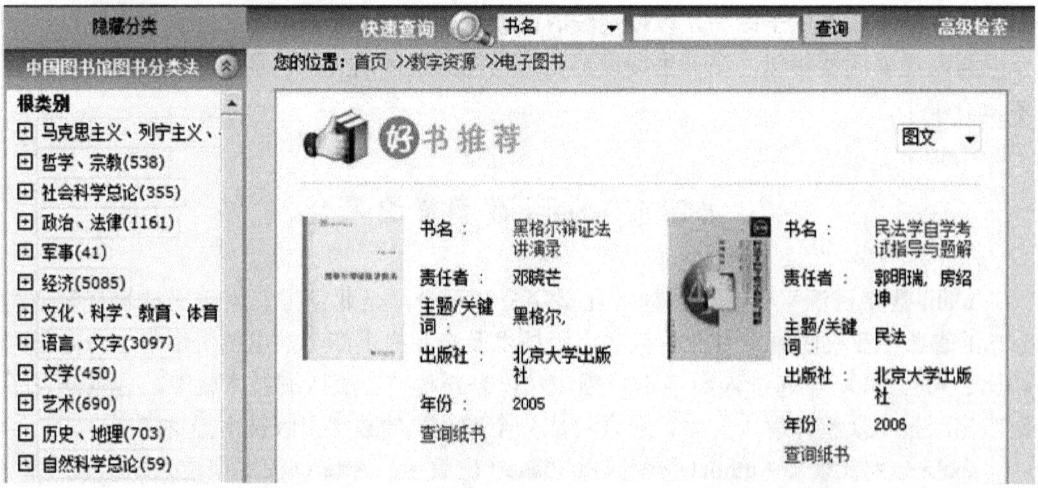

直接浏览检索，又叫分类检索，就是根据上图左侧的中图分类法，从大类一级一级检索，直到找到所需图书。

点击选中的图书，出现以下界面：

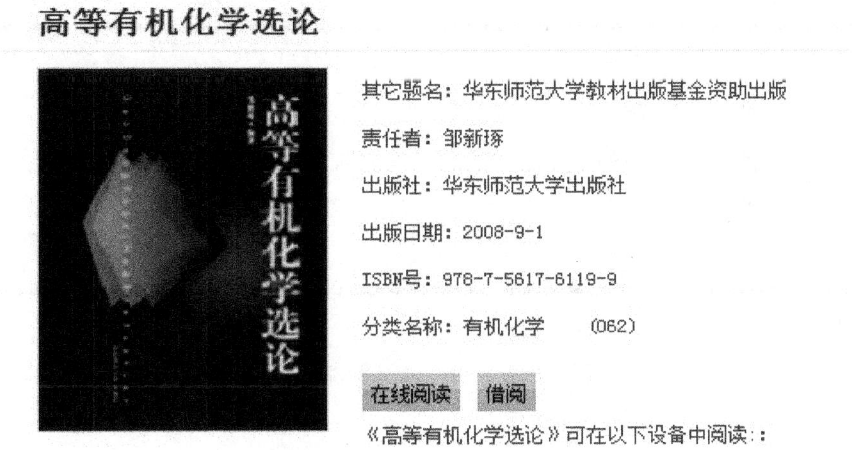

三、apabi 数字资源平台的快速检索

进入 apabi 数字资源平台的电子图书界面，中间有一个“快速查询”检索框，这就是快速检索处：

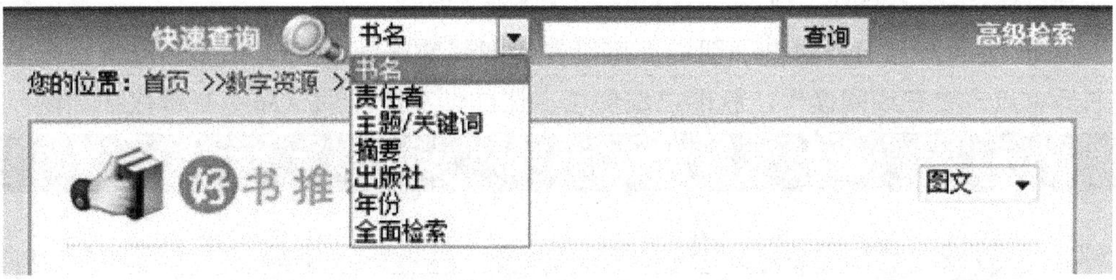

该检索框有一下拉菜单，共有七个检索项：书名、责任者、主题 / 关键词、摘要、出版社、年份和全面检索。检索结果出现后，还可以进行二次检索。

比如，检索“书名”为“计算机”的图书，然后再二次检索含有“软件”的图书：

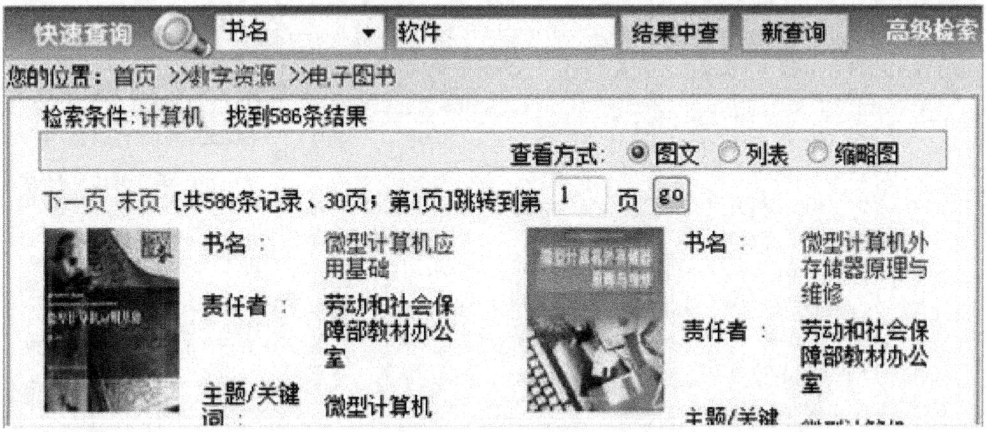

就是在“计算机”的检索结果上，再检索“软件”，点击“结果中查”。

四、apabi 数字资源平台的高级检索

快速检索框右侧有个“高级检索”，点击一下，有以下界面：

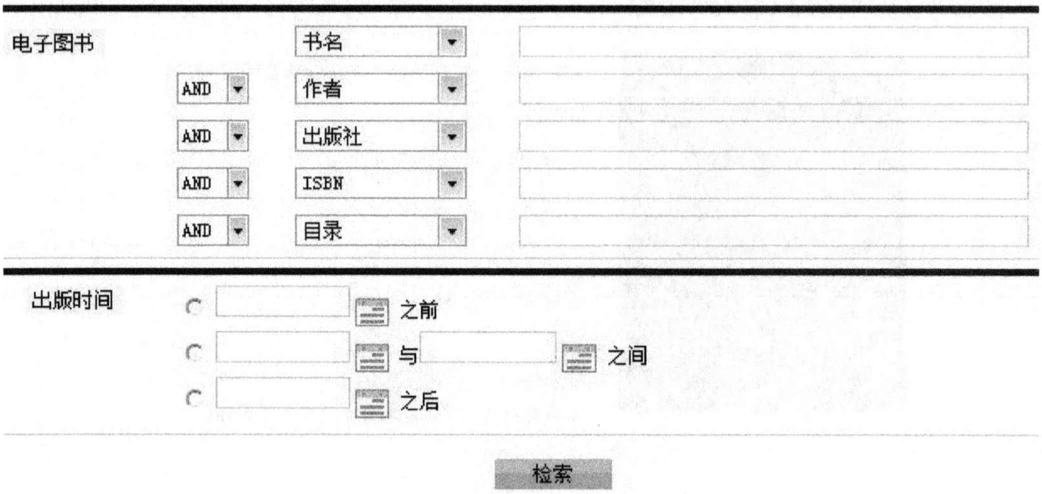

这是一个五检索框组合检索，每个检索框有一个下拉菜单，共有六个检索项：书名、作者、出版社、ISBN、目录和全文。在其下面，还可以对出版时间进行限制，以精选图书。

五、apabi 数字资源平台电子图书的在线阅读与借阅

apabi 数字资源平台的电子图书，可以在线阅读或借阅后离线阅读。搜索到所需的图书后，点击“在线阅读”，就能在线阅读。比如，在线阅读《高等有机化学选论》：

点击该界面第一行“确定”右侧的“I”，就可以划定一块文字区域，并将该文字区域的文字识别在右侧的弹出框上，可供复制到粘贴板上，然后直接粘贴到其他文档中。

要借阅，必须先下载并安装 apabi 阅读器，然后注册个人账户，登录后才能借阅，即将电子图书下载到电脑。阅读时，通过 apabi 阅读器的文档管理器，进入“我的图书”—“我借阅的图书”，就能看到下载的电子图书，以便离线时阅读。

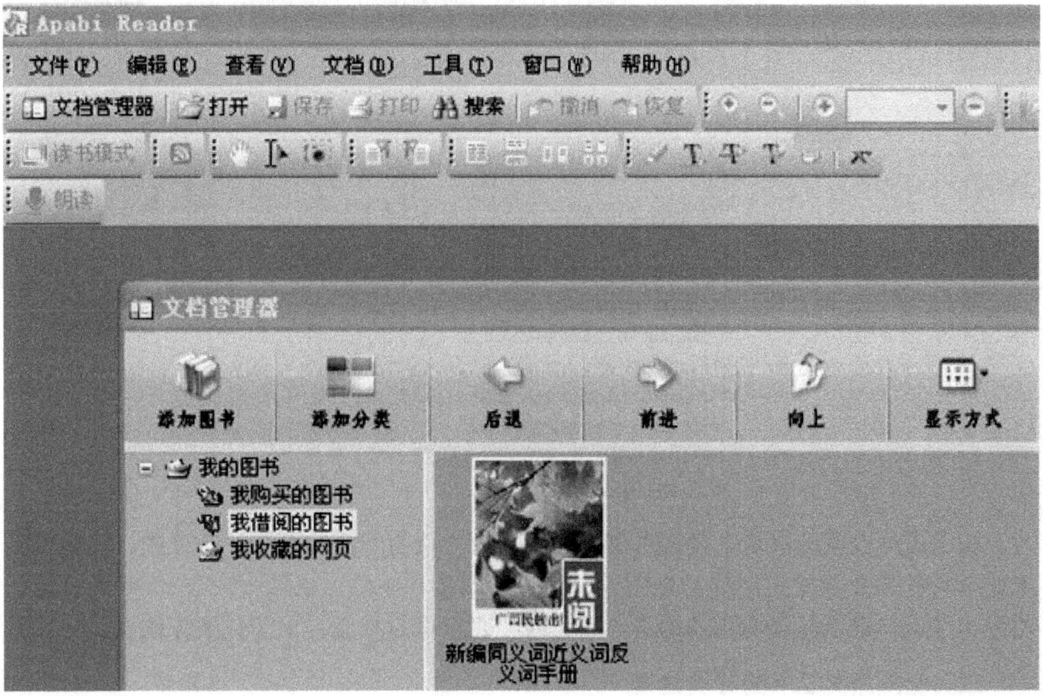

第五节 金图外文图书

金图国际外文数字图书馆（KIFDL）由北京金图国际开创，联合美国出版在线、麦克索斯两家国外的数据商引进近 8 万种原版的外文电子图书，所引进图书都是彻底解决了版权问题的。

金图外文图书以英语和日语图书为主。其中，90% 以上电子图书为 2002 年以后出版的新书，内容涉及科学、技术、音乐、医学、生命科学、军事、计算机科学、经济、工商、文学、历史、艺术、社会学、哲学、心理学、农业、教育学等。

金图外文图书全部是文本型，这意味着有极高的清晰度，而且可以随意放大。

目前，金图国际外文数字图书馆在国内各高校开有镜像站和远程端，使用起来非常方便。

一、金图外文图书系统的进入

从高校内网进入图书馆，都能找到金图外文图书的入口。点击后，就出现以下界面：

从上图可以看出，这个学校引进的图书只有“语言学、文学”一个分类，这是根据本校学科和专业需要定制的。金图外文图书的阅读和下载，必须先安装 KDF 阅读器。左侧“订购”表示已经购买的图书，“全库”表示可以搜索，但下载要先购买。

二、金图外文图书的分类检索

金图外文图书的分类检索就是点击左边的图书分类，一级一级检索直至找到你需要的图书。

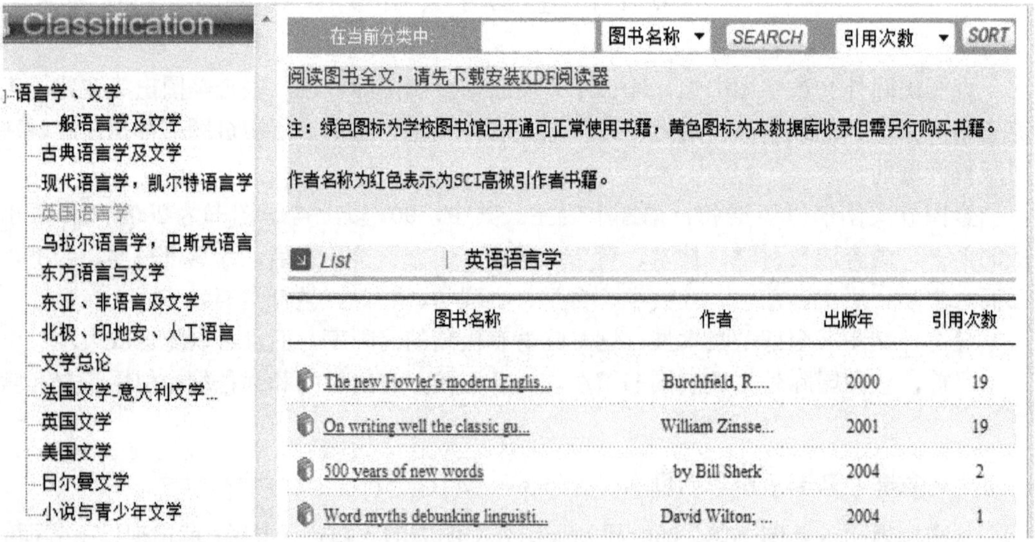

点击具体图书，就能在线阅读或下载。获得检索结果后，还可以在上面的“在当前分类中”进行二次检索。此时，通过检索词和边上的检索项选择组合，可以精确检索。

三、金图外文图书的快速检索

金图外文图书也可以通过首页“GO”左侧的检索框进行检索，这就是快速检索。检索框的下面有个下拉菜单，有图书名称、作者、关键词、ISBN、出版社、摘要、中文名、标签、维基词汇、相关人物、时间、地点、相关事件等选择项。

注意，检索词必须是所选图书语种的语言，不能是中文的。比如，在全库中搜索“图书名称”为“introduction”的图书共有 1898 种：

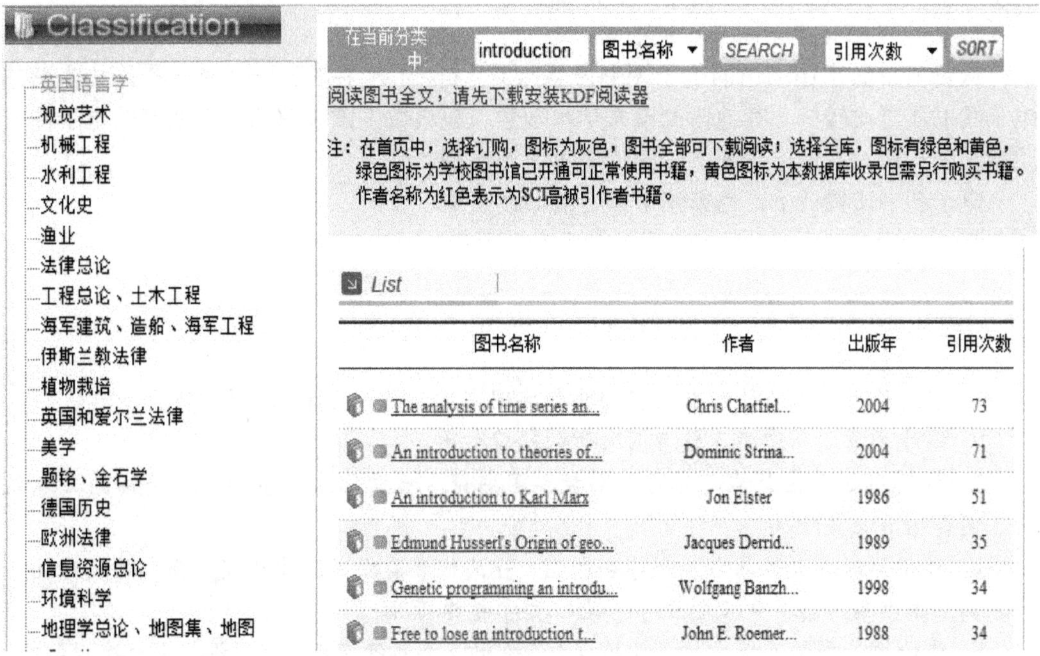

有的学校的金图外文图书系统，上面会出现“在结果中”二次检索；也有的学校的系统有“组合检索”，各个学校的系统是不同的，因为每个系统都是定制的。

第六节 数字图书馆的使用体会

数字图书馆没有像期刊库那样使用普遍，这主要是因为期刊文章短，阅读时间短；图书内容丰富，阅读时间相对较长。一般来说，阅读图书，大多数读者都喜欢从图书馆借阅纸质版。

当然，数字图书馆使用便利，在使用图书部分内容时，读者还是会从数字图书馆寻找所需图书的。何况，这几年国内数字图书馆的建设情况还是很不错的，阅读数字图书对于读者来说，确实非常便利。

综合几家数字图书馆情况，大致有以下几点需要注意：

1. 各校图书收藏品种较少

从几家数字图书馆自身的馆藏品种来看，数量都是很大的。但各高校收藏的电子图书品种并不多，有的只有个别分类的几千种，读者使用起来非常不便。这可能是因为数字图书馆的性价比不高，以及使用率不高，导致高校图书馆订购积极性不高。

图书品种越少，读者使用的热情越低，从而进入恶性循环。

2. 数字图书馆系统因校而异

各校的数字图书馆系统不全相同，从界面到检索功能，都有较大的差别。这种现状，一方面不利于检索教学，另一方面不利于用户使用。毕竟，学习时是一个界面，工作时又是一个界面，给检索工作带来许多困难。

3. 数字图书馆电子图书质量不同

从目前各数字图书馆的电子图书质量来看，apabi数字资源平台和金图外文图书的电子图书质量比较好，其他诸如读秀学术搜索、超星数字图书馆和书生之家的电子图书质量稍差一些。有的电子图书，图片基本看不清楚。

电子图书质量低下，也影响了读者的阅读热情。

思考题

1. 了解你所在大学的图书馆有哪些数字图书馆，收藏图书品种如何？

2. 综述本章所介绍的各数字图书馆的检索方式。

3. 请使用你所在大学现有的各个数字图书馆，检索你这个学期正在使用的三本教材，调查图书收藏情况。

4. 请用你所在大学的各个数字图书馆，查询你最喜欢的三本小说，调查收藏情况，并复制三本书第一页第一段的文字，比较文字差错情况。

5. 请使用读秀学术搜索的专业搜索法，给出一个新的实用例子。要求给出搜索期望、搜索式子和搜索实际效果。

第 10 章

百 度

本章知识要点

1. 百度的文化；
2. 百度的网页特色搜索功能；
3. 百度的搜索语法，百度的搜索技巧。

百度（www.baidu.com）是全球最大的中文搜索引擎、最大的中文网站。据世界网站流量统计网 www.alexa.com 在 2013 年 7 月的统计，百度排在全世界网站的第六位，中国网站的第一位。

第一节 百度简介

百度，2000 年 1 月由李彦宏、徐勇两人创立于北京中关村，致力于向人们提供“简单，可依赖”的信息获取方式。

一、百度的发展简史

1999 年底，身在美国硅谷的李彦宏看到了中国互联网及中文搜索引擎服务的巨大发展潜力，抱着技术改变世界的梦想，他毅然辞掉硅谷的高薪工作，携搜索引擎专利技术，与好友徐勇（2004 年 8 月辞离百度）一同回国，于 2000 年 1 月 1 日在中关村创建了百度公司。当时，公司人员不足 10 人。

2005 年，百度在美国纳斯达克上市，并成为首家进入纳斯达克成分股的中国公司。

至 2012 年，员工人数约 20000 人，年营业额 230 亿元人民币。

如今的百度，已成为中国最受欢迎、影响力最大的中文网站。

二、百度名称的来源

“百度”两字源于中国宋朝词人辛弃疾的《青玉案·元夕》，原词为：

东风夜放花千树，更吹落，星如雨，宝马雕车香满路。凤箫声动，玉壶光转，一夜鱼龙舞。

蛾儿雪柳黄金缕，笑语盈盈暗香去。众里寻他千百度，蓦然回首，那人却在，灯火阑珊处。

这里，词句“众里寻他千百度”，象征着百度网站对中文信息检索技术的执着追求。

百度公司会议室名为青玉案，即是这首词的词牌。

百度“熊掌”图标的想法来源于“猎人巡迹熊爪”的刺激，与李彦宏博士的“分析搜索技术”非常相似，从而构成百度的搜索概念，也最终成为百度的图标形象。在这之后，由于在搜索引擎中大都使用动物形象，如 Sohu 的狐，Google 的狗，因此百度顺理成章使用熊的形象，百度熊也便成了百度公司的形象物。

三、百度的理念

百度是一家持续创新的，以“让人们最平等、便捷地获取信息，找到所求”为使命的高科技公司。从目前使用情况来看，百度已经成为网民搜索信息的首选工具。有一民间说法，“外事不懂问百度，内事不懂问媳妇”。事实上，家里家外事都可以问百度。

百度的核心价值观是“简单，可依赖”。这一价值观，也体现在各大搜索引擎上，这就是简单的网站首页，简单的搜索用法，网民上手容易。一经使用百度，在日常生活中网民就基本离不开百度，有一定依赖性。

四、百度的产品

百度不单单是一个搜索引擎，它还是一个多产品的综合门户网站。目前，百度的系列产品有：

（一）搜索服务

这类服务有：网页、视频、音乐、地图、新闻、图片、百度翻译。

（二）导航服务

这类服务有：hao123、网站导航和百度团购。

（三）社区服务

这类服务有：文库、空间、百科、贴吧、知道、搜藏、经验、百度阅读、百度旅游、百度相册、百度校园、百度众测。

（四）游戏娱乐

这类产品有：百度游戏、百度应用、悠洋游戏。

（五）站长与开发者服务

这类服务有：搜索开放平台、站长平台、百度统计、百度联盟、百度推广、广告管家、数据研究中心、风云榜、百度指数、百度分享、百度开发者中心、百度移动统计。

（六）软件工具

软件工具有：百度浏览器、百度影音、百度 hi、百度工具栏、百度阅读器、百度输入法、千千静听。

（七）其他服务

其他服务有：百度寻人、百度公益、百度基金会、盲道、老年搜索、专利搜索、词典、百付宝、百度营销大学、百度认证、天空软件、百度房产、百度任务台、百度营销研究院。

（八）新上线

目前有：百度卫士、百度杀毒、百度云、百度翻译 App、百度云 ROM、百度魔拍、百度音乐。

（九）百度移动类产品

这类服务有：移动搜索、百度、手机输入法、百度手机浏览器、百度手机助手、百度手机地图、百度云智能终端平台、百度通讯录、百度壁纸、百度网盘、百度桌面、百度魔图、百度一键 Root、百度语音助手、百度锁屏、百度安全管家。

五、百度的界面

进入百度，有以下界面：

在方框条里键入相关搜索词，然后按“百度一下”即可进行搜索。点右上角的“搜索设置”，即进入以下界面：

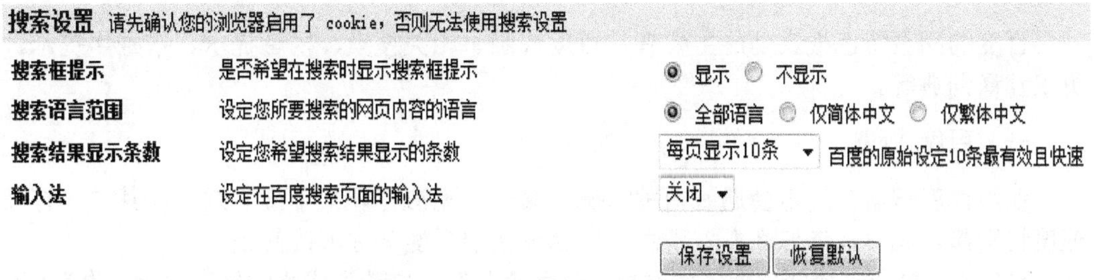

在此界面，主要可以设定搜索语言范围（仅简体中文、仅繁体中文或全部语言）和搜索结果显示条数（每页显示 10 条、20 条、50 条、100 条）。

其他诸如新闻、贴吧、知道、音乐、图片、视频、地图、百科、文库等都是搜索的功能界面。

点击“新闻”，就能看出百度也有像搜狐这类门户网站一样的各种新闻报道。

按“更多>>”，就能看到百度的全部产品（这里展示部分）：

用户可以根据需要，选择百度相关产品。

第二节 百度的网页特色搜索功能

百度的网页特色搜索功能主要有：百度快照、相关搜索、拼音提示、错别字提示、英汉互译词典等。

一、百度快照

使用百度搜索，经常会遇到两种情况：其一，无法打开某个搜索结果；其二，打开速度特别慢。此时，该怎么办？别急，“百度快照”能帮你解决问题。

事实上，每个未被禁止搜索的网页，在百度上都会自动生成临时缓存页面，称为“百度快照”。当你遇到网站服务器暂时故障或网络传输堵塞时，可以通过“百度快照”快速浏览页面文本内容。

百度快照只会临时缓存网页的文本内容，所以那些图片、音乐等非文本信息，仍是存储于原网页。当原网页进行了修改、删除或者屏蔽后，百度搜索引擎会根据技术安排自动修改、删除或者屏蔽相应的网页快照。

比如，我们搜索“托福机经大全”，其中一个搜索结果是：

托福机经大全 大陆托福机经 北美托福机经 留学啦
留学啦为大家提供了2006年至今的所有托福考试机经,包括大陆托福机经和北美托福考试机经,
无须下载,在线即可浏览。^_^
www.liuxue.la/toefl/jiji... 2013-6-21 - 百度快照

如果这个搜索结果点击后打不开，或者打开速度很慢，你可以点击上图最后一行的“百度快照”。此时，就能看到该网页的内容。

百度快照，现在最好的使用场合，是当你搜索到一个百度文库的文件（比如 Word 文件或 PPT 文件），想要下载又没有足够的积分，文件中主要是文字，此时，点击其“百度快照”，就能获得你需要的内容。

举例，有一“毛概重点——优秀考试资料”，百度文库下载需要 20 个财富值。此时，可以百度“毛概重点——优秀考试资料”，搜索结果有：

毛概重点——优秀考试资料_百度文库
评分:5/5 11页
毛泽东发表《中国社会各阶级的分析》 --中国新民主主义革命的基本思想的提出是毛...原来是
交通运输－第一届人大) 分两步走: 2、 分两步走: 附: 1、第一次...
wenku.baidu.com/view/cccec3f47c1cfad... 2011-5-11 - 百度快照

点击“百度快照”，就获得该 Word 文件的文字内容，只是排版格式与原文件不一样。

这里，要点是搜索你需要的文件名，这个文件名就是百度文库里的文件名，然后打开其百度快照。

二、相关搜索

百度搜索信息时，经常会遇到如何选用准确的搜索词的问题。我们不可能花很多时间去设计搜索词，此时，可以使用百度的相关搜索功能。

百度的相关搜索功能，就是百度提供一些和你的搜索词很相似的查询词，这些查询词排布在搜索结果页的下方，并按搜索热门度排序。因此，可以通过参考别人是怎么搜的，来获得一些启发。

比如，搜索“小说”，此时搜索结果页最下面出现：

相关搜索　小说阅读网　好看的小说　有声小说　小说下载　穿越小说
小说排行榜　言情小说　耽美小说　小说网

当然，有时提供的相关搜索并不能满足你的要求。但多数情况下，当你想不出好的表达方式时，可以试着用一些主题词先搜索一下，然后看看其他人是如何搜索的。

三、拼音提示

在百度时，我们经常会遇到一些字打不出来，比如不是常用字库的字，或是打五笔时打不出该字。此时，百度拼音提示能帮你解决问题。

只要你输入查询词的汉语拼音，百度就能把最符合要求的对应汉字提示出来。事实上，百度就是一个无比强大的拼音输入法。百度的拼音提示显示在搜索结果上方。

比如，要输入“忐忑”，一时又忘记这两个字是怎么写的，五笔打不出来。此时，可以试着输入“tante”，百度搜索结果提示如下：

您要找的是不是： 忐忑

四、错别字提示

百度搜索时，常常会想不出某个字如何写，也有可能是汉字输入法的原因，我们在搜索时经常会输入一些错别字。此时，不用太在意字正确与否。因为，百度有错别字提示功能。

比如，我们要搜索“糖醋排骨”的制作方法，但输入了“唐醋排骨”。此时，别担心，百度会给出错别字纠正提示。错别字提示显示在搜索结果上方：

您要找的是不是： 糖醋排骨

需要注意的是，百度错别字提示功能并不能真正用作校对。比如，我们搜索“树阴”，百度不会有错别字提示。实际上，该词在第六版《现代汉语词典》中，已经判定是非首选词，正确用词是“树荫”。类似的，还有“热中”和“热衷”，“执著”和“执着”等。

五、搜索框提示

百度会根据用户的输入内容，在搜索框下方实时展示最符合的提示词。用户只需用鼠标点击想要的提示词，或者用键盘上下键选择想要的提示词并按回车，就会返回该词的查询结果。此时，用户不必再费力地敲打键盘即可轻松地完成查询。

例如，输入“moshou”，搜索框提示中会显示“魔兽世界”“魔兽秘籍”等；输入“kaix”，搜索框提示中会显示“开心网”“开心农场”等；输入“大学”，搜索框提示中会显示“大学生了没”“大学排名”“大学生征兵网”“大学生创业”“大学排名 2013 排行 教育部”“大学专业排名”“大学生同居的事儿”“大学城”“大学英语四级”“大学生村官”等。

六、英汉互译词典

百度网页搜索内嵌英汉互译词典功能。如果要查询英文单词或词组的解释，可以在搜索框中输入想查询的“英文单词或词组”和“是什么意思”，搜索结果第一条就是英汉词典的解释。例如，“case 是什么意思”。

如果想查询某个汉字或词语的英文翻译，可以在搜索框中输入想查询的“汉字或词语”和“的英语”，搜索结果第一条就是汉英词典的解释。例如，“人的英语”。

另外，也可以通过点击百度网首页搜索框右下方的“更多 >>”链接，到“词典”中查看想要的词典解释。其实，百度词典的网址是 dict.baidu.com，直接输入该网址就能查阅所需的词汇翻译。

七、股票行情

在百度搜索框中输入股票代码，就能直接获得相关股票的信息。例如，输入氯碱化工的股票代码“600618”，搜索结果上方，就会显示氯碱化工的股票实时行情：

八、交通时刻表

交通时刻表，百度目前主要搜索的是火车和飞机的时刻表。输入交通工具的班次，就能搜索到相应交通工具指定班次的情况。

如“D5520”是上海到无锡的动车，15：33 开，16：57 到，运行时间 1 小时 24 分，距离 126 千米，二等软座 37 元，一等软座 45 元。

“MU5573”是东方航空公司从杭州萧山国际机场 B 楼飞往北京首都机场（T2 航站楼）的航班，机型 320，距离 1200 千米，时间为 19：50—22：00，飞行时间 2 小时 10 分钟，提供餐食。

九、度量衡转换

在百度的搜索框中，可以做度量衡转换。格式如下：

换算数量 换算前单位=？换算后单位

例如：

37 摄氏度 =? 华氏度

结果是 98.6 华氏度。

十、计算器

百度计算器为用户提供常用的数学计算功能。用户可在百度的网页搜索栏内，输入需要计算的数学表达式，点击搜索，即可获得结果。

百度计算器支持实数范围内的计算，支持的运算包括：加法（+），减法（-），乘法（*或×），除法（/），幂运算（^），阶乘（!）。支持的函数包括：正弦，余弦，正切，对数。支持上述运算的混合运算。例如，3+2，3-2，3*2，3/2，4!，4^2，4^(1/2)，log(8)，ln(8)，sin(10)，cos(10)，tan(10) 等。

计算：

log((sin(5))^2)-3+pi

结果是 0.1051612789959。

十一、天气查询

在百度搜索框中输入所要查询的城市名称加上“天气”这个词，就能获得该城市当天及接下来几天的天气情况。

例如，搜索“北京天气”，就可以在搜索结果中看到北京的天气情况。百度支持全国多达400个城市和近百个国外著名城市的天气查询。

十二、货币换算

要使用百度的内置货币换算器，只需在百度网页搜索框中键入需要完成的货币转换，单击“回车”键或点击“百度一下”按钮即可。

下面是一些换算示例：

100 美元等于多少人民币

12 加元等于多少人民币

71 英镑等于多少人民币

200 泰铢等于多少人民币

1USD=?RMB

5 人民币换成新加坡的货币

需要说明的是，百度无法保证计算所使用汇率的准确性。此处，外币汇率由金融界提供，汇率信息只供参考，准确的汇率要去银行查看。

第三节 百度的搜索语法

百度搜索，有一定的语法。要熟练使用百度来搜索信息，必须掌握百度的相关搜索语法。

一、专业文档搜索语法——filetype

很多有价值的资料，在互联网上并非是用普通的网页形式展现，而是以Word、PowerPoint、PDF等格式存在。此时，使用一般的搜索方式，搜索到的结果大多数不是文档，而是网页。

百度专业文档搜索语法为：

filetype: 文件类型

百度能搜索的文件类型有：DOC，XLS，PPT，PDF，RTF，ALL。其中，ALL表示搜索所有这些文件类型，RTF是带有格式的TXT文件。

注意，“filetype:”和后面的文件类型之间，不要有空格。

比如，我们要搜索课件，就是要搜索文件类型为PPT的文件；要搜索工资表，就是要搜索文件类型为XLS的文件；要搜索申请报告，就是要搜索文件类型为DOC的文件；要搜索上市公司年度报告，就是要搜索文件类型为PDF的文件。

具体搜索，就是在百度搜索框中输入以下检索词：

管理学 filetype:PPT

实发工资 filetype:XLS

申请报告 filetype:DOC

年度报告 filetype:PDF

以搜索“管理学”课件为例，搜索结果有：

【PPT】企业管理学

文件格式:PPT/Microsoft Powerpoint - HTML版

本课程的目的,在使同学通晓管理程序,及了解企业功能,并藉助个案研讨,实做调查,阅读写作,让同学学习对於特定状况的分析能力.本课程讨论主题包括决策,规画,组织,领导,...

syllabus.ksu.edu.tw/data/N/T/CR/PAD/... 2011-2-15

【PPT】公共管理学

文件格式:PPT/Microsoft Powerpoint - HTML版

公共管理学是一门新兴的学科和学派,旨在帮助公共管理者获取解决公共问题及处理公共事务所需的知识,机能与策略.作为一门学科,它以公共管理者作为教学和研究的对象;...

zy.swust.net.cn/10/1/ggglx/**ppt.ppt** 2007-11-22

点击搜索结果，就会弹出所需文件的下载页面。

一般情况下，国内许多人喜欢用 DOC 格式来保存相关文件、文章或报告，国外则多使用 PDF 格式，这是因为 PDF 不容易修改，可以避免其他人直接复制使用。因此，搜索相关文档，可以有针对性地选择文件类型。

文档搜索非常重要。从学校老师布置的作业，到各种报告、各类标准、各种数据表、各种课件，甚至有关部门的重要文件，应有尽有。在百度上搜索文档，不怕搜索不到，只怕不敢搜索。如果结合后面的搜索语法，那将会搜索到你所需的各种文档。

当然，不用搜索语法，也可以通过“百度文档搜索”界面（file.baidu.com），直接使用专业文档搜索功能。此时，不需要再输入搜索语法词 filetype，文件类型也可以通过具体类型前的空心圆圈指定。

二、搜索范围限定在网页标题中的搜索语法——intitle

网页标题，通常是对网页内容提纲挈领式的归纳。把查询内容范围限定在网页标题中，有时能获得良好的效果。

此时，可以使用百度相关的 intitle 语法，把搜索范围限定在网页标题中。具体使用方法是：

intitle: *标题主题词*

注意，“intitle:”和后面的标题主题词之间，不要有空格。

要搜索某个人的信息档案，我们知道标题名是这个人的名字的可能性比较大。然后，文中一般有出生年月、星座、血型等。此时，具体搜索可以用：

出生年月 星座 血型 intitle: *某人名*

比如，要搜索姜文的信息，使用上面的搜索语法，结果有：

姜文近况？爱问知识人
5个回答 - 最新回答: 2005年7月16日
最佳答案: 姜文 出生年月：1963.1.5 星座：牧羊座 血型：B型 身高：180cm 原名姜小军。河北唐山人。1963年生。 1980年进入中央戏剧学院表演戏。1984年为中国...
iask.sina.com.cn/b/17656...html 2013-6-18 - 百度快照

姜文的个人资料 - 已解决 - 搜搜问问
编辑本段|回到顶部个人信息 姓名:姜文(曾用名:姜小军) 性别:男 出生日期:1963年1月5日 星座:魔羯座 身高:180cm 体重:80kg 血型:B型 妻子:周韵 学历:大学 ...
wenwen.soso.com/z/q2602493...htm 2013-3-23 - 百度快照

三、搜索范围限定在特定站点中的搜索语法——site

用百度搜索信息时，经常会遇到一些不可靠的网站搜索结果。如果不小心点开，有时不仅得不到相关的信息，还会中木马病毒。因此，选择相关可靠的网站是非常重要的。

在百度搜索时，如果知道某个站点中有自己需要的东西，就可以把搜索范围限定在这个站点中，以提高查询效率。使用的方式，就是在查询内容的后面，加上把搜索范围限定在特定站点中的搜索语法。具体使用方式为：

搜索词 site: 站点域名

注意，“site:”后面跟的站点域名，不要带“http://www.”。另外，“site:”和站点名之间，不要有空格。

比如，我们知道，搜狐网有比较权威的世界大学排名相关内容，此时，可以使用以下搜索语法搜索：

世界大学排名 site:sohu.com

也许有人会说，要看搜狐网的世界大学排名相关内容，不能直接到搜狐网看吗？事实是，搜狐网要相关网页上有链接，才能点进去看。很多内容，因为发布时间有些日子了，其链接会从相关页面撤离，但内容还在。因此，使用百度的搜索，就能找到搜狐网上所有相关内容。

当然，利用站点限制的搜索语法，结合前面的搜索语法，会获得许多有用的结果。比如：

工资 filetype:XLS site:pku.edu.cn

一般可以认为，在北京大学相关站点上搜索到的此类数据表应该就是北京大学相关单位的工资数据表。反而，期望工资数据表中带有“北京大学”字眼是不现实的。

类似的搜索，还有：

关于 filetype:DOC site:pku.edu.cn

这是搜索北京大学相关文件的搜索语法。

有时，我们并没有特定的搜索需求，仅仅是想看看网上有没有自己需要的文档。比如，在浙江大学学习，想搜索浙江大学的相关文档，不论是什么文件类型的。此时，可以扫描网站，使用以下搜索语法：

filetype:ALL site:zju.edu.cn

然后，在搜索结果中选择自己喜欢的。

四、把搜索范围限定在 url 链接中的搜索语法——inurl

url 是 Uniform Resource Locator 的缩写，翻译过来就是“统一资源定位符”，俗称“网页地址”。网页 url 中的某些信息，常常对搜索非常有价值。实际搜索中，如果对搜索结果的 url 做某种限定，就可以获得良好的效果。

百度搜索中，把搜索范围限定在 url 链接中的搜索语法为：

搜索词 inurl: 网址信息词

要熟练使用这个搜索语法，必须了解你所需要的内容在网站上是如何确定位置的，然后其网址又是如何组成的。内容的位置确定和网址的组成，没有通用规律，要搜索就必须多思路猜想。

假设，需要搜索一些 Photoshop 的技巧内容，我们完全可以在百度中搜索：

Photoshop 技巧

此时，检索结果中有许多不是真正谈论 Photoshop 技巧的，有的仅仅是网页中有“Photoshop”和“技巧”这两个词汇。但如果知道，一个网站分几块，其中一块是“技巧篇”，一般这一块的内容在组成网址时会用 jiqiao，那么搜索时用 inurl 的命中率就非常高，此时搜索到的内容正好是你所需的可能性就很大。比如，以下网址的形式：

http://photo.poco.cn/jiqiao/jiqiao_list-upi-keyword-Photoshop.html

http://dc.pconline.com.cn/jiqiao/0409/446896.html

http://www.sj33.cn/jc/Special/jiqiao/

因此，我们可以使用 inurl 的搜索语法：

photoshop inurl:jiqiao

inurl 搜索语法看似简单，其实使用起来很有技术含量，关键在于分析网址结构。一旦了解特定搜索对象的相关网站网址组成方法，使用起来效果就非常好，经常能搜索到一般方法无法搜索到的内容。

比如，我们要下载一本小说，使用其他方法百度不到，即使百度到一些结果，都是有此书名的网页，不是真正含有小说内容的网页。我们可以分析，这本小说基本是在哪些网站，那些网站又是如何组成网址的。最简单的办法，是打开一些类似的网站，看看具体一本小说的网址构成。

一般，文学图书网站肯定要分成军事、传记、历史、言情、艺术等类别，然后在每个分类下有许多图书。我们进入这个网站总是点分类，然后一本一本地浏览寻找。找到你要的图书点进去，就会出现一页是目录，下面是整本图书的章节。再点进去就能看到每章的内容。我们关心的是，打开这本书时的网址具体构成。

这类网址，基本是有多种网址类型的，网址含有的成分有 article，book，list，xiaoshuo 等，因此使用 inurl 时，可以输入这些网址成分进行测试。比如：

小说名 inurl:book

小说名 inurl:article

小说名 inurl:list

通过这样的方法搜索到的网页，含有我们需要的内容的可能性比较大。

五、精确匹配——双引号

如果输入的查询词很长，百度在经过分析后，给出的搜索结果中的查询词，可能是拆分的。比如，我们搜索“2013 年浙江大学优秀辅导员”，此时出现的一些结果为：

浙江湖州师范学院2013年诚聘英才信息 公务员考试 3773考试网
学校2013年专任教师、教辅人员需求计划详见附件。对各学科和专业的优秀高层次人才...浙江杭州新世纪外国语学校2013年教师招聘公告浙江大学2012年招聘10名辅导员启事浙江...
www.3773.com.cn/fjgwy/ZJJS/7069...shtml 2013-1-19 - 百度快照

浙江扬州大学2013年辅导员招聘启事 公务员考试 3773考试网
2012年12月21日 - 浙江湖州市吴兴区2013年在高校优秀毕业生中招聘中小学、幼儿园教师简章... · 浙江扬州大学2013年辅导员招聘启事 · 2012浙江大学医学部余红教授...
www.3773.com.cn/fjgwy/ZJJS/7126...shtml 2012-12-21 - 百度快照

显然，这些结果不是我们需要的。如果对这种情况不满意，可以尝试让百度不拆分查询词。此时，给查询词加上双引号，就可以达到这种效果。例如：

“2013 年浙江大学优秀辅导员”

六、精确匹配——书名号

书名号是百度独有的一个特殊查询语法。在其他搜索引擎中，书名号会被忽略，而在百度，中文书名号是可被查询的。加上书名号的查询词，原来有两层特殊功能，一是书名号会出现在搜索结果中；二是被书名号括起来的内容，不会被拆分。不过现在第二层意思不太明显了，搜索时还是有拆分的。

书名号在某些情况下特别有效果，例如，查名字很通俗和常用的那些电影或者小说。比如，查电影《手机》，如果不加书名号，很多情况下出来的是通讯工具——手机，而加上书名号后，《手机》的搜索结果就都是关于电影方面的了。

七、要求搜索结果中不含特定查询词

如果搜索结果中出现的某一类网页是我们不希望看见的，而且，这些网页都包含特定的关键词，那么用减号语法，就可以去除所有这些含有特定关键词的网页。

例如，我们要搜索“电子图书”的信息，但搜索结果中有许多电子图书下载。我们希望不要出现此类网页结果，那么就可以这样查询：

电子图书 -下载

注意，前一个关键词和减号之间必须有空格，否则，减号会被当成连字符处理，而失去减号语法功能。减号和后一个关键词之间，有无空格均可。当然，这样的减号语法可以多个使用，只要减号前有空格。

需要说明的是，这种减法语法，有时并不非常有效。实际搜索时，多用几次减法语法，搜索结果有时不是像预期那样的减少，反而会增多。

八、多词语搜索语法

输入多个词语搜索，可以获得更精确的搜索结果。此时，不同字词之间用一个空格隔开，逻辑上表示“与”，就是搜索结果中必须同时含有这几个搜索词。

百度没有明确给出不同搜索词的上限，这点百度不同于谷歌。

九、高级搜索

如果对百度各种查询语法不熟悉，可以使用百度集成的高级搜索界面，方便进行各种搜索查询。

百度的高级搜索界面入口为：

http://www.baidu.com/gaoji/advanced.html

该界面如下：

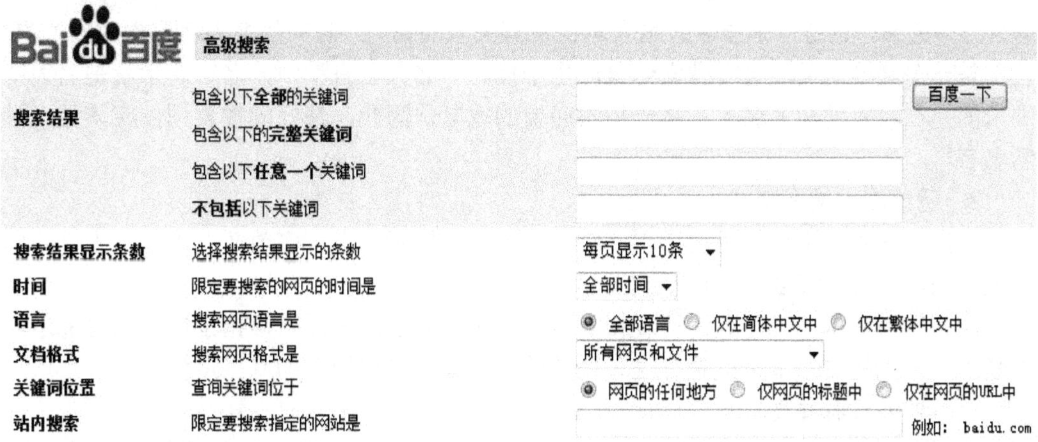

这是一个多条件搜索，精心选择搜索词，填写好后按右上角的“百度一下”，就能获得较为满意的结果。

第四节 百度的搜索技巧

百度的搜索结果，与个人的搜索技巧相关。理论上，选择好搜索词是最重要的。这里，我们讨论一下如何选择适当的搜索词，然后通过实践来介绍百度的各种搜索技巧。

一、选择适当的搜索词

我们知道，百度的搜索结果与搜索词的选择好坏关系很大。那么怎样才能选择好搜索词呢？

（一）*表述要准确*

百度会严格按照用户提交的搜索词去搜索，因此，搜索词表述准确是获得良好搜索结果的必要前提。常见的一类表述不准确情况是，无法从一件事由中抽取合适的关键词；另一类典型的表述不准确，是搜索词中包含错别字。

1. 准确提取关键词

百度搜索时，搜索词的字数越多，能精确匹配上的搜索结果就越少。如果搜索小说中很长一段文字，那么能匹配上的肯定是小说本身。因此，要想获取尽可能多的相关信息，搜索词必须简练，也就是要对所搜索的事由适当抽取一些关键词，而不是简单的长句描述。

比如，患了一种病，很想知道这种病的具体情况，以便采取一些相应的措施。如果搜索“昨天……鼻子上出现了红肿，然后就开始痛……”，搜索结果基本不会令人满意。此时，只要搜索“鼻子 红肿 痛”，就可以了。“昨天”“出现了”“然后”和“就开始”都不是关键词，必须删除。

百度搜索中抽提关键词，有个经典例子。说是某三年级小学生想查一些关于时间的名人名言，他的搜索词是“小学三年级关于时间的名人名言”。这个搜索词完整体现了搜索者的搜索意图，但效果并不好。因为绝大多数名人名言，并不规定是针对几年级的。另外，“关于”也是一个与名人名言本身没有关系的词。“时间的名人名言”中的“的”也不是一个必要的词，会对搜索结果产生干扰。“名人名言”中，名言通常就是名人留下来的，在名言前加上名人，是一种不必要的重复。因此，最好的搜索词，应该是“时间名言”。

2. 避免输入错别字

虽然百度对于用户常见的错别字输入，有纠错提示，但大多数情况下，是没有错别字提示的。此时，搜索自然达不到满意的结果。

没有纠错提示，一是因为百度相对应的错别字对应库里没有该错别字的纠错提示，二是用户输入的文字本来就是有这种用法的，比如，“报导”和“报道”。

（二）网站特征要了解

很多网页都有某种相似的特征。例如，小说网页通常都有一个目录页，小说名称一般出现在网页标题中，而页面上通常有“目录”两个字，点击页面上的链接，就进入具体的章节页，章节页的标题是小说章节名称。软件下载页，通常软件名称在网页标题中，网页正文有下载链接，并且会出现“下载”这个词，等等。

在实际搜索中，要总结各类网页的特征现象，并将这些特征应用于搜索词的选择中，比如使用 url 搜索语法，就会使搜索变得准确而高效。

再比如，电影下载网页，一般电影名就是标题，然后页面上有片名、年代、国家、类别、语言、字幕、文件格式、视频尺寸、文件大小、片长等，最后有一个下载地址。当然，页面上排版为了好看，两个字的词中间会加空格。所以，选择“电影名 文件格式 视频尺寸 文件大小 下载地址”搜索，还是比较可靠的。

当然，考虑到我们需要搜索的是下载种子，直接搜索“电影名 torrent”，或者搜索“电影名 thunder://”也是效果比较好的。

选择合适的搜索词，是一个需要不断实践才能提高的技术工作。因此，在平时使用百度搜索时要经常总结，才能有所提高。

二、实际搜索示范

百度搜索针对的情景非常多，这里介绍几类常见情景的实际搜索。

（一）图片搜索

进入数字时代，我们的工作总是离不开图片的，制作 PPT，整理材料，都需要图片。进入百度首页，点击搜索框上面的“图片”，就进入图片搜索。此时，在搜索框中输入任何搜索词，就能搜索到相关的图片。比如，我们搜索“荷花”，有以下界面：

这里，搜索结果显示有相关图片约 32400000 张。选择好的图片，一是要看图片内容，二是要看图片精度，这可以通过上图右上的“全部尺寸”下拉菜单选择，有特大尺寸、大尺寸、中尺寸、小尺寸、电脑壁纸和手机壁纸六种选项，甚至可以自定义尺寸搜索。显然，尺寸越大，像素越高。但图片清晰度是和图片生成的具体情况相关的，比如照片的清晰度是由相机质量、拍摄技术等多因素决定的，不是单纯的像素越高越好。

百度的图片数量还是非常多的，毕竟百度的图片来源不是百度自身，而是互联网上众多网站。因此，在百度上搜索，容易获得各种所需的图片。

（二）找问题解决办法

找这类信息，核心问题是如何构建查询关键词。在构建关键词时，尽量不要用自然语言（所谓自然语言，就是我们平时说话的语言和口气），而要从自然语言中提炼关键词。要从问题中抽取特征关键词，从而达到搜索目的。

例如，我们上网时经常会遇到陷阱，导致浏览器默认主页被修改并锁定。此时，有的人可能会这样搜索“我的浏览器主页被修改了，谁能帮帮我呀”。这是典型的自然语言，这样的搜索常常得不到想要的结果。有人会说，事实是网上就有这样的网页，而且有人回答了。当然，自然语言提的问题时间长了总有人回答的。关键是，你搜索时有没有现成的网页回答呢？用自然语言提问，可能你的搜索就是第一个，那就没有现成的解决网页内容了。

我们来看这个问题中的核心词汇。

对象：浏览器（或者 IE）的主页。

事件：被修改（锁定）。

“浏览器”“主页”和“被修改”，在这类信息中出现的概率会最大，IE 可能会出现，至于锁定，用词比较专业化，不见得能出现。于是关键词中，至少应该出现“浏览器”“主页”和“被修改”，这是问题现象描述。

一般情况下，只要对问题做出适当的描述，在网上就可以找到解决对策或建议。

（三）找产品使用教程

对特征关键词的把握，是搜索老手和新手的差别所在。对教程类网页而言，常出现的特征关键词有教程、指南、使用指南、使用手册、从入门到精通等，而在链接中，通常会用汉语拼音“jiqiao”来表示这个页面是技巧帮助性页面。通过一次搜索就达到目的通常会有些困难，但多次试验，总会构建出一个非常好的搜索关键词。

例如，我们可以使用以下搜索寻找相关使用教程：

photoshop 技巧集锦

数码相机 使用指南

dreamweaver inurl:jiqiao

indesign 排版技巧

indesign inurl:jiqiao

i9000 说明书 filetype:pdf

当然，数码产品的使用说明书，最好是到该产品的官网下载，虽然通过百度搜索也能找到。另外，不光是数码产品，很多公司的其他产品手册，也是以PDF形式放在网上。

比如，家里的海尔BCD-242冰箱说明书遗失了，想上网找个数字版，官网上一下子找不到，可以在百度搜索：

BCD-242 filetype:pdf

（四）找专业报告

找这类资源，除了构建合适的关键词之外，我们还需要了解一点，那就是重要文档在互联网上存在的方式，往往不是网页格式，而是Office文档或者PDF文档。上市公司的年报，多数是用PDF做的。

实际搜索中，除了构思好搜索词，还要确定搜索语法。一般，使用filetype:pdf或filetype:doc比较多。

比如，以下搜索是可行的：

黑洞 filetype:pdf

黑洞 filetype:doc

张五常 filetype:pdf

年度报告 filetype:pdf

（五）找申请书范文

申请书有一定的格式，因此只要找到相应的特征词，问题也就迎刃而解。比如入党申请书的最明显的特征词就是“我志愿加入中国共产党”。此时，可以搜索：

我志愿加入中国共产党 入党申请书

当然，下面的申请书搜索也是可行的：

入党申请书 filetype:doc

公司 申请书 filetype:doc

行政 申请书 filetype:doc

保险 申请书 filetype:doc

之所以选择Word，是因为搜索的结果，以后是要根据自己情况修改的，而PDF文件不能修改。

（六）找工作总结范文

工作总结，很多人会写得像八股文一样，“一、二、三”，“第一，第二，第三”，“首先，其次，再次，最后”。而且工作总结的标题中，通常会出现“工作总结”四个字。于是，问题就很好解决了：

第一 第二 第三 intitle: 工作总结

一 二 三 intitle: 工作总结

（七）找调查报告范文

调查报告的网页，有几个特点：第一，网页标题中通常会有“调查报告”的字样；第二，在正文中通常会有几个特征词，如“调查对象”“调查地点”“调查方式”等。于是，利用 intitle 搜索语法，就可以快速找到类似范文：

调查对象 调查地点 调查方式 intitle: 调查报告

调查对象 调查地点 调查方式 intitle: 调查报告 filetype:doc

如果再限定具体方向的调查报告，那搜索效率就更高了。

（八）找论文

网上有很多收集论文的网站。先通过搜索引擎找到这些网站，然后再在这些网站上查找自己需要的资料，这是一种方案。找这类网站，简单地用“论文”做关键词进行搜索即可。例如，搜索：

论文

除了找论文网站，我们也可以直接搜索某个专题的论文。看过论文的都知道，一般的论文，都有一定的格式，除了标题、正文、附录，还有关键词、摘要和参考文献等。其中，“关键词”和“摘要”是论文的特征词汇。而论文主题，通常会出现在网页标题中。另外，论文大多数用 PDF 格式。这样，可以搜索：

关键词 摘要 参考文献 intitle: 版权

关键词 摘要 参考文献 intitle: 管理 filetype:pdf

当然，找论文，最好上数据库系统，比如中国知网、万方数据、维普资讯。

（九）找面经或攻略

面经，就是面试经验。一般是求职者或申请者把面试经验写下来，发布在网上供他人参考。面经，对于大学生就业或申请某个组织相关岗位的面试非常重要。所谓有备而战，面试前搜索相关面经是必须的。

面经，一般有求职或申请岗位的具体单位或组织名称，内容的主要标志是“提问”，就是面试官问什么问题。另外，面经的网页标题就是“面经”。因此，可以这样搜索：

提问 intitle: 面经

所谓攻略，就是某事详细的解释和相关步骤，以及相关的技巧。旅游需要攻略，玩游戏需要攻略，烹饪美食需要攻略。一般网页展现相关内容时，标题中基本有“攻略”两字。此时，可以这样搜索：

某事或某物 intitle: 攻略

（十）找大学老师的电子邮件

考研或者就业，经常需要联系高校老师。此时，需要找到指定老师的电子邮件。很多时候，大学相关学院的网站是不提供老师具体联系方式的，比如手机或电子邮件。但是，很多大学老师使用学校的电子邮箱，以表示自己的大学职员身份。比如，北京大学的老师就会经常使用 @pku.edu.cn 的电子邮箱，南京大学的老师就会经常使用 @nju.edu.cn

的电子邮箱，浙江大学的老师就会经常使用@zju.edu.cn的电子邮箱，等等。

此时，一种搜索方法是通过大学老师姓名，结合邮箱后缀搜索。如果确定某老师的大学，就可以先百度该大学，然后就可以知道@后的写法。另一种，是直接通过大学名称、老师姓名和电子邮箱来搜索，以防该老师不使用学校邮箱。

比如，以下搜索是可行的：

张某某 南京大学 电子邮件

王某某 北京大学 email

刘某某 @pku.edu.cn

（十一）解难题

对于谜语，搜索时候只需把谜面和“谜底”作为关键词搜索就可以了。例如有个谜语“眼皮上落着一只苍蝇”，打一人名。可以这样搜索：

眼皮上落着一只苍蝇 谜底

对于推理题，可以直接用题目的关键词百度。例如，有这么一个推理题：一个人在朋友家吃饭，问朋友这餐吃的是什么肉。朋友说是企鹅肉，他就号啕大哭自杀了。推理要求说出为什么会这样？此时，可以这样搜索：

企鹅肉 自杀 答案

微软招聘，曾有一个著名的题目：下水道的盖子为什么是圆的。这是一个非常经典的面试题目，因为答案非常精彩。可以这样搜索：

下水道 盖子 圆的 回答

最精彩的答案在http://www.sohu.com/a/138220906_428514。

（十二）找医疗信息

根据已知疾病查找治疗方法，这类资料通常在标题中会注明疾病的名称，同时会有诸如“预防”“治疗”“消除”等特征性关键词。于是，用疾病名称和特征性关键词，就可以搜到相关的医疗信息。比如，可以这样搜索：

消除 青春痘

预防 口腔溃疡

其实，直接百度相关疾病，基本能在百度百科里获得详细的信息。

寻找相关疾病资讯网站，或者寻找相关专业医院，或者寻找相关名医，基本可以通过以下搜索获得相关信息：

专业 疾病名称 网站

医院排名

疾病名称 医院排名

疾病名称 专家

疾病名称 名医

疾病名称 专家排名

我们经常还会有这样的需求，已知身体不舒服的症状，希望知道可能的疾病隐患是什么，这就是根据症状找疾病隐患。这也可以通过百度搜索获得相关的信息。一般的疾病介绍资料，通常会有疾病名称、疾病症状、治疗方法等部分。我们描述的症状，如果和某个网页中的疾病症状刚好符合，搜到这样的网页，疾病名称也就知道了。做这类搜索的关键是，如何把症状用常用的表达方式提炼出来。可行的搜索有：

经常打嗝

头皮屑特别多

鼻子尖发肿

恶心 厌油腻 食欲差 全身乏力

眼睛红肿 怕光

当然，最好的办法是去医院。百度搜索，仅供参考，做到心里有准备。

（十三）购物前准备

购物前，有两件事要搜索相应的信息，其一是价格信息，这可以通过淘宝网搜索而获得相关信息；其二是产品质量信息，这就要借助于百度搜索了。

一般，如果有人购买了同类产品，并发现有问题，经常会在相关网上有所反映。此时，可以这么搜索：

产品名称 使用问题

产品名称 维修问题

产品名称 保修问题

产品名称 故障

产品名称 问题

最后需要说明的是，如果遇上百度打不开，而又急需搜索中文资料或信息，不妨使用搜狗 (www.sogou.com)，百度的许多搜索技巧都能在搜狗上使用。

思考题

1. 百度公司有哪些文化体现？
2. 百度有哪些网页特色搜索功能？
3. 请用 intitle，filetype，inurl 和 site 搜索语法组合给出三个实用的百度信息搜索新例子。
4. 根据教材介绍的搜索情景，自己设计三则有用的百度信息搜索案例，说明搜索的预期目标、具体搜索词（或搜索语法）和实际搜索效果。

第11章

谷 歌

本章知识要点

1. 谷歌的由来；
2. 谷歌的主页功能，谷歌的特色搜索；
3. 谷歌的搜索语法，谷歌的搜索技巧。

谷歌（www.google.com）是全球最大的搜索引擎，也是最大的网站之一。据世界网站流量统计网 www.alexa.com 在 2013 年 7 月的统计，谷歌位居全世界网站的第二位，仅次于脸书网站（Facebook）。脸书是最近才超过谷歌网站，获得第一的位置。

第一节 谷歌简介

谷歌（Google Inc.，NASDAQ：GOOG）是一家美国上市公司（公有股份公司），1998 年 9 月 4 日由拉里·佩奇和谢尔盖·布林以私有股份公司的形式创立，主要设计并管理一个互联网搜索引擎。谷歌公司总部目前位于美国加利福尼亚山景城，在全球各地都设有销售和工程办事处。

一、谷歌的发展简史

1996 年，斯坦福大学博士生拉里·佩奇和谢尔盖·布林开始一个研究项目，该项目后被命名为 PageRank，专门研究网站网页关系。同期，李彦宏开发了一个类似项目 RankDex，后来李彦宏回国创建了百度。

拉里·佩奇和谢尔盖·布林起先给他们的搜索引擎取名为“BackRub”，不久改名为 Google。当时，谷歌搭建在斯坦福大学校网内，网址为 google.stanford.edu 和 z.stanford.edu。

1997 年 9 月 15 日，谷歌（Google）域名正式注册。1998 年 9 月 4 日，公司正式成立。

2004 年 8 月 19 日，谷歌正式在美国纳斯达克上市。

2012 年，谷歌营业收入达 501.8 亿美元。2013 年第一季度报告统计，谷歌员工达 53891 人。

二、谷歌名称的来源

“Google”一词源于单词“Googol”。Googol 是由美国数学家爱德华·卡斯纳九岁的侄子米尔顿·塞勒塔发明的。1938 年，爱德华·卡斯纳定义了这样一个大数，即 10 的 100 次幂，写出的形式为数字 1 后跟 100 个零。爱德华·卡斯纳准备命名时，米尔顿·塞勒塔发表意见道：“这样大的数，非得用一个怪名 Googol 不可。”Googol 即由此得名。后来，爱德华·卡斯纳和詹姆斯·纽曼的著作《数学和想象》引用了该词。

Google 公司采用这个词，显示了公司想征服网上无穷无尽的资料的雄心。只是，在注册网站时，错将 Googol 拼成 Google，而且发现 Google.com 没有被注册。当然，Google 公司没有采用 Googol，也有可能一是因为版权的问题，二是当时 Googol.com 已经被注册。Google 现在也可以用作动词，例如“Google 某物”的意思，就是在 Google 搜索引擎上搜索“某物”这个关键词。这和百度的情况相类似。

三、谷歌的理念

谷歌成立初期写有“十大信条”：(1) 以用户为中心，其他一切水到渠成；(2) 专心将一件事做到极致；(3) 越快越好；(4) 网络也讲民主；(5) 信息需求无处不在；(6) 赚钱不必作恶；(7) 信息无极限；(8) 信息需求无国界；(9) 认真不在着装；(10) 追求无止境。这十大信条，后成为谷歌的工作理念。

四、谷歌的产品

同百度一样，谷歌不单单是一个搜索引擎，它还是一个多产品的综合门户网站。目前，谷歌的系列产品有：

（一）网络服务

这类服务有：Google 网页搜索、Google Chrome 浏览器、265 导航、工具栏。

（二）移动服务

这类服务有：移动、谷歌手机地图、移动搜索。

（三）媒体服务

这类服务有：Youtube、Google 图书、Google 图片搜索、新闻、Picasa、视频搜索。

（四）地理服务

这类服务有：SketchUp、谷歌纵横、地图、Panoramio。

（五）专业搜索服务

这类服务有：博客搜索、Google 购物、Google 财经、学术搜索、Google 快讯。

（六）家用与办公服务

这类服务有：Google 文档、Gmail、Google 日历、Google 协作平台、Google 翻译、Google 云打印。

（七）社交服务

这类服务有：Blogger、网上论坛、Hangouts。

（八）创新服务

这类服务有：Google 代码。

五、谷歌的界面

进入谷歌，有以下界面：

在方框条里键入相关搜索词，然后按“Google 搜索”即可进行搜索。点右上角“登录”右侧的齿轮，即有下拉菜单。点击“搜索设置”，即可对搜索结果显示和搜索语言进行设定，比如，搜索结果一页显示 10、20、30、40、50、100 条，选中搜索结果是否在新的浏览器窗口打开，搜索结果是否需要简繁体转换，谷歌搜索使用什么语言等。

需要特别说明的是，谷歌虽然也能搜索中文资料，但以外文资源见长，搜索中文资料最好使用百度或搜狗。

六、谷歌的今天

——全球最大的搜索引擎，互联网上五大最受欢迎的网站之一；

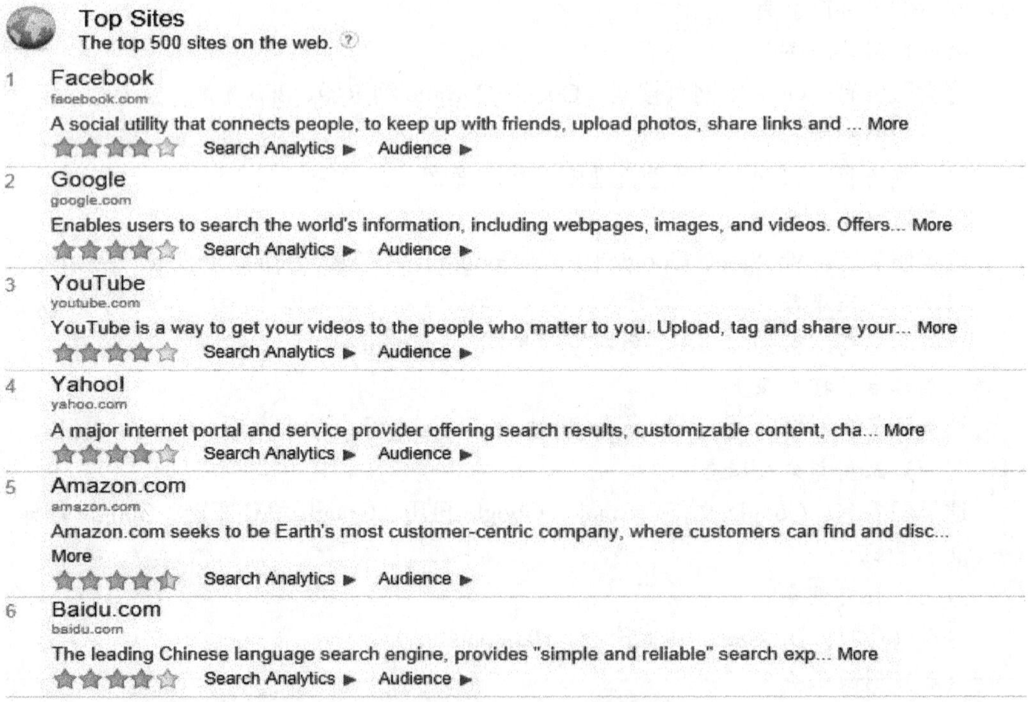

——员工超过 53800 人，大部分为技术人员和工程师；

——拥有全球上万个合作伙伴，包括美国在线、纽约时报、迪士尼、新浪、腾讯等；
——约占 65% 的全球互联网搜索份额；
——拥有全球数十万广告商；
——在全球超过 20 个国家设有 40 多个办公地点；
——共有 158 个国际域名，112 种界面语言；
——谷歌是阿根廷、澳大利亚、比利时、巴西、加拿大、丹麦、法国、德国、印度、意大利、墨西哥、西班牙、瑞典、瑞士、英国和美国的头号搜索引擎；
——全球超过 50% 的谷歌点击量来自美国境外；
——谷歌可搜索到 10 亿张图片。

第二节　谷歌的主页功能

进入谷歌的主页，除了“搜索设置”以外，还有一些比较有特色的功能，比如注册登录、手气不错、搜索新闻、搜索图片、搜索地图等。

一、注册登录

这个和百度差不多，注册登录后可以享受许多服务，比如 Gmail、地图、Google+ 和 YouTube。登录后，即可解锁这些只对登录用户开放的服务产品。

按主页上的“登录”，就出现以下界面：

如果没有账号，可以按右上角的“注册”，注册一个，然后就可以登录，享受各种谷歌的服务了。

二、手气不错

谷歌的“手气不错”用户是经常见的，就是不知道如何使用。“手气不错”就在大家经常使用的“Google 搜索”按钮边上。

在搜索信息时，大家经常有这样的需求，寻找某个单位或某个事物。在使用搜索引擎搜索时，先出来许多相关的网页结果，然后需要用户鉴别，点中某个搜索结果，才会打开所需要的网页。

现在，我们希望在搜索后直接打开这样的网页，而“手气不错”就是这么一种尝试。

之所以说是尝试，是因为不一定成功。成功了，就会有一种“我手气不错啊”的感觉，这就是这个按钮的名字来历。

大家可以试试搜自己的大学，用“手气不错”搜索。比如，搜索“浙江工商大学”，按“手气不错”，有：

三、搜索新闻

点击左上角的“新闻”，即进入谷歌新闻界面：

然后，可以搜索各种新闻。

除了一般谷歌的搜索语法（后面会介绍）外，这里介绍几个谷歌新闻搜索的专用搜索运算符：

（一）只搜索某个新闻来源

搜索运算符为：

source: 新闻来源

注意，因为新闻来源是英语表达的，空格要用下画线代替。如搜索 *New York Times* 的新闻，应该这么搜索：

source:*New_York_Times*

(二) 只搜索某地方的新闻

搜索运算符为：

location: 地点

同样，地点是英语表达的，空格也要用下画线代替。注意，搜索美国某个州的新闻，必须使用该州的缩写。比如，搜索纽约的新闻，应该这么搜索：

location:NY

（三）其他运算符

还有三个运算符，作用如下：

allintitle: 搜索词　表示只搜索新闻标题中符合“搜索词”的新闻
allintext: 搜索词　表示只搜索新闻内文中符合“搜索词”的新闻
allinurl: 搜索词　表示只搜索该网址新闻中符合“搜索词”的新闻

四、搜索图片

点击左上角的“图片”，即进入谷歌图片界面：

搜索时，可以使用一些运算符，如：

filetype: 图片类型

site: 网址

其中，图片类型仅限于 JPG，GIF，BMP，SVG，WEBP，ICO 和 PNG 七种，或者用 All 表示所有类型。网址要有“www.”。比如，搜索北京的图片，图片类型要求是 JPG 的，可以这样搜索：

beijing filetype:JPG

北京 filetype:JPG

北京 site:www.sohu.com

第二个搜索，结果如下：

在搜索结果的“图片”文字上，有大小、颜色、类型、时间、图片类型等下拉菜单选择。选择好各选项，即可获得所需要的图片。

谷歌的图片，是全球性质的，点开某张图片，右边会出现图片来源和图片尺寸等相关信息。当然，搜索中国的图片用百度比较好，搜索外国的图片用谷歌比较好。

五、搜索地图

在谷歌搜索框中，输入具体地址（不管是中国的，还是外国的），都会显示该地址对应的地图。

比如，输入“杭州市西湖区古墩路 541 号”，有以下搜索结果：

点击该地图，即进入地图功能。此时，你使用的搜索界面语言不是中文，地图会出现英语和中文双语注释。

用谷歌搜索国内地址，出现的地图不具有公交导航功能，这点与百度不同。

第三节　谷歌的特色搜索

谷歌提供许多特色搜索，这里介绍部分常用的。

一、本地天气

用 Google 查询中国城市地区的天气和天气预报，只需输入一个关键词（“天气”“tq”或“TQ”）和要查询的城市地区名称即可。

Google 返回的网站链接会带给你最新的当地天气状况和天气预报。不打城市地区名称，返回的是上网 IP 所在的城市天气。查询异地天气，必须输入该城市地区名称。

比如，要查找杭州的天气状况，可以输入：

tq hangzhou

天气 杭州

二、股票

用 Google 查询股票价格和股市行情，非常简捷方便。只需输入想查询的股票证券名称或是其代码，Google 就会返回其他链接，你只要点击一次便能得到有关股票证券的详尽资料。

中国的股票可以使用中文的股票名称、拼音首字母代码和数字代码，美国的股票要用证券代码，如下列搜索是可行的：

潞安环能

lahn

601699

GOOG

三、计算器

使用 Google 内置的计算器功能，只需要将数学算式输入检索框内，搜索一下就可以获得计算结果。Google 支持多种函数运算，甚至二进制（0b）、八进制（0o）和十六进制（0x）的计算，也能使用复数。注意，用于表示不同进制的第一个符号是数字 0。

比如，可以搜索：

(107+71+52+82+76+64)/6

sin(2*pi)

0b11*0b110

(4+3i)*(2+4i)

sin(30*pi)^2

10 mod 4

四、单位换算

Google 提供多种单位换算，只要按以下格式输入：

数字 某单位 = ? 另一单位（中文）

x 某单位 in 另一单位（英语）

比如，可以搜索：

12 英寸 =? 厘米

113 磅 =? 克

11 miles in kilometers

341 liters in gallons

五、字典定义

要查看某个字词或词组的定义，在此字词或词组前加上“define:”即可。请注意，搜索结果会提供整个词组的定义。

比如，可以搜索：

define: 电子图书

define:income tax

六、拼写检查

如果你键入的搜索词有拼写错误，Google 的拼写检查软件会自动检查，然后给出其认为可以提供更好搜索结果的拼写，你将看到“您是不是要找：（显示更常见的字词拼写方式）”，英语是“Did you mean:”。

七、本地店家搜索

如果想要查找商店、餐馆或其他本地商户，可以搜索商户类别和位置，Google 会将搜索结果连同地图、评论及其联系方式一并返回。

比如，可以搜索：

杭州 丁哥黑鱼馆

八、电影放映

要获知附近正在上映的电影的评论和放映时间，只需在 Google 搜索框中键入“电影”“影讯”及影院名称或近期电影的名称即可。

九、房地产和住房

要查看指定区域内的房源信息，只需在 Google 搜索框中键入“房地产”及城市的名字。

比如，可以搜索：

房地产 杭州

十、邮编区号

用 Google 查询邮政编码或长途电话区号时，只需输入关键词（“邮编”“yb”或“YB”，“区号”“qh”或“QH”）和要查的城市地名，或邮政编码，或电话区号即可。Google 会提供相关的所有信息，包括所在地的省市名称、邮政编码及该地长途电话区号。

比如，可以搜索：

绍兴 区号

杭州 邮编 区号

金华 邮编

邮编 310000

0571 qh

十一、摄氏度与华氏度转换

Google 提供摄氏度与华氏度的转换。格式为“f to c”（华氏度转摄氏度）和“c to f”（摄氏度转华氏度）。

比如，可以搜索：

98 f to c

38 c to f

十二、汇率转换

要使用 Google 内置的货币换算器，只需在 Google 搜索框中输入所要完成的换算，Google 随后会在结果页中直接提供换算结果。中文用“等于”和“=”，英语用“in”。

比如，可以搜索：

102 英镑等于多少人民币

21 英镑 =? 人民币

21USD=?RMB

200 pounds in euros

与百度的外汇兑换一样，此换算仅供参考。

十三、阿拉伯数字转换罗马数字

Google 提供阿拉伯数字向罗马数字的转换，转换格式为“阿拉伯数字 in roman numerals”。

比如，可以搜索：

2476 in roman numerals

结果为 MMCDLXXVI。

第四节 谷歌的搜索语法

使用搜索引擎，选择好搜索词是非常重要的。搜索词可能是多条件组合的，这时需要有一定的搜索语法。本节介绍谷歌的一些常用搜索语法。

一、同时包含多个搜索词

Google 采用“与”规则，即输入多个检索词，只要有空格相隔，Google 就假设你想查找包含全部检索词的网页。搜索词最多不能超过 32 个。

比如，要搜索所有包含关键词“网络出版”和“特点”的网页，可以这样搜索：

网络出版 特点

二、不包含某些特定信息

Google 用减号“－”表示逻辑“非”操作。“A －B”表示搜索包含 A 但没有 B 的网页。当然，可以多次使用减号，只是减号前必须有空格。

比如，要搜索所有包含“网络出版”和“特点”，但不含“省”“社”的中文网页，可以这样搜索：

网络出版 特点 －省 －社

三、多个搜索词至少包含一个

Google 用大写的“OR”表示逻辑“或”操作。搜索“A OR B”，意思就是说，搜索的网页中，要么有 A，要么有 B，要么同时有 A 和 B。注意，“OR”必须大写。

比如，要搜索“传统出版”或“数字出版”的网页，可以这样搜索：

传统出版 OR 数字出版

作为上述三种逻辑的混合使用，一般而言，谷歌是按从左到右的顺序读取操作符号，而且，“或”前后不能是“非”操作。另外，“与”和“非”操作的组合，和搜索词的顺序无关；但有了“或”操作，就和顺序有关。

举例，要搜索所有关于周杰伦，或者孙燕姿，但不包含蔡依林的网页，有以下搜索：

周杰伦 OR 孙燕姿 －蔡依林　正确

－蔡依林 周杰伦 OR 孙燕姿　正确

周杰伦 －蔡依林 OR 孙燕姿　不能操作

周杰伦 OR －蔡依林 孙燕姿　不能操作

四、通配符

Google 对通配符支持有限，目前只可以用“*”来替代单个字符或词。

比如，“以*治国”，表示搜索第一个字为“以”，末两个字为“治国”的四字短语，中间的“*”可以为任何字符。

理论上，一个*号表示通配一个字符或一个汉字，但输入两个*号，结果有通配一个的情况，也有通配两个的情况，更有通配三个的情况。这只是 Google 算法上的不同理解。

五、字母大小写

Google 对字母大小写不敏感，也就是“Good”和“good”的搜索结果是一样的。

六、搜索句子

Google 对英语句子中的空格默认是“与”逻辑，所以搜索结果表示只要同时含有这些词即可，并没有规定这些词必须是连排，不允许中间插入其他词。如果一定要搜索排在一起的“We have the right to vote”，可以将整句话用英语双引号括起来。

七、加号操作符

Google 会忽略诸如“的”“吧”“呢”此类的常用字词和字符，还会忽略其他一些降低搜索速度却不能改善搜索结果的数字和字母。

如果必须使用某个常用字词来获得相应的搜索结果，请在此字词前输入“+”号（请确保在“+”号前留一空格）。这样，Google 就不会忽略该字词。

比如，搜索：

我 +的大学

八、数字范围搜索

想要查找在某数字范围内的某事或某物，可以通过设定数字范围来搜索包含指定范围内的数字的结果。这只需在搜索框内向搜索词后面添加两个数字，并将其用两个英文句点分开（无空格）即可。

可以使用各种数字范围设置，从日期 (Mary Bush 1950..1960，表示搜索 1950 年到 1960 年间的 Mary Bush) 到重量 (5000..10000 kg 卡车，表示搜索重量在 5000 千克到 10000 千克的卡车）的各种范围。不过，请务必指定度量单位或其他一些说明数字范围含义的指示符。比如，要搜索价格在 1000 元与 2000 元之间的相机，可以这样搜索：

相机 1000 元..2000 元

九、查找内容相似的网站

要搜索与指定网站有相似内容的网页，在搜索框中键入“related:”，并在其后键入相应的网址。此时，必须加“www.”，这是和百度不一样的。

比如，搜索与 CCTV 网站相似的网站：

related:www.cctv.com

十、查找所有链接到某网站的网页

有时想知道，有多少网站对你指定的网站做了链接，比如你公司的网站有哪些网站做了链接，可以使用 link 搜索语法：

link:www.renren.com

十一、专业文档搜索

Google 提供 filetype 搜索语法，可搜索的文件类型比百度要多，有 DEF，DOC，HTM，HTML，KML，KMZ，MW，PDF，PPT，PS，RTF，SWF，TXT，XLS，WKL，WRI 等，而且文件类型以后会不断增加。

比如，以下搜索是可行的：

income tax filetype:pdf

application filetype:doc

十二、限定站点搜索

如果要把搜索结果限于某个具体网站，或者某个网站频道，或者某个域名，可以使用 site 搜索语法。比如，以下搜索是可行的：

考研 调剂 site:edu.cn

"Lady Gaga" site:sohu.com OR site:sina.com.cn

注意，site 后的冒号为英文字符，冒号后不能有空格，否则“site:”将被作为一个搜索的关键字。此外，网站域名不能有“http://”前缀，也不能有任何“/”的目录后缀；网站频道则只局限于“频道名．域名”方式，而不能是“域名 / 频道名”方式。

十三、按搜索词出现的位置限制搜索

Google 提供的相关搜索语法要比百度丰富得多，主要有：

allintitle: 搜索词串　　全部搜索词必须出现在网页的标题里

intitle: 单个搜索词　　单个搜索词必须出现在网页的标题里

allinurl: 搜索词串　　全部搜索词必须出现在网页的网址里

inurl: 单个搜索词　　单个搜索词必须出现在网页的网址里

allintext: 搜索词串　　全部搜索词必须出现在网页的内文里

intext: 单个搜索词　　单个搜索词必须出现在网页的内文里

allinanchor: 搜索词串　全部搜索词必须出现在网页的链接里

inanchor: 单个搜索词　单个搜索词必须出现在网页的链接里

我们来使用这些搜索语法进行一些搜索。比如，查找体育运动的 surfing（冲浪），但不是网上的冲浪：

intitle:surfing －intext:internet

查找讨论阅读，但不是数字阅读的网页：

intitle:reading －intext:digital

查找讨论个人所得税的网页：

allintitle:income tax

查找讨论数字版权的网页：

allintitle:digital copyrights

查找不在百度网上讨论的有关百度的网页：

intitle: 百度 －inurl:baidu

查找讨论数字出版和传统出版的网页：

allintext: 数字出版 传统出版

十四、高级搜索

打开 http://www.google.com.hk/advanced_search 网址，就有以下界面：

通过各选项的设置，就能获得比较满意的搜索结果。

需要说明的是，谷歌打不开时可使用 www.bing.com，搜索语法是一样的。

思考题

1. 比较百度的特色网页搜索功能、谷歌的主页功能和谷歌的特色搜索，列表说明异同情况。

2. 比较百度的搜索语法和谷歌的搜索语法，列表说明异同情况。

3. 请用 intitle，filetype，inurl 和 site 搜索语法组合给出三个实用的谷歌信息搜索新例子。

4. 根据教材介绍的搜索情景，自己设计三个有用的谷歌信息搜索案例，说明搜索的预期目标、具体搜索词（或搜索语法）和实际搜索效果。

第 12 章

数字资源的综合利用

本章知识要点

1. 数字资源的实际应用；
2. 数字资源的检索策略，检索结果评估，检索策略优化；
3. 数字资源实际应用的技术。

目前，社会上数字资源繁多，商业的和非商业的，而且新的资源不断在涌现。利用好这些数字资源，已经显得非常重要。

本章，我们首先要介绍数字资源的实际应用，其次要介绍一些获得最好检索效果的实用方法，最后给出一些数字资源的应用实例。

第一节 数字资源的实际应用概述

信息是人人需要的，数字资源的建设就是社会需求推动的。从军用到民用，从工作到日常生活，从科研到学习，社会上的方方面面都有数字资源的应用。

综合起来，数字资源目前使用比较多的，有以下几个方面。

一、数字资源在教学工作中的应用

数字资源在教学中的应用是非常普遍的，我们经常在互联网上见到数字资源在中小学各科教学中的应用例子。

一般来说，教学中使用数字资源，有这么几个方面：

（一）教学方式的更新

使用数字资源，在很大程度上，寄希望于可以使用多媒体，这对于利用网上资源，或是应用视频、图片和文字，通过鲜活的感性材料、突出的视听优势、再现的生活场景和有趣的人机互动来丰富教学的形式，是非常有意义的。

通俗地说，多媒体教学，一能吸引学生的注意力，提高学生学习的兴趣；二能改变老师满黑板书写、学生满笔记本摘录，即学生听课效果差、老师讲解速度慢的状况，增加课堂讲学的内容或将剩余的时间用于师生交互，从而提高课堂教学质量；三能通过多媒体的形象解说，改变传统以静态形象和口语交流为主，以模型、挂图、板书和实物演示为辅的信息传递方式，提高教学的效率；四能通过网上平台，使教与学互动。

（二）教学内容的补充

传统的教学，学习的内容总是有限的，不管是学生用书，还是教师用书，就其内容的量来说，和现在最新的网上教学平台提供的资源包相比，都是差距很大的。

这一方面是教材的内容选定，要与教学时间相符，要照顾到大多数学生的需要，无论内容的广度，还是内容的深度，都是有限的。另一方面，使用纸质教材，受纸质教材的出版字数限制，内容总是有限的。因此，传统教学中，老师所能获得的教学素材也是非常有限的。

相对来说，网上的数字资源是无限的。任何教学内容，都能找到相对应的背景素材，或者教学案例，这对教师展示课堂教学内容和学生理解相关知识都是非常有用的。

（三）教学内容的更新

教学内容总是和教材相关的，而教材的内容不是年年更新的，因此教学内容过时和陈旧也是难免的。教材的编写和出版是个大工程，需要很长的周期，一套中小学教材正式出版后，基本是要使用几年的。至于大学教学，特别是专业人数少的专业课，即使专业内容变化很快，教学使用的教材也无法做到随时更新。毕竟，新的教材上市，就意味着老教材的发行到终点了。纸质教材出版不能按需印刷，低于一定的数量就无法正常出版，这是商业行为。

但世事是不断变化的，有的学科变化还是很快的，教学内容必须更新。要想适应形势，就得利用数字资源。特别是一些技术发展比较快的课程教学，比如涉及数字设备的课程，或者与计算机程序相关的课程，其使用的教材往往显得材料有些跟不上时代。此时，及时搜索一些与课程相关的最新内容，可以适时做些教学内容的更新。

（四）教师个人的学术水平提高

现在是终身学习的时代，教师本人更需要不断学习。有些人一做了教师，便专门教人，而忘记自己也是一个永远不会毕业的学生。因此，这样的教师很容易在学业上停止长进，甚至“未老先衰”。只有好学，才能终身进步，才会长青不老。何况，教师自身的不断学习是教育事业的具体要求。人们常说，要想给学生一杯水，教师自己必须有一桶水。教师要学为人先，与时俱进，生命不息，学习不止，不断提高自身的学术水平。

教师个人的学术水平提高，离不开各类专业文献的获取和学习，而数字资源又是使用最便利，内容形式最多，学习最为方便的。

（五）学生的课外学习

课堂的教学，总是要照顾到大多数学生的学习需求，因此，从内容到教学方式，不可能完全满足每一个学生的学习需求。

要拓宽课堂知识内容，或者在课堂知识的基础上进一步深入，就必须进行课外阅读。再说，任何学生，除了课堂教学内容外，都有课外阅读的需求，只是不同的人在课外阅读内容的深浅和偏好方面有差别。课外阅读不仅可以使学生开阔视野，增长知识，培养良好的自学能力和阅读能力，还可以进一步巩固学生在课堂内学到的各种知识。

显然，数字资源对于学生进行课外阅读是最有用的。目前，国内正在建设中小学数字图书馆，其目的就是方便中小学师生的学习和阅读。

二、数字资源在科研工作中的应用

科研是什么呢？教育部认为，科学研究是指为了增进知识（包括关于人类文化和社会的知识）以及利用这些知识去发明新的技术而进行的系统的创造性工作。美国资源委员会认为，科学研究工作是科学领域中的检索和应用（包括对已有知识的整理、统计），以及对数据的搜集、编辑和分析研究工作。不管是利用已经有的知识去发明新的技术，还是检索和应用已有知识进行研究工作，都离不开信息检索和创新。

信息资源，一直是科研工作的重要环节。没有信息资源，就无法搞科研。有人统计过，在传统的信息资源情况下，科研工作中信息检索和文献阅读占了一半时间。也有的人说，信息检索就占了 50% 的时间。客观地说，各个学科情况是不一样的，文献来源也不一样，因此所需要的时间也不一样。有的学科，信息资源不是很容易获取，比如事关高度军事机密的，或者事关国家机密的。

随着计算机和网络技术的飞速发展，数字资源已经成为科研活动的主要信息来源。以前必须花费大量时间的信息检索，情况也有所改善。现在，问题不在于信息检索需要的时间长短，而在于是否了解自己所需要的信息在哪，应该如何获取。

一般来说，数字资源在科研创新中的应用，大致在以下几个环节：

（一）科学扫盲

通过文献查阅进行科研扫盲，这是创新的第一步，也是必要的一步。没有人是科研创新的专家，一切已经获得的科研成就，只能说在新的科研工作中起步比较好，因为基础条件比较好。没有人是非常熟悉即将要研究的内容的，所谓非常熟悉也是因为对相关文献阅读较多才有了较好的认识，没有人天生会熟悉某个领域的一些知识的。

为了做好新的科研工作，必须熟悉那些大家普遍认为从事该项科研工作必须具有的基础知识，从而为进一步获取新的知识打好基础。

（二）寻找问题和分解问题

阅读文献，不是为了阅读而阅读，是为了能寻找出科研工作想要解决的问题，然后把众多问题加以分解，哪些是可以解决的，哪些是目前还无法解决的，这是科研创新的源头。

需要解决的问题，就是科研工作的目标。这可以从工作中、生活中获取，也可从本专业的文献阅读和分析中获取。只有获得了专业问题，才可以进行问题的分解。因此，大量阅读专业文献是必须的。

（三）获取创新灵感

能寻找问题，也能分析问题，并不意味着科研完成了。科研的成功，在于解决问题。解决问题，自然是一种科研创新。创新的灵感是从哪里来呢？有人说，创新的灵感源自生活，源自市场，源自工作，这些都是对的。总的来说，创新的灵感，就是来自实践。关键问题是这种创新的灵感，什么时候才能闪现，时不我待啊。所以，搞科研工作，必须通过文献阅读，尽早获取创新的灵感。文献，源于实践而高于实践，是实践经验的总结，是一切问题解决的总汇。

搞科研工作，就是要多读相关文献。所谓“熟读唐诗三百首，不会作诗也会吟”。

读透了本专业的研究文章，基本能知道本专业的学术问题大概有几类，每一类又是通过哪几种方法去解决的。不能精确知道自己研究的问题应该用什么方法解决，挨个试试总行的吧。何况，现在提倡跨学科研究，借鉴其他学科的解决问题方法，也是一种突破和创新。

（四）积累创新技巧和手段

创新需要技巧，也需要手段。创新的技巧和手段，当然最直接是在不断的创新过程中积累的。只是，文献科研知识的积累，也是创新技巧和手段的积累。文献知识，不仅仅能解决思路上的问题，也能解决技巧和手段上的问题。

阅读文献，有时不单纯是为了解决具体科研问题的。阅读文献也是一种专业学习，而且是高层次学术水平的学习。通过文献阅读，一方面积累专业知识，另一方面也能积累创新技巧和手段。

也有学者指出，信息检索和文献阅读是始终贯穿整个科研工作的，而且科研初期、中期和后期需要阅读的文献也是有所不同的。

三、数字资源在技术工作中的应用

技术泛指劳动生产中的经验、知识和技巧，也指其他操作方面的技巧，比如文学创作方面的技巧。技术工作，就是需要一定经验、知识和技巧的工作。什么工作不需要技术？好像这样的工作是没有的，工作都需要经验、知识和技巧，只是所需的技术有简单和高难度的区分。

技术，既然来自于经验、知识和技巧，那么肯定是离不开信息资源的。一般来说，数字资源在技术工作的以下几个方面有所应用：

（一）解决实际问题

现实中，我们总会遇到许多技术问题，需要使用经验或知识去解决。依靠同行交流或师傅传授是一种获得经验或知识的途径，但同行或师傅未必是百事通，样样事情都能解决的。自己摸索也是一种获得经验或知识的途径，只是能不能想出一个解决问题的办法，就看个人悟性了。

最好的办法是，通过信息检索，寻找同样问题的解决办法。文献是经验和知识的总汇，检索了，总有收获。而且，信息检索是获取解决问题方法的最便捷途径。

常常，苦思冥想多少天不得解决，检索一下，迎刃而解。

（二）学习工作技能

初到新的工作岗位，有的人会接受上岗培训，快速获得一些工作技能，但大多数人没有条件获得培训，要么由老师简单带一下，要么自己摸索，要么被聘前就要求有相应的技能。

不管是参加培训，还是老师传帮带，或是自学，从现有相关信息中系统学习一下，肯定是上手最快的，除非一些技能是那个单位特有的，不对外公开。

（三）提高工作技能

有时，在一个单位工作多年，工作很累，从来没有想过用什么办法提高效率，只是觉得大家都是这么做的，肯定有其道理，要怪，只能怪自己命不好，摊上活这么多的工作。

其实，很多工作都有一些技术革新，这些技术革新，往往已经总结好发表了，只是传播不畅，没有普及。检索一下，既能提高工作效率，又能提升工作能力，说不定还能给单位领导或同事一个非常好的印象——工作技能超群。

技术革新的事天天在发生，相关的文献天天在积累，只是很多人没有检索，更不用说拿来提高自己的工作能力。否则，大家都经常从信息检索中受益，都成为工作能手，还有超群的工作能手吗？

（四）技术创新

技术创新是经济增长和经济发展的原动力，企业是经济增长和经济发展的载体，企业的技术水平、技术创新能力，不仅直接决定企业竞争力，并且对整个产业和经济的发展有着重要的基础作用。

如何从事技术创新？这就需要：总结现有研究方法的缺点与不足，确定创新目的；确定研究方法，搜索相关与相似问题的解决方法。在此基础上，才能开始技术革新。因此，信息检索是非常重要的，而且是必须做的工作。

四、数字资源在生活中的应用

生活中充满信息，而人在生活中又离不开信息。进入数字时代，信息和百姓生活的关联越来越强。特别是手机超越了通话功能和短信功能，开始用作上网最灵巧的工具，数字资源就越来越走近大众。墨迹天气、手机淘宝、大众点评、美团网、携程旅行等一一成为手机热门应用。

我们的生活都是和信息休戚相关的，就像有人形容的，新的一天从刷微信、微博开始，在刷微信、微博中结束。数字资源，改变着人们的日常生活。

数字资源在生活中的应用，大致有以下几个方面：

（一）获取日常生活信息

我们通过手机和电脑，可以获得许多日常生活中必需的信息。天气预报，汽车班次，火车时刻表，股票信息，打折消息……生活中需要的信息，应有尽有。

数字资源所提供的信息，既迅速，又廉价，甚至是免费的。我们的生活不再是无备而为，我们都是有备而来。我们比任何时候都有自信，因为我们有的是信息。

（二）提高生活水平

这是个数字时代，更是经济时代，赚钱困难成为生活最大的困扰，生活的压力空前大。人人需要提高生活水平，特别是低成本地提高，来减轻生活压力。因此，大众点评网、美团网等，以价廉物美的招牌走向百姓，吃得好，付得少；去哪儿网，携程网，低价机票和住宿优惠，带你走向大自然，走向风景名胜。

我们更需要自己动手，那样才能丰衣足食，所以，现今的美食博客大行其道。各种精致的点心，美味的菜肴，配以详尽的制作步骤和制作要点，绝对是百姓的一种生活享受。我们也上淘宝，挑选服装、鞋子，直接在网上比较价格，选信誉最好、价格最便宜的买。

（三）解决生活难题

人有生老病死苦，开门七件事——柴米油盐酱醋茶，人的一生离不开生活难题。当然，没有苦难，也就没有快乐了。快乐总是在解决苦难后才有更好的体会。有了生活难题，就要勇于面对。

生活的难题虽然不是三言两语能解决的，也不是一些信息能改变的，但网上众多的经历和感受，对于客观了解情况，主观解决问题，都是有好处的。

（四）了解世界

现在，我们不再单单依靠传统的媒介，比如广播、电视和报纸，来定时获取世界上发生的事。网络能在第一时间向外界报道许多事情。新闻，从来没有像现在这样贴近民众，发生在千里之外的事，要不了几分钟就在微博上传开了，比搜狐、新浪和网易这些门户网站传播得还快。

我们也没有像现在这样更关注新闻，以前我们可以几天不看电视或报纸，现在我们是从早到晚刷微博，因为很多事情都是在微博上先传播开来的，比如雅安地震。

五、数字资源在娱乐方面的应用

有人说，提高物质生活方面的水平，离不开个人的经济基础。而提升精神生活水平，要相对容易一些。

听歌，看书，看电影，看电视，看小品，看魔术，看杂技，听音乐，听相声，听戏曲，玩游戏，都能对精神生活产生影响。

这一切，我们都可以利用网上数字资源来实现，这是传统的媒介所不能的。从台式电脑，到笔记本，到平板，到手机，个人娱乐要什么有什么。事实是，人的娱乐需求，也是 IT 产业的市场所在，能不丰富吗？

六、学位论文的开题

学位论文开题，既是教学的一个环节，又是科研的一部分，这里专门介绍。

学位论文是指为了获得所修学位，被授予学位的人按要求撰写的论文。根据《中华人民共和国学位条例》的规定，学位分学士、硕士、博士三级。由此引申，学位论文分为学士论文、硕士论文、博士论文三种。

事实是，《中华人民共和国学位条例》第四条至第六条明确规定，硕士和博士必须要进行论文答辩，本科生只需达到条例规定的学术水平即可。因此，学士学位论文不是必需的。但 2012 年 11 月 13 日公布的中华人民共和国教育部令第 34 号《学位论文作假行为处理办法》中第二条又明确写道，向学位授予单位申请博士、硕士、学士学位所提交的博士学位论文、硕士学位论文和本科学生毕业论文（毕业设计或其他毕业实践环节），统称为学位论文。由此可知，本科生必须要有毕业论文，只是形式可以是毕业设计或其他毕业实践环节。

（一）学位论文的要求

《中华人民共和国学位条例》第四条至第六条明确规定，本科生必须“具有从事科学研究工作或担负专门技术工作的初步能力”，硕士生必须“具有从事科学研究工作或独立担负专门技术工作的能力”，博士生必须“具有独立从事科学研究工作的能力，在科学或专门技术上做出创造性的成果”。显然，三者的要求有质的差别。

（二）学位论文的特点

学位论文与一般的学术论文不同，具有以下特点：其一，学位论文是高等学校、科研机构的学生为获得各级学位必须撰写的论文；其二，学位论文选题新颖，理论性、系统性较强，阐述详细，一般篇幅都较大，比如要求学士学位论文字数 1 万以上，硕士学位论文字数 3 万以上，博士学位论文字数 8 万以上；其三，学位论文的参考文献多、全面，有助于对相关文献进行追踪检索。

（三）学位论文的开题步骤

从学位论文的特点可以看出，学位论文对文献要求很高，也就是说，信息检索工作很重要。实际上，学位论文与信息检索是密切相关的。

学位论文的开题，一般有以下步骤：

1. 选题

选题，就是学位论文选什么题目。选题要遵循以下原则：

开拓性：表现在选题要考虑那些前人没有专门研究过的或虽已研究过但尚无理想的结果，有待进一步的探讨和研究，或是学术界有分歧，有必要深入研究探讨，并能有预期成果的课题。

先进性：表现在硕士学位论文要有新的见解，博士学位论文要做出创造性成果。学士学位论文理论上只需要反映出已经掌握教学大纲所规定的知识，并有从事科研工作的初步能力，实际上还是要求有一定创新的，至少不得抄袭。

成果必要性：表现在所选课题应有社会需要的背景，要针对实际的需求，或者是学术发展的需要，即研究的成果应有实际效益或学术价值。

成果可能性：表现在所选课题的内容要有科学性，且难易程度和工作量适中。要充分考虑在一定时间内获得成果的可能性，比如不会动用大资金，不会需要长周期的调研或调查，不会牵涉许多难于收集的资料（如内部经营数据、内部报告），等等。

当然，可行的选题方法，是在本专业毕业论文选题中挑选（这个可以用百度搜索，比如“2013 法学专业毕业论文参考选题”），或者直接选择实际教学工作中遇到的一些专业研究问题。

一般，可以初步挑选三四个研究选题供进一步筛选。

2. 文献检索

文献检索，是学位论文的开题步骤中很重要的一步。首先，根据初选的三四个研究选题，做好不同的文件夹。然后，通过三大期刊数据库、外文期刊数据库，以及百度和谷歌搜索引擎，检索相关文献。把检索到的文献，按不同方向全部存放到指定的文件夹。凡是文献数少于 20 篇的，一般可以放弃，因为有的学校规定文献数必须超过 20 篇，否则会认为检索不到位。

本科生不要盲目尝试填补科研空白，毕竟毕业论文答辩中文献综述占有一定比例。填补科研空白，意味着没有先人的科研成果，就是没有相关文献，这是无法做文献综述的。当然，通过公开发表论文填补科研空白是另一回事。

目前，国内三大期刊数据库收录的期刊种数都不全，有必要都检索。好在三大期刊数据库的文章下载时，文件名都是论文题目，收集资料时可以选择保存文件不覆盖来控制最多保存哪个数据库的文章。

3. 文献阅读

收集的资料要进行适当分类。讲述问题的，介绍解决办法的，一般介绍的，要一一加以归类。

文献阅读时要做好研读笔记，这是采用现代方式做的笔记。比如，使用 Word，记录文章名，表达的思想归问题一类还是解决办法一类，或是其他，主要内容是什么。所有文章研读完后，这些记录就非常完整，使用时可以分类抽取，又知道出处。

阅读时，特别要寻找相关问题的分析文章，看看有没有一些问题大家普遍认为有碍你所研究的主题对应的事物发展，或尚待解决的问题，或大家都在写文章要解决，但你认为还没有解决的问题。因为，这或许是你要做的理想选题。

阅读时，主要看自己选中问题的重要性，现有解决的办法，达到的效果，因为这些都是你写文章的内容。

4. 选题筛选

文献阅读后，就面临选题筛选。这要综合考虑文献收集情况、自己选中的问题重要性、文献现有解决的办法，以及那些解决办法所达到的效果。有的问题已经不重要了，有的问题研究已经很充分了，这都是很正常的。

通过文献阅读，要给几个初选研究方向下结论性意见。然后，向自己的指导老师汇报。毕竟，学位论文是要在指导老师同意的情况下才能进行的。而且，指导老师在很多情况下，比学生更有选题筛选的经验。当然，也可能要通过开题答辩，才能最后落实选题，也就是真正开好题了。

七、科技查新

科技查新，严格意义上是科研工作的一部分，但又不是所有科研工作都要科技查新，所以这里单独介绍。

科技查新（简称查新），是指具有查新业务资质的查新机构根据查新委托人提供的需要查证其新颖性的科学技术内容，按照《科技查新规范》进行操作，并做出结论（写出查新报告）。科技查新的目的，就是要查清所委托的课题是否具有新颖性。不具有新颖性，就无法通过相关课题立项。

科技查新是文献检索和情报调研相结合的情报研究工作，它以文献为基础，以文献检索和情报调研为手段，以检出结果为依据，通过综合分析，对查新项目的新颖性进行情报学审查，写出有依据、有分析、有对比、有结论的查新报告。

（一）科技查新的对象

目前，需要科技查新的对象有：

——申报国家级或省（部）级科学技术奖励的人或机构；

——申报各级各类科技计划、各种基金项目、新产品开发计划的人或机构；

——各级成果的鉴定、验收、评估、转化；

——科研项目开题立项；

——技术引进；

——国家、地方或企事业单位有关规定要求查新的。

另外，许多高校规定，博士论文开题必须经过相关科技查新。

（二）科技查新的目的

科技查新有两个目的：其一，为了避免科研课题重复立项。在科研课题立项前，一定要查清是否已经有人做过类似的课题，而且达到的成果优于现在要申报立项科研课题的预期成果。其二，科研项目完成后进行成果鉴定、申报奖励时，需要客观正确地判别科研成果的新颖性。

申报立项时具有新颖性，并不等于科研项目完成时也具有新颖性。因此，课题立项前和课题结束后都要科技查新，只是目的不同。

（三）科技查新的步骤

按照国家科学技术部发布的《科技查新规范》规定，科技查新的步骤为：

1. 查新委托

查新委托人自我判断待查新项目是否属于查新范围，然后根据待查新项目的专业、科学技术特点、查新目的、查新要求，以及需要查证其新颖性的科学技术内容，自主选择查新机构，并向查新机构提交在处理查新事务时所必需的科学技术资料和有关材料。

2. 查新受理

查新机构判断待查新项目是否属于查新范围，判断查新项目所属专业是否属于本机构承担查新业务的受理范围。如果属于本机构承担查新业务的受理范围，则确定查新员和审核员，初步审查查新委托人提交的资料是否存在缺陷，是否符合查新要求，并判断查新委托人提交的资料内容是否真实、准确，判断查新委托人提出的查新要求能否实现，确认能否满足查新委托人的时间要求，初步判别查新项目的新颖性。

若接受查新委托，查新机构按照相关规范中有关查新合同的要求与查新委托人订立查新合同。

3. 检索准备

查新员认真、仔细地分析查新项目的资料，查新委托人提出的查新点与查新要求；了解查新项目的科学技术特点。

在检索前，还要做好以下几项工作：其一，明确检索目的；其二，根据检索目的确定主题内容的特定程度和学科范围的专指程度，使主题概念能准确地反映查新项目的核心内容；其三，确定检索文献的类型和检索的专业范围、时间范围；其四，制定周密、科学而具有良好操作性的检索策略。

4. 选择检索工具

在分析检索项目的基础上，根据检索目的和客观条件，选择最能满足检索要求的检索工具。手检时，根据专业对口、文种适合、收录完备、报道及时、编排合理、揭示准确的原则，选择检索工具书。机检时，在检索前根据查新项目的内容、性质和查新的要求选择合适的检索系统和数据库。

5. 确定检索方法和途径

首先，根据查新项目所属专业的特点、检索要求和检索条件确定检索方法。然后，确定检索途径。

6. 查找

查找时，以机检为主、手检为辅。

除利用检索工具书和数据库外，必要时还需补充查找与查新项目内容相关的现刊，以防漏检。此外，还应当注意利用相关工具书，如手册、年鉴等。

在得出最终检索结果之前，有时会出现查到的文献极少甚至根本没有查到文献，或者查到的文献太多的情况。因此，还需要对每次检索结果进行检验和调整，比如扩检或者缩检。

7. 完成查新报告

查新员按照规定步骤完成查新报告。

8. 提交查新报告

查新机构按查新合同规定的时间、方式和份数向查新委托人提交查新报告及其附件。

9. 文件归档

查新员按照档案管理部门的要求，及时将查新项目的资料，查新合同，查新报告及其附件，查新咨询专家的意见，查新员和审核员的工作记录等存档，及时将查新报告录入国家查新工作数据库。

第二节 科研课题的数字资源检索策略

一般来说，科研课题的文献检索是最艰难的，需要选用正确的检索策略。至于其他类别的数字资源检索，由于较为简单，我们将在下一节里，通过实例叙述。

前面已经介绍过，文献检索在科研工作中是非常重要的。事实上，文献及其他形式的信息资料又是科学研究成果的载体。这就表明，一方面文献是为科研服务的，是科研的基础；另一方面，科研的成果是通过文献的形式发表的，科研成果最终又是文献的有机组成部分。

众所周知，查询、了解、搜集特定的信息资料在科学研究活动中需要占用相当的时间和精力，因此，必须运用科学的方法进行查询、搜集和运用。

科研课题的检索，一般步骤有：分析课题、确定检索资源、确定检索途径、选择检索策略、评估检索结果、优化检索策略、整理检索结果。

一、分析课题

在开始检索之前，必须对所要检索的科研课题进行分析，明确课题涉及的文献类型（图书、期刊、报纸、会议论文、学位论文、研究报告等），以确定检索资源。同时，要界定主题范围，以方便检索词的确定。

不同的课题，对于文献的需求也有所不同。有的课题重点在现状，有的课题重点在历史的发展；有的课题涉及面小，有的课题涉及面大；有的课题针对的是国内情况，有的课题国外研究较好；有的课题是针对某个人的，有的课题是针对一个群体的……这时，所需的文献类型、文献的时间跨度、文献的学科、文献的语言种类要合理选择。文献需求考虑多，检索工作量就大；文献需求考虑少，检索工作量就小。

二、确定检索资源

明确了文献的需求，再来考虑检索资源。检索资源的选择要考虑多种因素，比如文献学科、文献时间跨度、文献类型、文献语言种类等，只有这些确定了，才能确定检索范围，才能选择不同的数字资源。数字资源不能满足所需要的文献需求，比如数据库不包含某个时间跨度的文献，就要适当考虑传统的文献资源，比如相对应的检索工具。

当然，若数字资源能满足相关文献需要，只是所在学校没有相应的数字资源，则要考虑通过其他渠道，到有该相应数字资源的地方去获取相关文献。

三、确定检索途径

检索途径不外乎分类途径、主题途径、著者途径和其他途径。在传统的文献检索中，不同的检索工具有不同的检索途径，检索前务必确定好检索途径。

在数字资源中，检索途径被检索字段（又称检索项）淡化了，真正使用分类途径检索的很少，大多数用户使用高级检索，多条件组合。因此，确定检索途径，一方面是为了传统检索，另一方面是为了方便选择对应的检索词。

四、选择检索策略

显然，不同的数字资源，必须使用不同的检索策略。检索策略必须在熟悉检索资源的特点与功能，熟悉相关资源的检索方法等基础上制定。

检索策略，涉及检索词、检索字段、检索语法（有的叫运算符，有的叫检索规则）等内容。制定检索策略时，必须同时列出相关的这些内容，以便具体实施检索策略时，正确选用。

（一）检索词

检索词，是在分析课题环节已经界定主题范围的基础上，根据检索系统的特点与功能，选择一些检索用词汇。确定检索词要求选用规范化检索语言。具体地说，检索词的选用，必须满足这么一些要求：第一，涵盖主题概念；第二，具有明确、实质的意义；第三，兼顾学科专门术语和通俗叫法。

选择检索词时，要搞清检索资源有无同义词功能或同名作者功能等。

（二）检索字段

检索字段，就是由传统意义上的检索途径转化而来的。常用的检索字段有：题名、关键词、作者、文献来源、摘要、出版年份、文献类型、作者单位等。

考虑检索字段，要搞清检索资源有无兼顾题名和关键词的主题词，这和仅仅搜索题名或关键词的效果是不一样的。

（三）搜索语法

搜索语法，就是针对百度、谷歌网上资源搜索时使用的一些语法，比如同时包含多个搜索词，多个搜索词至少包含一个，不包含某个特定信息，通配符，搜索句子，以及 intitle，inurl，filetype，site 等类似搜索功能。

类似的内容，在数字图书馆里又称为检索规则。在谷歌搜索中，还有 source，

location，allintitle，allintext，allinurl 的用法，称作运算符。

往往，选定检索词，也需要选定检索语法。这样，使用起来才有满意的效果。

五、评估检索结果

有了具体的检索策略，进入检索资源，就可获得检索结果。获得检索结果，并不表示检索的结束。要对相应的检索结果进行评估，只有在比较满意的情况下，才可以认为检索工作暂告结束。

检索结果的评估，主要围绕两个方面展开：检索结果是否涵盖课题全部的主题和检索结果是否提供足够的所需内容。

涵盖课题全部的主题，意味着检索词的选用是正确的。否则，说明检索词的选用存在问题，必须重新选用检索词。

检索结果是否提供足够的所需内容，有两种情况：其一，检索结果显现太多和研究课题不相关的记录，这就意味着要从中选择自己需要的内容必须花费一定的精力。当然，如果我们获得的检索结果只有几十条，从中选择自己所需的内容还是很快的。但如果我们获得的检索结果有几千条、几万条呢？其二，检索结果显现太少和研究课题相关的记录，或没有和课题相关的记录，这时肯定要重新思考并建立检索课题，对检索策略进行优化。

评估的结论只有两个：其一，对检索结果满意，检索结束；其二，对检索结果不满意，必须优化检索策略，重新检索。

六、优化检索策略

优化检索策略，就是在检索结果评估的基础上，对已经实施的检索策略进行适当调整，以满足检索需要。

从检索结果的评估来看，优化要从两方面着手：其一，检索词的调整；其二，检索范围的调整。

检索词的调整，显然是因为原来检索词没有涵盖课题的主题范围。如果在原来选用检索词时，已经考虑了规范化检索语言，以及其他必须满足的要求，比如兼顾学科专门术语和通俗叫法，那么，调整方法只有增设检索词。

检索范围的调整，也就是缩小检索范围或扩大检索范围。

细化分类，不包含某些特定信息，限定作者单位，限定文献类型，限定出版年份，等等，都可以缩小检索范围。

使用检索词的同义词、相关词、缩写、全称，截词符，通配符，“或”逻辑，检索结果中的相关文献，追溯法，等等，都可以扩大检索范围。

七、整理检索结果

经过优化检索策略，获得的检索结果要进行适当的整理。整理工作包括检索结果的分类、筛选、归类。

分类，就是从检索课题所对应的课题工作需要角度出发，对检索结果进行细化。实际使用时，肯定不是每次都到所有检索结果中去寻找的。检索结果有的是数据性的，有的是实验或调查报告性的，有的是相关政策理解或讨论的，有的是标准使用的，有的是问题综述的，有的是争议的，有的是解决方法的，必须根据检索结果的特点，加以分类，以方便使用时寻找。显然不同的检索课题，其分类也是不同的。

筛选，就是要对检索结果进行内容检查，看看是否有内容相同而重复的，有没有一般性介绍或内容质量低下的，内容是不是比较新颖，资料是否可信。当然，这是基于主观判断的，因人而异。

归类，就是在检索结果的筛选基础上，把需要的检索结果按已经设定的分类一一归类。一般，可以设定相应的文件夹，然后把相关的文献归到相应的文件夹内。

最后，不管是数字资源，还是手工检索，都要做好原文献的下载或获取。有时，数字资源的原文献需要联机订购，传统资源的原文献需要文献传递。只有在这个时候，才能算完整意义的检索工作结束。

第三节 数字资源的部分应用实例

数字资源的应用非常广泛，实例众多，不可能一一罗列。我们这里选择一些实例，也不可能非常经典，或者具有代表性，仅仅是给大家一些示范。实际操作中，还需要各自不断摸索和总结，才能有所提高。

实例按检索任务、检索策略和答案的形式排列，应用实例答案视情况给出，相关检索具体操作过程限于篇幅，不再给出。

[**例 1**] 检索任务：*世界第一枚小型张出现在什么地方？*

检索策略：此类知识点求答案的检索，最好是选用百度。搜索词选用“*世界第一枚小型张*”，能找到相关的网页，自然有发行邮票的国家或地区。

答案：1923 年 1 月 3 日，为纪念伊丽莎白公主的诞生，由卢森堡公国发行，图案是卢森堡的风光，绿色，面值 10 卢森堡法郎。

[**例 2**] 检索任务：*人肉搜索是怎么样完成的？*

检索策略：此类带有技术性的解答，先在百度上搜索，不行再到期刊数据库中搜索学术研究。搜索词直接使用“*人肉搜索*”。

答案：人肉搜索并不是真正的搜索，不是像用百度、谷歌那样可以直接搜索。人肉搜索是通过网友在网上提问题，然后知道所提问题答案的其他网友看到所提的问题后，来回答相关的问题。显然，人肉搜索是比较慢的。用百度直接搜用不了一秒钟，而人肉搜索可能要几个小时，也可能要几天，甚至没有答案。

[**例 3**] 检索任务：*花露水有毒吗？*

检索策略：这是生活知识检索，可以使用百度，检索词用“*花露水 有毒*”。

答案：花露水除了酒精成分，还有农药成分。农药成分原来使用避蚊胺，随着避蚊胺对机体精神、神经系统所造成的影响被逐步发现，各国对其在商品中的浓度做出了越来越多的限制。美国儿科协会（AAP）建议 2 个月以下婴儿避免使用此类产品。现在基本改用更安全的驱蚊酯，属于农药产品中的微毒级别。尽管花露水安全无毒，但在日常使用中也需注意。首先，购买花露水要选择正规厂家生产、产品功效与自身需求相匹配的产品，例如蚊虫叮咬后要喷专门的止痒花露水，而非驱蚊花露水。此外，与很多日化产品一样，对于孕妇、婴儿、患有皮炎或皮肤破损者这类特殊人群，不管是驱蚊花露水还是其他功效的花露水，都需要按照产品注意事项或遵医嘱正确使用。

[例 4] 检索任务：某同学下个学期要到美国 University of IOWA 读书，想在该大学附近租房，问如何寻找相关信息？

检索策略：有关国外的信息，首先想到使用谷歌，搜索词可以考虑使用“house search”“apartment”和“near U. IOWA”。

答案：使用“house search near U. IOWA”，搜索结果有许多。

[例 5] 检索任务：想申报美国大学的新闻专业攻读研究生，应该如何着手？

检索策略：先在百度上搜索美国大学新闻专业的排名，然后根据自己的本科大学国内排名，自己的专业成绩情况 (GPA)，以及托福、GRE 考试相关成绩，做一个申报计划，即申报哪些美国大学。再使用谷歌搜索美国大学的网址，打开该大学网址，大多数有 Admission，选择 Graduate 即可。

[例 6] 检索任务：已知美国电话 319-354-8331，如何搜索其地址？

检索策略：在谷歌网，输入该电话，然后按上面的“地图”即可。

答案：414 E Market St, Iowa City, IA, USA。

[例 7] 检索任务：我有一张照片，想知道这张照片的出处，应该如何查询？

检索策略：可以通过百度或谷歌反查照片的出处。在百度搜索框或谷歌图片搜索框最右边，都有一个相机图案。点击一下，就可上传图片，然后反查其出处。也可以使用 www.tineye.com，上传照片后看看有没有相同照片网址，然后再逐一打开，查询出处。比如，想知道某张美丽的风景照片摄于何处，以便下次去玩，就可以使用这种方法。

[例 8] 检索任务：某同学想报考中国人民大学新闻学专业研究生，希望能找到一些复习资料，最好有听课笔记和试卷。

检索策略：国内信息选用百度，可搜索“人大 新闻学 考研 资料”。这样搜索出来的，可能许多是商业的，要花钱购买的。如果搜索“人大 新闻学 考研 资料 下载”，就更理想些。

[例 9] 检索任务：某同学报考某大学某专业研究生，已经进入复试，想了解导师的情况。

检索策略：先百度该大学，打开相关学院网址，搜索师资队伍或专业介绍，找到相关专业的教授和副教授名单。有的名单上直接有个人介绍，没有介绍的可以通过百度搜索该老师情况，或者通过期刊数据库“作者”和“作者单位”组合检索，检索出该老师的研究成果，或者通过数字图书馆查询该老师出版专著的情况，以便进一步了解。

[例 10] 检索任务：某同学毕业后到一公司工作，公司领导布置一任务，要他给公司员工讲讲公司相关业务文书的规范写作，制作 PPT 时间为两天。

检索策略：首先，要调查公司有哪些相关业务文书，然后有几种处理的思路：其一，查阅应用文写作相关教材，摘录相关内容制作 PPT；其二，百度搜索相关业务文书规范写作的相关内容，复制后制作 PPT；其三，直接用 filetype 搜索语法搜索相关的 PPT，然后改写。

［例 11］检索任务：教学需要某本教材的数字版，问如何检索？

检索策略：首先，在百度上搜索，搜索词用“书名 作者名 rar”，或者“书名 作者名 PDF”。一般首选从 ishare. iask.sina.com.cn 下载。如果没有，到读秀学术搜索等数字图书馆检索。

［例 12］检索任务：小学最难题，问（1，3，7，8）（2，4，6）（5，9）有什么关系？

检索策略：直接百度（1，3，7，8）（2，4，6）（5，9）。

答案：读音上，第一组都是第一声，第二组都是第四声，第三组都是第三声。

［例 13］检索任务：有一题，0+1=1，4+6=1，2+8=2，8+0=3，8+8=4，9+88=5，问 9+3=?

检索策略：属于智力题，可以直接在百度上搜索“9+88=5”，不用搜索全部式子。

答案：1。

［例 14］检索任务：在菜市场上买了黄鳝回家，但以前没吃过，怎么用黄鳝做菜呢？

检索策略：在百度上搜索“菜谱 黄鳝”。

［例 15］检索任务：某同学想买个手机，不知道买哪个好，价格怎么算合理。

检索策略：数码产品，可以看看 top.zol.com.cn，从排行榜中能看出各种手机受欢迎的程度。然后，在淘宝网上搜索相关产品不同配置的价格，就可以了解所需要的信息。

［例 16］检索任务：某同学要做毕业设计，方向是“缩小我国贫富差距的政府作为研究”，现需检索文献。

检索策略：分四块操作，第一块检索图书，检索词用“贫富差距”，检索现有数字图书馆和当当网。第二块搜索中文期刊文章，检索词用“贫富差距”和“政府”，期刊数据库为三大期刊数据库。第三块搜索外文期刊文章，检索词用“gap between rich and poor”和“government”，数据库为与人文学科相关的一些外文数据库。第四块搜索网络文章，百度使用检索词“贫富差距 政府”，谷歌使用检索词“gap between rich and poor”和“government”。注意，gap between rich and poor 要用英语双引号引起来。

［例 17］检索任务：本科生毕业论文中有翻译任务，需要检索两篇和毕业论文主题相关的外文文献，应如何检索？

检索策略：主要通过外文数据库检索相关文献，搜索结果不理想时，可以考虑谷歌搜索，搜索方法为“英语主题词 filetype:pdf”，比如搜索“贫富差距”的英语文献可用“"gap between rich and poor" filetype:pdf”搜索。注意，英语句子要用英语双引号引起来。

［例 18］检索任务：某同学近日在复习“毛概”，希望能搜索到一些有用的复习资料和模拟题。

检索策略：类似这种课程复习资料，可以通过百度搜索获得，搜索词用“课程名 复习资料”和“课程名 试题”，比如，用“毛概 复习资料”和“毛概 试题”搜索。

［例 19］检索任务：某同学最近投了许多简历，希望能搜索到一些就业招聘面试相关资料，以便提前准备。

检索策略：就业面试是获得工作岗位的重要环节，要十分重视。可以通过百度搜索，搜索词用“面经”“面试经验”“招聘 面试经验”“招聘 面经”“某某单位 面经”“某

某单位 面试”搜索。

［例 20］检索任务：某同学准备和几个要好的同学去非洲自由行，想搜索相关有用的资料。

检索策略：出国旅游，涉及办护照、签证、机票、旅馆、导游、外汇、饮食等若干事项，可以百度国内游客的相关出游攻略，搜索词用“非洲具体国家 自由行”“非洲具体国家 旅游攻略”，一般相关攻略里有详细的所需信息。

［例 21］检索任务：某同学最近迷上单反相机，想找一些网站学习一些知识。

检索策略：国内著名摄影网站较多，如蜂鸟（www.fengniao.com）和色影无忌（www.xitek.com），摄影作品欣赏、器材介绍和摄影经验一应俱全，值得收藏。友情提示，“玩单反，穷三代”。

［例 22］检索任务：某同学最近购物，想了解国外一些品牌商品的折扣信息，以作参考。

检索策略：国外商品，实体店的价格一般很少在网上公开。一般来说，折扣大的基本是一些网店，比如 www.amazon.com。其中，国内淘宝上美国代购比较多的是 www.6pm.com，比价的网站有 www.pricegrabber.com。当然，这类网站经常在变，新的网站不断在涌现。国外购物网站的信息仅供参考。

思考题

1. 整理一下你曾经有过的数字资源应用需求，并回忆一下当时是如何检索的。

2. 按教材所给的科研课题检索步骤，设计一个你所在专业的研究主题详细检索策略。

3. 请设计你学习中的三个实际检索需求，参照教材中的应用实例和前面的相关检索内容，给出检索策略，并分析检索结果。

第 13 章

学术规范与论文抄袭

本章知识要点

1. 学术的定义，有关“学术”定义的争论，学术规范，常见学术不端行为；
2. 抄袭，抄袭的手法，抄袭的认定；
3. 抄袭检测，雷同的认定原则。

实际使用中，应用数字资源最多的是科学研究工作。科学研究工作最后的成果，大多数要以论文、专著或报告的形式发表。不论科研成果发表与否，或以何种形式发表，都存在一个遵守学术规范的问题。

第一节 学术规范概述

学术规范，自然是学术方面必须遵守的规范。那么，什么是学术呢？学术规范又有什么内容呢？

本节，我们从介绍什么是学术开始。

一、学术的定义

所谓学术，在《辞海》（2009 年版）中，指较为专门、有系统的学问。

“学术”一词，我国早已有之。东汉·班固《汉书·霍光传》记载：“然光不学亡术，暗于大理。”说的是霍光没有经学根底，故而不明大道理。

《辞海》在解释“学术”一词时，举《旧唐书·杜暹传》中的“素无学术，每当朝谈议，涉于浅近”为例。

只是，那时的“学术”，“学”和“术”是分开的。到了近代，一些学者更是突出“学”与“术”的不同之处。严复和蔡元培都认为，学是研究自然规律的知识，术是应用知识的技巧或方法。梁启超更是把学与术的关系，通过具体事例来说明。比如，航海术是应用知识驾驶船舶；生理学是研究人体的组织，辨别各器官机能；医术是应用生理学的知识治疗疾病。

在西方，“学术”一词包含的意思并不只是“较为专门、有系统的学问”。我们可以看到，现在意义的学术是从英语 academia（学术界）引申过来的，而 academic（学术）

一词在几种权威词典里的英语释义是“学校的，学院的”，“非技术的或非实用的”，“仅注重理论的”，“与学校、学院、大学有关的，或者与学习和思考有联系的，但与实用技能无关”，“纯粹理论的或推理的，无实际目的或意图的”，“没有实际目的或用途的”，等等。

可见，西方的学术是指学院的，非实用的，纯理论研究的，这与我们所说的较为专门、有系统的学问是有区别的。

二、有关“学术”一词定义的争议

有关“学术”一词定义的争议，主要是在于学与术的分离。从古到今，许多大学者认为，学术的研究，不能追求实用。其原因就如梁启超所言，倘若“不以学问为目的而以为手段”，则动机高尚者，固然会以学问为变法改制的工具，但是动机低下者，则亦会以学问为博取功名的敲门砖，“过时则抛之而已”。换句话说，学术不能有功利性，否则学术的研究会有动机不纯的问题。

梁启超还大声疾呼：“学问之为物，实应离‘致用’之意味而独立”，“就纯粹的学者之见地论之，只当问成为学不成为学，不必问有用与无用，非如此则学问不能独立，不能发达”，学者应当以学问为重，“断不以学问供学问以外的手段”。

也正是因为这个原因，王国维说：“学术之发达，存于其独立而已。”陈寅恪也说：“吾国大学之职责，在求本国学术之独立，此今日之公论也。”

因此，可以借用在过去几十年中我国被批得很厉害的一句话来说，学术，应该是学者在“象牙塔”中进行的“为学术而学术”的“纯理论”探索工作。

有关“学术”一词定义的争议，并不是一个术语的界定。其实质是学术的实用性具有一定的功利性，在一定程度上，导致了学术研究的风气日下，影响了学术的健康发展。

三、学术规范

所谓学术规范，是指学术共同体内形成的进行学术活动的基本伦理道德规范，或者根据学术发展规律制定的有关学术活动的基本准则。

2004 年，教育部发布《高等学校哲学社会科学研究学术规范（试行）》；2009 年，教育部发布《高校人文社会科学学术规范指南》；2010 年，教育部发布《高等学校科学技术学术规范指南》。

从这三个学术规范指南的内容来看，学术规范基本可以归纳为学术研究规范、学术道德规范、学术引用规范、学术注释规范、学术评价规范、学术批评规范，只是在具体的规范指南中，分类的情况有所不同。

利用数字资源来进行科研工作，就会涉及这六个具体的规范。具体规范内容，可参见教育部相关规范指南。

四、常见学术不端行为

学术不端行为，是指在科学研究和学术活动中违背学术活动公序良俗的行为。常见学术道德不端行为有：

——抄袭、剽窃、侵吞、篡改他人学术成果；

——伪造、拼凑、篡改科学研究实验数据、结论、注释或文献资料等；
——伪造学术经历；
——成果发表、出版时一稿多投；
——未如实反映科研成果；
——不当或滥用署名；
——采用不正当手段干扰和妨碍他人研究活动；
——参与或与他人合谋隐匿学术劣迹。

第二节 论文抄袭

学术界最近几年出现的学术不端行为，大多数是与论文抄袭相关的。高等学校，已经成为论文抄袭的重灾区。特别是毕业论文写作期间，抄袭现象具有普遍性。为此，2012 年 11 月 13 日，教育部令第 34 号公布《学位论文作假行为处理办法》，以期规范学位论文管理，推进建立良好学风，提高人才培养质量，严肃处理学位论文作假行为。

一、抄袭的定义

抄袭，指窃取他人的作品当作自己的，包括完全照抄他人作品和在一定程度上改变其形式或内容的行为。

抄袭，是一种严重侵犯他人著作权的行为。

经常会与抄袭概念相混淆的，是合理使用、巧合和雷同。

合理使用是著作权法中的一项重要的制度，是指根据著作权法的规定，以一定方式使用作品可以不经著作权人的同意，也不向其支付报酬。在一般情况下，未经著作权人许可而使用其作品的，就构成侵权。但有时为了保护公共利益，对一些对著作权危害不大的行为，著作权法不视为侵权行为。这些行为在理论上被称为“合理使用”。

巧合是表示恰好相合或相同。

雷同指随声附和，也指一些事物不该相同而相同。

抄袭和合理使用，都是未经同意使用他人作品，抄袭是侵权行为，而合理使用被法律视为非侵权行为。

至于巧合，不涉及使用他人作品，也没有侵犯他人著作权。雷同，则是有抄袭的嫌疑，需要进一步认定。

作为著作权管理的权威部门，国家版权局表示，著作权法所称抄袭、剽窃，是同一概念，指将他人作品或者作品的片段窃为己有。抄袭侵权与其他侵权行为一样，需具备四个要件：第一，行为具有违法性；第二，有损害的客观事实存在；第三，和损害事实有因果关系；第四，行为人有过错。

由于抄袭物需发表才产生侵权后果，即有损害的客观事实，所以通常在认定抄袭时都指经发表的抄袭物。因此，更准确的说法应是，抄袭指将他人作品或者作品的片段窃为已有发表。

二、抄袭的手法

抄袭的手法，大致有以下几种：

第一种，就是直接照搬原文的语句、段落，甚至整篇文章，只是把原作者的名字改成自己的名字。这是原封不动地将他人作品内容、学术思想作为自己创作作品使用。在著作权执法领域，这种抄袭被称为低级抄袭。

第二种，是对原文删节，进行顺序调整，重新组合成文，也就是将他人作品改头换面作为自己的作品使用。

第三种，是将多篇他人的文章组合成一篇文章，以自己的名义发表。比如，从张三的文章中取两节，从李四的文章中取三节，从王五的文章中取引言和结尾，然后组成一篇文章，当作自己的文章。

第四种，是仅对他人原文做叙述方式上的改变，仍然沿袭原文的写作思路、结构，然后以自己的名义发表。

第五种，是仿照原文，改变所要论述的对象，但仍使用原文的论证方法、图表等，然后以自己的名义发表。比如，他人原作品是论高中化学的互动教学，抄袭者把文章中的化学一词均改为物理，然后做相应的内容调整，以自己的名义发表。

第六种，是将自己翻译出版的国外他人作品视为自己的原创作品。

第七种，是在个人的论著中随意引用他人作品的部分内容、思想观点，构成自己作品的大部分内容。

在著作权执法领域，经改头换面后将他人受著作权保护的独创成分窃为己有的行为，被称为高级抄袭。

三、抄袭的认定

抄袭，在著作权审判实践中是一种较难认定的行为。有的学者认为，判断抄袭与其他行为的区别，可以从下面五个方面去分析：其一，看被告对原作品的更改程度；其二，看原作品与被告作品的特点；其三，看作品本身的性质；其四，看作品中体现的创作技巧和作品的价值；其五，看被告的意图。

显然，这些判断都是通过人的主观认识做出的，因人而异，也就是不同的法官会有不同的裁定。一般来说，低级抄袭认定比较容易，高级抄袭需经过认真辨别，甚至需经过专家鉴定后方能认定。

抄袭的认定，目前有内容标准和形式标准两种，前者是主观标准，后者是客观标准。

（一）抄袭认定的内容标准

目前，各国著作权法判定是否为合理使用的主要标准，就是看所引用部分是否构成引用人作品的主要部分或者实质部分。如果所引用部分构成引用人作品的主要部分或者实质部分，那就不是合理使用，是抄袭。

显然，核心论点或重要论据皆用他人，不论涉嫌剽窃论文是否注明了引文出处，都应当认定侵权成立。

（二）抄袭认定的形式标准

形式标准，也就是量的标准。关于引用他人成果的比例多少属于合理使用范围，多少判定为剽窃，世界上都没有设定一个标准。只是，大多数国家遵循一个原则，即引用他人作品的思想、观点、材料一般不能超过30%。

文化部1985年颁发的《图书、期刊版权保护试行条例实施细则》（文出字〔85〕第37号）第十五条规定，引用非诗词类作品不得超过两千五百字或被引用作品的十分之一；凡引用一人或多人的作品，所引用的总量不得超过本人创作作品总量的十分之一。

只是，最新版《中华人民共和国著作权法实施条例》，还是没有给出可操作的“适当引用”和“少量复制”的具体认定标准。这也就给抄袭的客观认定，造成了一些困难。

第三节 论文的抄袭检测

论文的抄袭检测，是通过相关的论文抄袭检测软件进行的。

一、论文抄袭检测软件

论文抄袭检测软件，又可说是反剽窃软件，主要是针对高校老师、学生论文撰写时的抄袭（不指正常引用）情况，开发的“学位论文学术不端行为检测系统”。

（一）软件研制背景

论文抄袭检测软件的研制背景，主要是两点：其一，国内论文抄袭风气越来越盛，特别是20世纪90年代后，互联网的普及，包括搜索引擎、文献资源库、翻译软件的大量涌现，导致剽窃现象快速蔓延。受形势所迫，反抄袭软件应运而生。其二，用软件检测论文抄袭已经具备原始文献数据的条件。过去，论文抄袭多靠人工发现，实际上，编辑难以从互联网的海量信息中找到稿件的抄袭来源，也不可能熟悉相关稿件的各个研究领域，这就意味着抄袭作品被查出的风险较小。现在，有了各种文献数据库，被测文章与文献的计算机对比有了可操作性。

（二）论文抄袭检测软件

目前国内论文检测市场需求较大，各种检测软件涌现，但又缺乏管理，市场上论文抄袭检测情况较乱。有的论文检测网站连自己是什么公司也不介绍，确实无法让人放心。

比较可信的是三大期刊数据库提供的论文检测，它们分别是中国知网的科技期刊学术不端文献检测系统、社科期刊学术不端文献检测系统、学位论文学术不端行为检测系统，万方数据论文相似性检测服务，维普通达论文检测系统。从检测效果来看，中国知网的相对较好，因此大多数高校使用的是中国知网的检测系统。

只是，中国知网的检测系统不对个人开放，而现在个人对论文检测的需求远远大于单位，这就给了其他不正规的论文检测系统可乘之机。

二、抄袭检测原理

论文抄袭检测软件是通过被测文章和文献数据库的数据比较来达到检测目的的。所谓抄袭与否，主要依靠比较结果的雷同程度轻重来判断。

（一）检测认定抄袭的标准

被测论文上传到论文抄袭检测系统上，检测后获得检测报告。所有雷同部分，系统用红色标注，并自动计算雷同的比例。全文雷同比例超过一定数字，检测就认定是抄袭。目前，有些学校规定的雷同比例上限是 30%，也有的是 20%。

（二）雷同的认定原则

论文抄袭检测软件根据被测文章和数据库里的文献对比，检测到有一定字数相同的，就认定是雷同的。

究竟是多少字相同，才认定是雷同，一般系统都不公开。有的是 13 个字，据说中国知网检测系统判断雷同时，相同的字数上限是 20 字。

显然，判断雷同时，相同的字数上限越小，雷同的比例就越大。如果这个相同的字数上限设定为 1，那任何文章 100% 雷同。

三、论文抄袭检测样例

这里的样例，仅仅说明论文抄袭检测是如何工作的。所选样例，是学生论文的一个片段，检测系统是检查比较严厉的 PaperPass，目前该系统已经发生变化。之所以使用该系统的检测结果做样例，是因为其左右分明，便于理解。

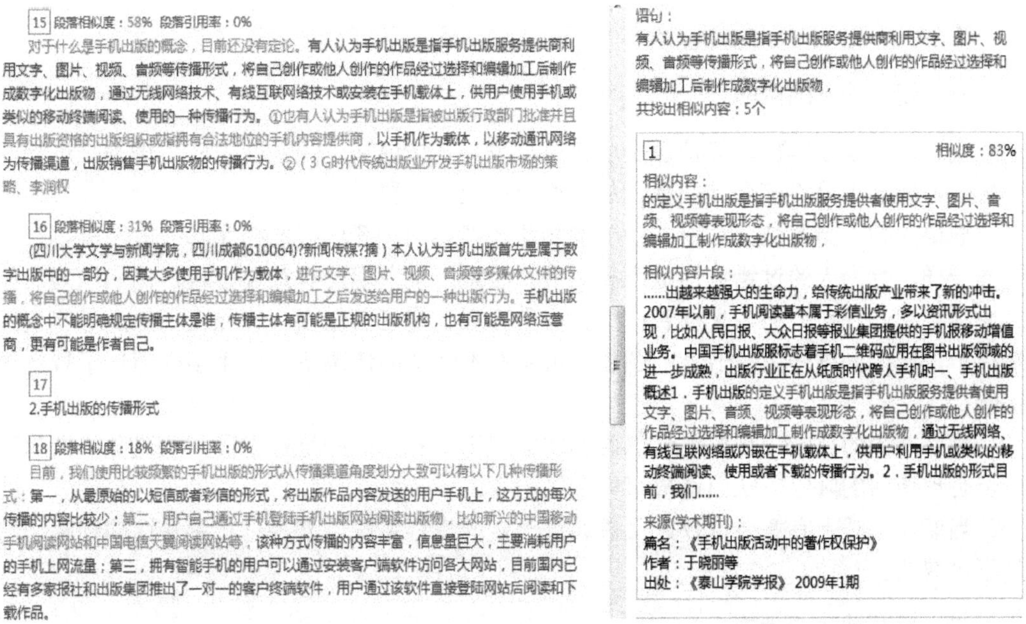

点击左侧最上面的红色（这里印出来的是深黑色）文字，右侧就出现被引用的原文章相关信息。点击不同的文字段，右侧会出现不同的被引用原文章的信息。

左侧被检测文章，有四种颜色显示：绿色是安全的，灰色是引用句子，橙色具有较高抄袭的可能，红色是绝对抄袭。

四、论文抄袭检测结果的法律效力

那么，通过论文抄袭检测软件获得的检测结果，是否具有法律效力呢？回答是否定的。

前面我们已经介绍过，目前国家对合理使用中的一些细节还没有明确，特别是“适量引用”和“少量复制”的具体量度没有明确，就很难客观判定是否抄袭。

至于论文抄袭检测软件中，多少字数相同才会判定是雷同，不管是13字，还是20字，都是没有法律根据的。何况，雷同字数低于规定比例，也不意味着没有法律意义上的抄袭。引用他人的内容构成自己作品的主要部分或者实质部分，即使字数少也会被判定为抄袭。

当然，作为一种行政规定，在一个具体的行政系统中，指定论文抄袭检测软件所获得的检测结果还是具有一定约束力的。

第四节 规避抄袭

学术研究是在前人的研究成果基础上展开的，做好文献检索是从事学术研究的必要前提。学术研究的成果总结中，也离不开前人研究成果的论述，肯定会引用到一部分前人成果的内容，这就会加大论文抄袭检测的风险。

本节，介绍一下如何规避抄袭。

一、规避抄袭的目的

规避，简单地解释，就是设法避免一种事。具体说来，规避就是应用规则，进行适当处理，使某事最终符合该规则，从而避免相应的处罚。

规避抄袭，当然是针对论文抄袭检测这一现实的。著作权侵权案和一般民事权利纠纷案一样，行为人的过错包括故意和过失。故意，是主观上有意要侵权，比如他人的作品原封不动，以自己的名义发表；过失，是客观上疏忽而侵权，比如在不知道是违规的情况下，未经同意使用了他人的图表，或者在不知情的情况下，引用字数超过了规定的比例。

规避抄袭的目的，是要通过熟悉相关的规则，利用一些特殊手段，来避免因疏忽而违反合理使用的限定，从而造成事实上的侵权。

当然，主观上有意要侵权，又想通过一定的规避手段，来躲过相关法律的制裁，这是不可取的。

二、规避抄袭的措施

规避抄袭既然是针对论文抄袭检测这一现实的，那就是冲着降低复制率或抄袭率的愿望而去的。降低复制率或抄袭率，显然有两种方法：一是增加原创文字的比例，二是降低引用他人内容的比例。这两种方法的效果是一样的，目的都是将引用的比例降到合理使用的范围。

那么，论文撰写中如何既可以合理使用前人的成果，又能避免学术抄袭呢？在此，提出一些建议，供参考。

首先，在文献阅读和论文撰写过程中，可以通过使用Word认真做笔记，用不同颜色区别标注自己的思想结果和他人材料中的内容，做到自己的内容和别人的内容一目了然，尽量避免不经意的抄袭。同时，标注出引用文献的相关著录内容，为论文文后参考文献著录提供准备，以免做后续著录工作时再次查找出处，浪费时间。（这一环节，就是要通过自己和他人内容的识别，尽量使用自己的思想内容，以达到减少他人内容引用量的目的。）

其次，引用别人的材料时，要掌握准确的方法。要搞清楚怎样的表述构成抄袭，就是怎样的表述会被论文抄袭检测软件认定为雷同。直接复制原文，然后加双引号，注明出处，还是会被计入雷同性质的引用。注明出处，抓住内容主题思想，自己组织文字后叙述，或者改变原文表达方式（比如原文是简单的表格，你使用文字；原文表格有很多数据，你取部分数据重新制表；原文是图，你改成文字表达），既符合引用的规范，又不会计入雷同。（这一环节，就是要通过一定文字重新组织的方法，使引用内容避免计入雷同的统计，从而达到减少他人内容引用量的目的。）

当然，从法律意义上说，合理使用只能用以介绍、评论或者说明某一问题，或用以论证自己观点的必要性，不能用来构成自己论文的核心内容。不然，通过了论文抄袭检测，却构成法律意义上的抄袭。

比较困难的是，一方面，有的内容我们根本没有直接抄袭他人作品，却还是被认定为雷同。好像是，我们说的任何话，都是前人说过的复述。但有的时候真的是复述，原因在于我们阅读他人作品太认真，其思想已经深深印入我们的脑海。即使离开了他人文献，在撰写自己的论文时，那些印入脑海的文思（其实还是他人的思想），会非常自然地通过笔尖复述出来。

另一方面，很多人不知道，每幅图和每张表是自成一个作品的。《伯尔尼公约》中明确将图表当作艺术品处理，每张图表都有其艺术性，是独立的作品。因此，引用图表，就是引用完整的作品。所以，引用他人的内容，最好自己重新制表或制图，不要简单地复制。

当然，网上流传着“破解抄袭检测软件三招”，有的和我们上面介绍的规避处理方法是一样的；有的目的是应用所谓的技术来躲过抄袭软件的检测，从而放心地抄袭人家的内容，这是不可取的。

思考题

1. 中西方对“学术”一词的定义有什么区别？目前有关“学术”定义的争论是什么？
2. 请搜索网上有关学术不端行为的报道，看看涉及抄袭的有哪些名人事例。
3. 请区分著作权意义下的合理使用、抄袭、巧合和雷同的不同。
4. 请用你学习中所撰写的小论文，按照教材所给方法，对引用的相关部分内容进行处理（处理前后的文字做成 Word 文件提交）。

第 14 章

本科毕业论文

本章知识要点

1. 本科毕业论文的完整任务，进程安排，具体时间安排，各要件字数要求；
2. 本科毕业论文各要件的格式。

毕业论文写作是高校教学的重要环节。从一般意义来讲，毕业论文可以检验学生的学习成果，培养学生初步的研究能力，促进学生学以致用，提高学生综合运用所学知识分析问题、解决问题的能力。

目前，除了少部分学校或专业采用毕业设计方式，或采用毕业实践方式，大多数学校或专业，还是采用毕业论文的方式。本章，只是对本科毕业论文做一入门介绍。具体到毕业论文的写作，需要专门的课程介绍，限于篇幅，这里就不展开了。

第一节 毕业论文概述

本科毕业论文是大学本科专业培养计划中实践性教学环节的重要内容，一般有 8 个学分，甚至有的学校多达 15 个学分。

一、本科毕业论文的完整任务

一个完整的本科毕业论文任务，应该包括以下五个部分的内容：

任务书
文献综述
外文翻译
开题报告
正文

至于诚信承诺，指导卡，指导教师评语及评分表，评阅人评语及评分表，答辩记录，答辩委员会评语及是否授予学士学位的建议，评分汇总表及成绩，那是整套论文材料的附件。

当然，具体到各个高校，甚至是具体到各个专业，本科毕业论文的任务都是不同的，甚至有的专业采用毕业设计或毕业实践方式，不做毕业论文。

二、本科毕业论文的进程安排

本科毕业论文的进程，一般有：确定指导教师，明确论文选题，确立论文题目，指导教师下达毕业论文任务书，查找资料，完成文献综述，完成外文翻译，撰写开题报告，完成正文初稿，修订正文，正文定稿，论文抄袭检测，参加答辩。

（一）确定指导教师

毕业论文必须要有指导教师，不能学生自己单独完成。这是一个重要的教学环节，不单单是检查学生的研究水平，因此，指导教师的指导工作是必需的。

确定毕业论文指导教师，大多数学校采用双向选择、学院综合协调的办法。

所谓双向选择，就是先由毕业生根据自身的选题，自主选择指导教师。可以是填写意向表，也可以是向班干部口头申报。然后，本专业的各位教师根据自己的研究方向，结合学生的选题方向，从申报人中进行选择。一般，学校对每个指导教师指导的学生名额有限定。

本专业的教师无法指导的论文，可由学院根据实际情况综合协调，比如指派其他相关专业的教师指导。

（二）明确论文选题

论文选题，是在确定指导教师后进行选定。这一环节，主要是初选，就是从专业备选的毕业论文研究方向中，选择一些自己有兴趣的选题，并和指导教师协商。

实际操作中，比较可行的做法是初选三四个方向，以供进一步筛选。

（三）确立论文题目

研究方向是粗线条的，正式撰写的毕业论文是具体的、细化的内容。因此，要对初选的研究方向进一步细化，这是要在文献阅读基础上进行分析，才能最后确立的。

确立了论文题目，才能提炼出正确的研究主题。

（四）指导教师下达毕业论文任务书

本科毕业论文任务书，是指导教师向学生下达毕业论文工作任务的一种表格式文书，对学生完成论文研究与撰写有着引导、启发及示范的作用。

任务书是在论文题目开题确定后下达的，应该由指导教师综合开题的相关建议和意见，并与学生互相交流后，填写相关内容。也就是说，本科毕业论文的任务书，理论上是由指导教师撰写的。实际操作中，现在基本上是由学生根据开题情况，按照上届优秀学生论文的范本初步撰写完毕，交指导教师审阅。

任务书，一经指导教师签署，就算正式下达毕业论文的任务。学生应根据任务书的具体要求，认真实施，积极完成任务。

（五）查找资料

有了初选的论文选题，就可以进行课题分析，确定具体的检索策略，进行有目的的文献检索。要充分利用校内的数字资源，必要时还需手工检索。

一般，毕业论文的文献综述对阅读量有一定要求，比如文献数量不得少于 20 篇。所以，在查找文献环节，要尽可能多找些相关文献。

可以设立多个文件夹，存放不同研究方向的相关文献。

（六）完成文献综述

本科毕业论文中的文献综述，一是为了让学生学习相关专业的文献检索和阅读知识，提高专业文献综合和总结的能力，二是为了毕业论文顺利开题。

在文献综述这一环节，首先，要学会文献阅读的技巧，做好相关阅读笔记；其次，在阅读基础上，进行综合分析，梳理出相关课题的研究问题、解决思路等，从而提高文献综合能力。最后，通过文献综述，明确自己的毕业论文研究方向，也就是为自己的毕业论文开题。

理论上，文献综述必须在开题前做好。但实际操作中，开题要经过答辩，通过后才算正式成功，因此，很多情况下文献综述环节是先做好阅读笔记，有了基本思路，才准备开题。等开题答辩通过了，再去完善文献综述。

（七）完成外文翻译

外文翻译的内容要和毕业论文相关，实在找不到与论文主题相关的外文文献，也要找与本专业相关的外文文献。另外，所翻译的外文文献必须是外国人撰写的，绝对不能是中国人撰写的外文文献。

（八）撰写开题报告

开题报告是由学生在文献阅读的基础上，对自己选定的研究方向，做出的一个研究可行性总结。

开题报告的撰写，必须在指导教师指导下进行。未经指导教师指导，开题报告要想通过是很困难的。

（九）完成正文初稿

本科毕业论文的正文，是毕业论文的主体，除了对内容有一定要求外，对格式有特别严格的要求。

本科毕业论文不同于普通学术论文，其撰写目的、论文格式和篇幅要求都是不同的，在撰写毕业论文正文初稿时，一定要参照历届优秀毕业论文，研究其撰写要点，以便初稿完成时就符合格式等要求。

初稿完成后，要及时提交指导教师审阅。一般初稿一次性通过的可能性比较小，很多情况下学生需要重新改写多个章节，有时则只需要对个别观点或陈述做些修改。

（十）修订正文

这一阶段，学生要根据指导教师的修改意见，对论文初稿进行修改。指导教师的修改意见可能是分几次给的，比如初稿结构存在问题，修改意见就主要是结构上的，基本不会对文章观点提出具体修改意见，因为结构不对，很多内容需要改写。只有结构正确了，才会有具体内容和文字的修改意见。

所以，正文修订的过程是来回反复的，也就是说，论文是在不断修改中逐步完善的。

（十一）正文定稿

正文定稿是论文符合指导教师要求的一个标志，表示指导教师对正文修订的一种认可。只有正文定稿了，才能参加答辩。

（十二）论文抄袭检测

以前，只要求研究生的学位论文在答辩前进行论文抄袭检测。未通过论文抄袭检测的，一律不得参加答辩。

2012 年 11 月 13 日，教育部令公布《学位论文作假行为处理办法》。由此，各高校开始安排本科生毕业论文抄袭检测。

（十三）参加答辩

毕业论文完成了，要通过答辩才能获得学位。

论文答辩，是为了进一步审查论文，即进一步考查和验证学生对所写毕业论文内容的认识程度和当场论证论题的能力，进一步考察学生对专业知识掌握的深度和广度，审查论文是否由学生自己独立完成等情况。

一般，指导教师不参与自己指导学生的答辩。答辩至少要有三位教师组成答辩小组，其中评阅答辩人论文的教师为主提问人。

三、本科毕业论文的具体时间安排

大多数情况下，高校的本科毕业论文是统一安排时间的。虽然各高校的时间安排会有所差异，但大体时间段是一样的，因为各高校毕业生最后的毕业时间是差不多的，不像研究生是先完成先答辩。

下面，是一般的本科毕业论文的时间安排：

毕业论文动员：大四第一学期开学初
确定指导教师：动员会后一周内
明确论文选题：10 月前
开题答辩：11 月中下旬
初稿完成：第一学期结束前
修订定稿：次年 4 月中下旬结束
论文检测：答辩前两周
论文答辩：5 月底或 6 月初

本科毕业论文的具体时间安排，要参见所在专业的规定。最新趋势是本科毕业论文在毕业前一年的 6 月就启动，这样可以充分利用暑假进行文献阅读。

四、毕业论文各要件字数要求

毕业论文的各要件具体字数要求，是学校自己规定的，有的甚至是学院或专业自己规定的。一般来说，重点大学要求的字数相对多些。

学生撰写毕业论文前，必须了解所在专业的具体字数要求。实际撰写时，要严格执行相关规定。

下面，是某大学的毕业论文各要件字数要求，仅供参考。

任务书：字数不限。
开题报告：3000 字。
文献综述：5000 字。
外文翻译：共两篇，汉字总计 6000 字。
正文：10000 字。

第二节 毕业论文任务书的格式

本科毕业论文任务书是确定毕业论文选题和研究方案的基本文件，是毕业论文工作的指令性文件，也是写作毕业论文的主要依据。毕业论文任务书是指导老师和当事学生间的一种教学协定。

毕业论文任务书的格式，一般分封面和内文两种。

毕业论文任务书的封面格式，一般为：

学校名

本科毕业论文（设计）任务书

题目：

学　　院：

专　　业：

班　　级：

学　　号：

学生姓名：

指导教师：

毕业论文任务书内文的格式，一般为：

主要任务与目标

主要内容与基本要求

计划进度

起止时间　　　　内容　　　　备注

主要参考文献

指导教师签名：　　　　　　　　年　月　日

系室主任签名：　　　　　　　　年　月　日

不同的学校，格式有些差异。比如，有的学校把基本要求、计划进度和主要参考文献归到论文的写作要求中。但总体内容是差不多的。

第三节 毕业论文文献综述的格式

毕业论文的文献综述是在对文献进行阅读、选择、比较、分类、分析和综合的基础上，学生用自己的语言对论文选题的研究状况进行综合叙述的情报研究成果。

文献综述的格式，也分封面和内文两种格式。

文献综述封面的格式，除了把毕业论文任务书封面上的“任务书”改为“文献综述”外，其他是一样的。

文献综述内文的格式，一般为：

中文题目

摘　要：

关键词：

英文题目

Abstract：

Keywords：

文献综述的引言

文献综述的正文

文献综述的结论

参考文献

此处，参考文献的著录格式，必须符合国家标准 GB/T 7714—2005《文后参考文献著录规则》（详见附录）。

文献综述的引言部分，主要介绍有关的概念、定义及综述的范围，扼要说明有关主题的研究现状或争论焦点，使读者对全文要叙述的问题有一个初步的概念。

文献综述的正文部分，写法多样，没有固定的格式。可按文献发表的年代顺序综述，也可按不同的问题进行综述，还可按不同的观点进行比较综述，阐明所研究主题的历史背景、现状和发展方向，以及综述者对这些问题的评述。

文献综述的结论部分，对全文主题进行扼要总结，指出现有研究中主要研究方法上的优缺点或知识差距，然后根据自己的初步分析，提出自己的相关研究方向。

第四节 毕业论文外文翻译的格式

毕业论文外文翻译，一般是英文文献的翻译，大多数人选择英译中。按规定，毕业论文外文翻译必须有两篇文献的翻译。

外文翻译的格式，分封面和内文两种格式。

外文翻译封面的格式，除了把毕业论文任务书封面上的“任务书”改为“外文翻译”外，其他是一样的。

外文翻译内文的格式，一般为：

外文翻译之一

外文原文题目

作者：（外文）

国籍：（外文）

出处：（外文）

原文正文：

中文译文题目

作者：

国籍：

出处：

中文译文：

外文翻译之二格式同外文翻译之一。

第五节 毕业论文开题报告的格式

毕业论文开题报告是指学生撰写的有关毕业论文选题的研究可行性报告。如果要进行开题答辩，那么这个开题报告就是毕业论文开题答辩委员会对学生开题审查的依据材料。如果没有开题答辩，那么这个开题报告就是论文答辩时的资格审查依据材料。

一般，开题报告为表格式，因为后面必须有指导教师签署的具体意见。

开题报告的格式，分封面和内文两种格式。

开题报告封面的格式，除了把毕业论文任务书封面上的“任务书”改为“开题报告”外，其他是一样的。

开题报告内文的格式，有的学校比较简洁，一般为（简洁版）：

毕业论文（设计）题目：

毕业论文（设计）研究的意义：

毕业论文（设计）的提纲：

指导教师意见：

签名：

年　月　日

有的学校比较详细，一般为（详细版）：

毕业论文（设计）题目：

所选课题国内外研究及发展状况：

课题研究的目的及意义：

研究的主要内容、难点和关键技术：

课题研究的方法及途径：

实施计划：

主要参考文献：

详细版中的有些内容，比如，所选课题国内外研究及发展状况，课题研究的方法及途径，简洁版是在毕业论文（设计）研究的意义这部分体现的。至于研究的主要内容、难点和关键技术，简洁版是通过提纲来简单表述的。

学生究竟应该选用简洁版还是详细版，具体要视所在专业的要求而定。

第六节 毕业论文正文的格式

毕业论文正文，是反映学生综合运用所学知识，在指导教师的指导下进行一般科研工作的能力，主要用作毕业论文答辩委员会审查是否具有学士学位资格的依据材料。

毕业论文正文的格式，分封面和内文两种格式。

正文封面的格式，除了把毕业论文任务书封面上的“任务书”改为“正文”外，其他是一样的。

正文内文的格式，一般为：

中文题目

摘　要：

关键词：

英文题目

Abstract：

Keywords：

正文目录

论文主体

正文参考文献

致谢

毕业论文正文的论文主体部分，一般分前言、本论、结论三个部分。不同的专业，不同的研究内容，可以采用不同的论文主体结构。

前言（引言）是论文的开头部分，主要说明论文写作的目的、论文的现实意义和对所研究问题的认识，并提出论文的中心论点等。

本论是毕业论文的主要内容部分，包括研究内容与方法，实验材料，实验结果与分析（讨论）等。这一部分要运用各方面的研究方法和实验结果，分析问题，论证观点，尽量反映出自己的科研能力和学术水平。

结论是毕业论文的收尾部分，是围绕本论做出的结束语。其基本的要点就是总结全文，加深题意。

以下是一个毕业论文中论文主体的通用模板，仅供参考。

一、绪论

（一）课题的研究背景

（二）课题的研究现状

（三）本文研究的主要内容与框架

二、……现状和存在的问题

（一）……现状

（二）……存在的问题

三、他人现有解决方法
四、本人研究的方法
五、结论和展望
（一）结论
（二）展望

毕业论文整套格式，除了所介绍的内容外，还有排版格式的要求，特别是所用文字字体、字号，标题用字和占行格式，注文格式，以及参考文献的著录格式等。

实际撰写中，一定要找到标准的范文，然后仿照排版，或同时打开 Word 文件，用格式刷来刷出各种不同的规定格式。

思考题

1. 了解自己所在大学的毕业论文学分数，以及完整的本科毕业论文任务。

2. 了解自己所在大学的毕业论文进程安排，具体时间安排，以及各要件字数要求。

3. 请找到你所在专业的毕业论文全套标准范文，并比较五大要件格式与教材介绍的格式异同。

附录

参考文献著录规则

本参考文献著录规则，参照国家标准 GB/T 7714—2005《文后参考文献著录规则》编写而成。

一、文献类型和标志代码

文献类型	标志代码	文献类型	标志代码
普通图书	M	会议录	C
汇编	G	报纸	N
期刊	J	学位论文	D
报告	R	标准	S
专利	P	数据库	DB
计算机程序	CP	电子公告	EB

二、电子文献载体和标志代码

载体类型	标志代码	载体类型	标志代码
磁带	MT	磁盘	DK
光盘	CD	联机网络	OL

三、作者署名规则

（一）单个作者

个人著者采用姓在前、名在后的著录形式。欧美著者的姓要用全大写。欧美著者的名可以用缩写字母，缩写名后省略缩写点。

欧美著者的中译名可以只著录其姓；同姓不同名的欧美著者，其中译名不仅要著录其姓，还需著录其名。

用汉语拼音书写的中国著者姓名不得缩写。

示例：

刘东

爱因斯坦

史密斯 P W

BUSH G

（二）多个作者

著作方式相同的责任者不超过 3 个时，全部照录。超过 3 个时，只著录前 3 个责任者，其后加“，等”，英语用“，et al”。

示例：

李培林，张翼，赵延东，等

ZHAO D, FENG J, HUO Q, et al

(三) 作者不明

无责任者或者责任者情况不明的文献，“主要责任者”项应注明“佚名”或与之相应的词。

四、常见文献著录格式

（一）图书的著录格式

图书著录格式为：

主要责任者 . 题名：其他题名信息 [文献类型标志]. 其他责任者 . 版本项 . 出版地：出版者 , 出版年：引文页码 [引用日期]. 获取和访问路径 .

示例：

[1] 陈相强 . 西湖之谜 [M]. 杭州：杭州出版社 , 2006：153-154.

[2] 柯恩，伊洛特．让世界为我打工 [M]. 陈劲，译．北京：机械工业出版社，2010.

[3] 中华人民共和国国家质量监督检验检疫总局． GB/T 18919—2002 城市污水再生利用 分类 [S]. 北京：中国标准出版社，2002.

[4] 上海市书法家协会 . 海派书法国际研讨会论文集 [C]. 上海：上海书画出版社，2008.

[5] 李贤军 . 木材微波真空干燥特性及其热质迁移机理 [D]. 北京：中国环境科学出版社，2009.

[6] 王夫之 . 宋论 [M]. 刻本 . 金陵：曾氏，1865（清同治四年）.

[7] STRACHAN T, READ A P. Human Molecular Genetics[M]. 2nd ed. New York: Wiley-Liss, 1999.

[8] MIURA N, ANDO T. Proceedings of the 25th International Conference on the Physics of Semiconductors Part I, Osaka, Japan, September 17-22, 2000[C]. Heidelberg: Springer, 2001.

（二）图书中析出文献的著录格式

图书中析出的文献，指图书中收录的一篇文章，其著录格式为：

析出文献主要责任者 . 析出文献题名 [文献类型标志]. 析出文献其他责任者 // 专著主要责任者 . 专著题名：其他题名信息 . 版本项 . 出版地：出版者，出版年：析出文献的页码 [引用日期]. 获取和访问路径 .

示例：

[1] 陈晋镳，张惠敏，朱士兴，等． 蓟县震旦亚界研究 [M] // 中国地质科学院天

津地质矿产研究所．中国震旦亚界．天津：天津科学技术出版社，1980：56-114.

［2］ 马克思．关于《工资、价格和利润》的报告札记［M］//马克思，恩格斯．马克思恩格斯全集：第44卷．北京：人民出版社，1982：505.

［3］ 钟文发．非线性规划在可燃毒物配置中的应用［C］//赵玮．运筹学的理论与应用：中国运筹学会第五届大会论文集．西安：西安电子科技大学出版社，1996：468-471.

［4］ WEINSTEIN L, SWERTZ M N. Pathogenic properties of invading microorganism [M] //SODEMAN W A, Jr., SODEMAN W A. Pathologic physiology: mechanisms of disease. Philadelphia: Saunders, 1974: 745-772.

（三）期刊文章的著录格式

期刊文章的著录格式为：

主要责任者．文献题名［文献类型标志］．期刊名：其他题名信息，年，卷（期）：页码［引用日期］．获取或访问路径．

示例：

［1］ 尚勇，梁成华．农用地征地补偿中的物权处置［J］．乡镇经济，2006(3):62-64.

［2］ 陈菲琼，钟芳芳，陈珧．中国对外直接投资与技术创新研究［J］．浙江大学学报：人文社会科学版，2013，43(4):170-181.

［3］ ZHAO D, FENG J, HUO Q, et al. Triblock Copolymer Syntheses of Mesoporous Silica with Periodic 50 to 300 Angstrom Pores[J]. Science, 1998, 279(5350): 548-552.

（四）报纸文章的著录格式

报纸文章的著录格式为：

主要责任者．文献题名［文献类型标志］．报纸名：其他题名信息，出版日期（版次）［引用日期］．获取或访问路径．

示例：

［1］ 施世潮，夏晓腊．他们的"家"在哪里？[N]．温州商报，2010-11-17(4).

［2］ 靳万军，付广军．地方财政收入中税收所占比重不断下降［N/OL］．中国税务报，2010-08-25(5)[2010-09-12].http://www.nbzy.com/article.aspx?article_dm=66603&article_id=0000023528.

（五）学位论文的著录格式

学位论文的著录格式为：

著者．题名［文献类型标志］．保存地点：保存单位．年份［引用日期］．获取和访问路径．

示例：

［1］ 陈金梅．氟石膏生产早强快硬水泥的试验研究［D］．西安：西安建筑科技大学，2000.

［2］ 蓝宇蕴．都市里的村庄——关于一个"新村社共同体"的实地研究［D］．北京：中国社会科学院研究生院，2003.

（六）科技报告的著录格式

科技报告的著录格式为：

主要责任者. 文献题名[R]. 报告地：报告会主办单位，年份[引用日期]. 获取和访问路径.

示例：

[1] 冯西桥. 核反应堆压力容器的LBB分析[R]. 北京：清华大学核能技术设计研究院，1997.

[2] World Health Organization.Control of Hereditary Diseases: Report of a WHO Scientific Group[R]. Geneva: WHO, 1996.

（七）专利文献的著录格式

专利文献的著录格式为：

专利申请者或所有者. 专利题名：专利国别，专利号[文献类型标志]. 公告日期或公开日期[引用日期]. 获取和访问路径.

示例：

[1] 李学俊，曾中炜，易伟春，等. 工程机械以及控制工程机械的机械臂的遥控器：中国，201120248579.5[P]. 2012-04-25.

[2] MILLER D J, SILVER H, FREISTHLER A. Point of law search system and method: US, 7689546[P]. 2012-03-29.

（八）电子文献的著录格式

电子文献的著录格式为：

主要责任者. 题名：其他题名信息[文献类型标志/文献载体标志]. 出版地：出版者，出版年(更新或修改日期)[引用日期]. 获取和访问路径.

示例：

[1] 周廷军. 关于创办《Q·K》杂志的可行性报告[EB/OL].(2007-04-25) [2013-07-21]http://home.donews.com/donews/article/1/113397.html.

[2] WOOD F, STONE P. What women want[EB/OL]. (2011-09-23)[2013-07-21]http://www.thebookseller.com/feature/what-women-want.html.

主要参考文献

[1] 章云兰，万跃华，舒炎祥．数字资源检索教程 [M]．北京：科学出版社，2006.

[2] 肖珑，张春红，苏玉华，等．数字信息资源的检索与利用 [M]．北京：北京大学出版社，2003.

[3] 徐庆宁，陈雪飞．新编信息检索与利用 [M]．第二版．上海：华东理工大学出版社，2012.

[4] 隋莉萍，肖文峰，郭晓姝．网络信息检索与利用 [M]．北京：清华大学出版社，2008.

[5] 柴晓娟，王宏义，田质兵，等．网络学术资源检索与利用 [M]．南京：南京大学出版社，2009.

[6] 搜索引擎 9238．高手就是不一样：搜索从入门到精通 [M]．上海：上海远东出版社，2004.

[7] 施耐德，布莱克曼，费雷德里克森．Internet 第一搜索引擎——Google 检索指南 [M]．杨廷郊，吴敏，杨颖，等，译．沈阳：辽宁科学技术出版社，2005.